RUSSIA,
CHINA
AND A NEW
GLOBAL ORDER:
THEORY AND
PRACTICE

俄罗斯、中国
与世界秩序

[俄罗斯] 米·季塔连科
弗·彼得罗夫斯基 著

粟瑞雪 译

人民出版社

目　录

世界新秩序的哲学理论基础

和谐公正的世界秩序的概念基础

近年来，世界局势极其动荡不定，这使得原有矛盾更加尖锐，新的紧张策源地不断增加，出现了各种各样的新威胁。在全球化不断加速和国家间一体化进程加强的背景下，以多中心主义、平等、互利原则为基础，开展着探寻国际交往最佳模式的工作。多数国家与民族十分希望维护并巩固和平、发展及普遍安全的局面。

正如中国国家主席习近平所指出："'和平与发展'是当今时代的主题，也是事关各国人民幸福安康的两大问题……然而，现实世界并不像人们希望的那么美好，局部战争依然此起彼伏，贫困饥饿依然广泛发生，连绵战火、极度贫困依然在威胁着众多人们的生命和生存，特别是许多妇女儿童依然在战争和贫困的阴影下苦苦挣扎。"①

美国及其盟友妄图以实力和强制政策维系世界单极性和自身霸权给世界局势带来了负面影响。世界金融危机的影响尚未消除，在不同地区——在欧洲（希腊、西班牙、意大利）和中东，出现了新的紧张策源地（乌克兰），东北亚危机不断加剧。周期性地出现严重的地区性和全球性的安全挑战，这些挑战既与过去悬而未决的领土和划界问题有关，又与美国及其盟友的霸权政策有关。

新的挑战和威胁在世界上不断增加。国际恐怖主义达到空前的规模，西方的政策对"文明的冲突"起着推波助澜的作用，对自己人民的压迫又引发大规模的抗议活动，而应对抗议活动变得越来越困难，采取的应对方式又常常会适得其反。

随着全球化的进一步加深，改革全球治理机制的必要性愈加凸显，以美国为首的发达国家与发展中世界构建新的平等关系的意义更加突出。同时，发展世界多极化机制的趋势正不断增强。

国际社会越来越坚信，需要以完全不同的方式解决国际问题，使之符合安全和发展的利益。经济快速发展的国家集团对国际事件进程的影响越来越大，这些国家正谋求获得公正的世界秩序，改变业已形成的、优先保障发达国家利益的经济金融体系。

近一时期也呈现出另外一种趋势，该趋势给世界发展进程带来危险的新的挑战和威胁，使得正在发生的变化变得混沌和难以预测。一

---

① *Си Цзиньпин.* Выступление на Международном симпозиуме по случаю 2565 годовщины со дня рождения Конфуция и на открытии V Конгресса Международной ассоциации последователей Конфуция. 24 сентября 2014 г. «Жэньминь жибао», 25 сентября 2014 г.

系列"热点问题"的解决依旧迫切。后危机时代"全球复苏"的不平衡性十分突出。恐怖主义威胁并未得到缓解，又出现了与跨境犯罪、能源、生态、食品安全、全球气候变化相关的新的挑战。

应当看到，还有一些行为旨在歪曲和随意解释国际法的基本准则、破坏国家主权和领土完整原则、干涉人民自主选择社会制度和发展道路的权利。某些势力妄图阻挠世界经济和政治影响平衡中的客观 【8】变化。

基辛格在其新书《世界秩序》中指出："作为当今时代基础的秩序概念无法经受新现实的考验……世界广大地区从来没有认同过西方式的秩序概念，只是被迫承认……西方社会鼓吹与建立的秩序正面临着拐点。"

毫无疑问，基辛格对此问题的见解值得关注。这是由三个根本的原因所决定的：

"第一，国家的自然属性，即成为国际社会基本的形式单位，被无数次地要求加以修正。欧洲认为，国家的独立性和主权法的旧概念已经过时，并着手建立主要在'软实力'原则之上的对外政策……世界经济与貌似支配其的政治制度之间的冲突，导致了世界秩序所必需的共同目标感的缺失。经济越来越全球化，而政治制度仍建立在民族国家基础之上……当代世界秩序的第三个弱点——即主要大国之间没有建立起在世界议程的最重大问题上进行协作、磋商和可行性合作的有效机制。"①

---

① *Киссинджер Г.* Как сконструировать новый мировой порядок. Цит.по:http://www.globalaffairs.ru/print/global-processes/Kak-skonstruirovat-Novyi-mirovoi-poryadok-16911.

指出当代世界秩序失去平衡需要改革能合理地得出结论：必须加固其主要的"支柱"，该支柱以当代世界的多极和多中心现实为依据，建立在平等、主权、尊重每个民族的选择与和平共处传统及国际法准则、联合国宪章的原则基础上。俄罗斯、中国、印度、上海合作组织国家、金砖国家和非洲、拉美的一些发展中国家所遵循的正是这一方针。

"在世界舞台发生重大变化，各类失控的威胁行为不断增加的背景下，我们必须要有新的全球一致负责的力量。这里说的不是某些区域的行为，也不是适应典型外交的划分势力范围，更不是由谁完全支【9】配……鉴于地球上某些地区的加强和发展，——形成对于多极体制的客观需求和构建强大区域组织及制定其协助规则的客观需求——这尤其迫切。但愿这些中心的相互协作能增强世界安全、政治和经济的稳定性"，——弗·弗·普京在 2014 年 10 月"瓦尔代"国际辩论俱乐部的会上发言说道。①

当前局势继续表现出现代世界进程的主要特征之一——新的影响中心不断增加。这些中心在国际事务中占据越来越大的比重，改变着习惯的力量平衡，并在此基础上客观地要求与传统世界中心的"重量"相称，而传统的世界中心原先通常只由西方国家代表。

至于说到俄罗斯，由于多种文明的客观原因，它在自己采取的政策中赋予新的苏联国家——独联体成员国的空间以首要意义，因为那里居住着 3000 万同胞，积极推行与发展欧亚经济联盟有关的欧亚一

---

① Заседание Международного дискуссионного клуба «Валдай» 24 октября 2014 г. Цит. по:http://www.kremlin.ru/transcripts/46860.

体化方针。同时，作为伟大强国的俄罗斯正在实践中全方位实行积极的方针。近年来的新特点，而且是对于国家命运十分重要的特点是普京总统提出的方针，下一个深远的目标是使俄罗斯转向亚洲和亚太，整体上调动国家物质和精神之力，并汇俄国民之共识，以振兴和发展东部地区，深化与俄远东和亚洲邻国之间的合作，首先是与中国、印度、其他金砖国家和东盟国家的合作。

国家采取坚定的方针以加强自己在亚洲的地位，最迅速地展开与该地区经济和政治生活的一体化。这已被视为首要的任务之一，对国家的生存、发展和安全具有重大意义。在公民当中，尤其是在社会和政治精英之中，需强化俄罗斯是欧亚强国的自我认同感，这完全符合各族人民的自觉特征和国家的地缘位置。

俄罗斯按照自己的地缘位置和文明的历史起源实行战略，丝毫不【10】意味着降低与美国和西欧国家合作的兴趣。

2014年12月4日，普京发表年度国情咨文时指出："我们的目标是尽可能多地找到平等的伙伴——无论是在西方还是在东方。我们将在目前一体化进程力量强大的地区和不把政治、经济混为一谈的地区，而是相反，为了贸易，为了交换技术，为了与投资，人口自由迁徙清除障碍的地区增派驻军。"①

吸引国际社会关注的最重要因素是中国近几十年来，依据和平发展战略实现持续的快速增长，促进了共同发展和寻求双赢。中国领导人一贯特别强调自身发展的和平目标。中国从深远的经济改革开始，

---

① Послание Президента Федеральному Собранию. Цит. по:http://www.kremlin.ru/news/47173.

使国家获得世界主要强国的地位，对当前的世界政治进程产生了日益明显的影响。

中国有意"发展与巩固和邻国的关系"，可以把这看作是对中俄之间相互协作的评价。如果遵循这一逻辑，那么可以说，对于中国而言，与俄罗斯的关系始终是重要而必需的。包括在中国共产党第十八次代表大会上所宣布的——国际舞台上政治优先也证明了这一点。在向本次党代会提交的总结报告所阐述的如下定义中可以了解到这些优先："我们将积极参与多边项目，支持联合国、二十国集团、上海合作组织、金砖国家和其他组织，引导国际秩序向公平合理的方向发展。"①

同时，中国外交政策分析专家预测，中华人民共和国最近几年的主要外交对象将是美利坚合众国。为此，中国将在对美外交方面尝试构建新的中美关系，不让与华盛顿产生的政治经济、军事和地区（首先从中美在亚太地区存在利益冲撞的观点来看）矛盾发展成为尖锐的对立和对抗。

【11】

奥巴马政府对其前任小布什所采取的中国政策的结果进行了重新思考，得出的结论是：未必能让北京为了美国的利益修订自己的方针（无论是政治方针还是货币方针）。由此产生一种观点：给北京提供一个庞大的计划，这样就有两种可能性，华盛顿在该计划范围内的必要行动可以不被认为是让步，而是共同治理和构建世界秩序相关结构的步骤。

---

① Цит. по:http://www.cntv.ru/2012/11/19/ARTI1353295607045239.shtml.

6

同时，美国"重返亚洲"的攻势正大规模展开，美国在亚太地区的驻军进一步增加，政治和经济地位得到巩固，——依靠美国的军事政治同盟，加强了在亚太区域组织中的影响——形成了所谓的"跨太平洋伙伴关系"，美国将会起主要作用。而且华盛顿也不掩饰，美国的行动目标之一就是"遏制"中国。他们宣布，21世纪将是政治中的"太平洋世纪"。

中国和美国的经济利益与地缘政治利益客观上要求双方，为了避免在世界经济与政治中承担共同的负面结果而保持一致立场和协同努力。因此，从某些尽管是片面的观点来看，G2概念有可能实现，目的是研究出办法来共同解决双方和全球的财经问题、地区与局部的危机以及冲突局面。

2014年11月10日，美国总统奥巴马在北京发表演说，希望中国"参与制定世界秩序"，而不是参与"动摇"它。美国著名政治学家兹比格涅夫·布热津斯基认为，应当走得更远，使美中伙伴关系在"太平洋协定"中形成体系。

"中国明白，再也没有能承担维护整个世界稳定责任的霸主了。我们应当分担责任。只有两个最大最有影响的强国才能够确立世界秩序，而其他国家将被囊括其中——欧洲、日本、印度、东盟和拉丁美洲"，——布热津斯基在接受《世界邮报》采访时说道（尽管他是仇俄人士，但同时也有所保留地说，"如果俄罗斯能参与巩固稳定也是很好的"）。① 【12】

---

① Бжезинский: нам нужен американо-китайский пакт стабильности. Цит. по:http://www.infox.ru/authority/foreign/2014/11/12/Bzhyezinskiy__nam_nu_print.phtml.

在俄罗斯，人们认为，美中双边关系的改善不会威胁到俄罗斯的经济利益和地缘战略利益，相反，会创造捍卫并推动这些利益的新的（将来更适宜的）条件。在亚太地区及该地区之外，有中华人民共和国和美国参与、也希望俄罗斯参与的任何对话与合作的多边机制，这都能增强国际上的稳定并赋予俄罗斯新的外交手段。

中国经济表现出稳定性和可靠的增长速度，巩固了中国共产党在中国政治制度中的领导作用，没有理由预测中华人民共和国会在可以预见的未来"演变"成西方模式。因此，在亚洲（尽管像在欧洲一样，这里的冷战已经结束了）可以预见到"两种制度"将在历史上长期并存，它们具有不同的经济、政治模式（中国的和西方的）及可供选择的意识形态与价值目标。

中国建设多种成分趋同的社会的经验，获得了日益强烈的国际反响和巨大的世界意义。因为这一经验中结合了几个世纪以来世界市场经济发展的实证经验和协商民主的发展，并带有国家社会政治的社会主义方向。

中国的强大不会对俄罗斯在地区和全球层面的利益构成威胁。俄罗斯和中国是世界多极结构的承重支柱，恰好与该结构的稳定持久有利害关系。两国利益接近或一致的领域实际上比可能产生分歧或不一致的范围更广阔。俄中战略伙伴关系正在不断地从政治宣言变成具体【13】的政治实践，包括变成在协调国际关系、形成多极化世界、坚持国际法原则和联合国宪章以及反对霸权主义政策和蛮横政策方面的国际上有力的共同倡议。

正如普京在刊登于 2012 年 2 月 27 日《莫斯科新闻报》上署名的

纲领性文章《俄罗斯与变化中的世界》里所强调的，"中国在国际舞台上的行为不能说明它有统治世界的野心。中国在世界上的声音确实越来越有信心，我们对此表示欢迎，因为北京赞同我们构建平等世界秩序的看法"①。

而且，在推动构建多边安全与合作机制的倡议方面，中国客观上表现为俄罗斯可靠的战略伙伴。近些年，北京明显加强了这方面的活动，目的是保障本国周边的安全与稳定，保障适宜国家经济社会发展的外部条件。中国不仅追求现有世界体制在地区和全球层面的一体化，而且，随着中国在世界经济和政治中自身作用的增强，也希望在全球治理和构建国际新秩序领域参与制定新的"游戏规则"。

俄罗斯一位分析家客观指出："到今天之前，中国外交的特点是谨慎和矜持，国家避免明确宣告自己的全球野心。但这个过程进行得很隐蔽，无论如何，中国都得向世界提供自己的世界体制方案。在不久的将来，我们完全可以看见一幅有趣的图景。共产主义的中国将改写许许多多资本主义的经济要素和民主手段。恰好是手段，而不是原则（可预见的和调整好的最高政权的更迭，以及地区层面上权力的灵活性）。于是，中国将在国际舞台上表明自己的激进原则——解决核心与周边的疏离问题，以及平等分配资源的问题等等。这将符合其官方的意识形态，通过外交政策促进其官方意识形态的巩固与合法化。"②

---

① *Путин В.В.* Россия и меняющийся мир. «Московские новости», 27 февраля 2012 г.

② *Тимофеев И.Н.* Мировой порядок или мировая анархия? Взгляд на современную систему международных отношений. Рабочая тетрадь РСМД № 18,2014.С.45.

【14】 世界秩序和谐公平的哲学基础

不对进步的实质本身进行完全相符的哲学解释就不可能理解进步的性质与标准，进步的实质可以归结为对一个问题的回答："可以真正改变世界吗？"这个问题属于与人类自觉和努力展望未来有关的永恒范畴。

很明显，这种努力是受了想使人生存得合理而自主的愿望的驱使。但历史上最著名的思想家们表达了与此完全相反的观点。一些人断言说，认识未来是不可能的，连《圣经》都引用耶稣基督的话："一个人如果想变得幸福，他就应当生活在今日。"这一训诫的含义是：未来是从过去和现在中发展来的。一个人今天的行为，他现在做什么和怎么做，将在很多方面决定他的未来。从远古到今天，很多哲学家都阐述了这一思想（众所周知，连戴尔·卡耐基都把耶稣的这一准则作为自己幸福生活和获得朋友的概念基础）。

无论怎样，未来学在当代已经成为一门最时髦和最受欢迎的科学。这反映了人类发展和文明创新的共同趋势，也可以说这是智力圈形成的内部原则。

由 E.勒鲁瓦和 P.德日进·德·夏尔丹提出并得到 B.И.维尔纳茨基发展的智力圈思想，强调了人类活动和理性会对自然历史过程、对我们的星球和近地宇宙空间产生加速影响……而且，维尔纳茨基还给人类宇宙主义思想下了定义，该思想指出了人在未来的机会，随着人类技术实力的发展和完善，会对大宇宙、首先是太阳系的进程产生影响。关于是否可以真正改变世界的问题，答案只能是肯定的。

但这种改变的性质是怎样的？它们将如何影响人的生活——有利还是不利？古代的人提出了反问：人本身需要这些改变吗？人类干预自然界对于自然界和人本身有益处吗？

值得回忆的是，让一雅克·卢梭在自己的著作《论科学与艺术》【15】中对这个问题给予了十分明确而悲观的回答，他强调，人类文明的完善无益于人的生活和本性。卢梭断言："……我们的心灵随着科学与艺术的完善而腐化了。"① 现代生态学也因人过度干预自然界以及明显造成人类生存威胁的负面结果而敲响了警钟。

今天，卢梭令人不安的预言使人类面临又一个选择：人类或是完全并永久地禁止生产、试验和使用核武器及其他大规模杀伤性武器，或是让这导致人类文明自我毁灭。

幸运的是，常理还是给自己打通了一条道路。20 世纪 90 年代前后，美国和俄罗斯这两个超级大国的领导人得出了一个主要结论，即首先是要解决美俄两国之间的矛盾，其次，这个矛盾没有全人类的问题重要，只要通过对话与合作就能共同努力解决。

合作与对抗这两种趋势在世界总体进程中相结合确立了研究亚太——地球上这一如此重要的地区局势的方法。这种结合首先应当通过展示亚太地区的创造性潜力、提高它作为巩固总体和平与安全因素的作用来实行。

同样，为了本地区所有国家的利益，为了大力协助解决地区问题，要求必须明确并仔细分析亚太地区进步的性质和标准。

---

① *Руссо Ж.-Ж.* Трактаты. М.,1969.С.14.

亚太作为全球发展最快地区的概念在官方政界、学者和记者以及国际舆论中已经根深蒂固。不仅如此，有关全世界发展的主要中心在不久的将来会转移到这一地区的预测也得到了公认。

【16】 该地区国家在经贸和科技领域中的现实成就，以及在东亚形成的新的后工业经济都令人信服地证实了这一切。很多研究人员把全人类的进步和世界文明的整体平移与进一步推动地区工业的增长联系在了一起。

尽管一些亚太国家在工业发展中取得了杰出的成就，但在复杂的地区经济形势中仍存在不少困难。亚太地区确立了广泛的经贸关系，直到前不久，在这些关系中起积极主体作用的仍然是高度发达国家。任何一位没有成见的分析家都会认同的是，这为获得解放的人们带来了不小的益处，促进了他们工业的进步。

同时，来自发达国家一方的不等价交换和保护关税措施，巨额金钱债务和正常发展本国生产道路上的障碍使获得解放国家的对外经济活动条件以及他们实现内部的社会规划变得复杂起来。该地区一些国家经济社会发展水平的差距日益扩大，使用人类所创造物质财富的机会不平等现象越来越严重，亚太地区的富国越来越富，穷国越来越穷。

现在要求高度发达的富国具备通过综合决议的政治决心——经济的、贸易的、人文的和其他决议，但愿这些决议能在平等互利条件下促进构建新的经济秩序，创造文明间积极对话的条件。其中最重要的是要清除发展中国家的金钱债务并停止对于地区所有国家都深感繁重的军备竞赛。

在对亚太现象的公认评价中，关于该地区的片面描述越来越明显。这种片面性表现在：实质上全都关注的是亚太的经济状况，而在分析地区的军事政治形势，以及地区在解决当代最现实的问题——保卫和平与巩固安全中的作用时，没有赋予其应有的意义，没有为调动地区潜力而进行必要的努力，以构建新的、今天正为其奠定基础的国 【17】
际社会。

而且，亚太地区，尤其是东北亚在世界政治中的比重绝不亚于它在世界经济中的份额。只要提几个人所共知的事实就足以证明这一点，五大核国家和联合国安理会常任理事国中有三个都位于该地区。世界三大经济中心之一也以日本为代表位于此地，这不仅具有纯经济意义，还具有深远的军事政治意义。

亚洲强国印度不仅对亚太地区，而且对于全世界的国际局势都产生着深刻的影响。

东南亚国家联盟（以下简称"东盟"）的地区构成独特，也越来越积极地倡议构建亚太多边安全体制。

东亚地区十分重要的特点是它包括了代表不同社会经济体制国家的接壤地带。

还是得承认，由于所有这些因素，亚太地区在解决全球维和任务中目前还没有发挥出与它的强大能力完全相符的作用。它在这方面明显比欧洲的进程落后。但未必就该怀疑，如果保持这种状态，关于它成为世界进步领袖的预测会无法令人信服。

是否应当说军国主义是社会发展道路上与社会进步截然相反的主要障碍之一呢？如果继续推行军国主义，地区在工业活动和文化活动领域的无限可能实际上都不能实现，关于地区美好前景的预测实际上只是通常用于局势构想的未来学预言。

地区一些国家在很大程度上仍然具有观念过时和规矩陈旧的政治思想负担，这些观念和规矩是在特定历史时期所形成的，那时候把保障国家利益想象成了所有国家军事力量的扩张以及夺取势力范围，而且，国家之间充满怀疑，互不信任。

【18】

随着社会主义国家在亚太地区的产生和巩固，不同制度性质之间的矛盾显得十分突出。在这些国家的社会思想中确立了这样一种进步概念，主要是把社会构造的进展和制度间差异的进程作为该概念的决定性成分来研究；同时把一些社会结构宣布为上层的，把另一些社会结构宣布为下层的。

在社会主义制度中，进步得到了直接的说明，而在特别有对比性的范畴中，往往是通过否定非社会主义的形式特点来为社会文明的向前发展运动做出积极贡献。这样理解进步的范畴往往会使该范畴为了让国际问题的某些观点接近而失去智力基础与世界观基础的拥护者，妨碍探索在世界发展基本问题方面达到相互理解的方式，而这些观点是一些非马克思主义方向的学者和社会活动家所支持的。

同样，资本主义世界已经形成了对社会主义国家不可调和的敌对态度，企图对后者施加政治、经济和直接军事压力，比如中华人民共和国成立初期，美国对其的态度。

新的创造性政治思维确实急剧扩大了全人类进步参与者们的范围，使进步的内容和标准更加明确。这种思维的根据是，进步的发展是一种旨在完全或主要特征方面实现全人类价值的活动方式。自古以来，努力确立和发展人文思想，丰富文化，促进多样文明的繁荣与和谐以及精神上互相充实的行动和行为都应当被认为是进步的。

在国际生活中，进步意味着不断积累那些巩固国际安全以及促进民族、国家、部族和每个单独的个体繁荣的因素与条件。对这些目标和理想的尊崇现在成为了任何国家和国家集团的国际行为标准，这些【19】行为是评价任何地区政策的基础（如果根据地区特征来谈论对全人类进步的贡献大小的话）。亚太国家在这方面被给予了真正无限的机会，以实现其具有的创造活动潜力和发挥其在世界文明发展中起领袖作用的潜力。

社会进步必须先有智力与道德潜力的和平安全地稳定增长，以及对于作为社会公平与社会运动终极目标的精神自由的意识。这是因为，人作为世界历史的目标与手段以及主要推动器，具有决定性作用的地位无可置疑。

由于学术界代表和民主人士以及走上独立发展道路的第三世界国家中政治活动家的努力，亚太地区和平的智力潜力与道德潜力在增加。俄罗斯学者对这些国家舆论界的期望和意向表示亲切地理解。尽管经济增长水平完全不同，推进现代化道路的程度各异，但这些获得解放的社会都密切关注着对于和平与稳定的维护以及多边合作体系的创建。

很多发展中国家的政界和学术界都把非暴力原则和承认人文价值优先提到人民生活和世界政治的首位。俄罗斯学术界同意这种看待当代世界现实的方法。而且我们认为，在亚洲国家推广宣布全人类价值优先的学说，能在维护世界和平与进步的斗争中团结持不同观点的国际力量，因为维护和平和保障进步现在已经成为了全人类的任务。

1986 年已经在德里签署了《苏印无核化和非暴力和平原则宣言》。两个亚太强国签署该宣言赋予其真正的历史意义。这份文件反映了人文政治思想的主要特点以及深刻领会了儒学和佛教伦理道德原则的东方民族无尽的智慧。

【20】　　全人类进步最重要的条件是东西方文明相互有益的影响和渗透。战胜那个可以被称为"吉卜林综合征"的事物仍然是长期的迫切任务，吉卜林在其著名的公式"西方就是西方，东方就是东方，它们永不交汇"中表达了该综合征。事实上，西方和东方早已"汇集"到一起，不仅有伟大的哲学思想作为其相互发展的源泉，而且表现出全人类的幸福在实践中相互合作的无限潜力，归根到底，整个人类都是地球上同一家庭的成员。

从基本理论和哲学的观点来看，不仅在亚太地区，而且在全世界，协调相互的影响和东西方文明的综合都是从对抗转向对话与合作的决定性因素。两种文化类型相互影响的这个问题使民族间长期不友善，产生了很多冲突和战争。

为了公平起见，应当承认，在一些有机运用国际主义方法分析社会现象的马克思主义概念中，包括列宁主义，认为西方文明比东方文明有一定优势的思想占主导地位。在当代很多学说中，西方表现为文明与进步的代名词，而东方是落后、保守与停滞的代名词。

19 世纪，尤其是 20 世纪，在东西方文明相互影响的轨道中，东方文明和西方文明自身的生存问题在俄罗斯、中国、日本、印度和其他国家变得特别尖锐。多年来，西欧派与斯拉夫派在俄罗斯的斗争时而减弱平息，时而高涨激烈。

适当提醒一下，这种斗争在中国的尖锐程度也不小。1919年5月4日的大学生运动成为了国家进步力量追求新文化的旗帜。但在这场运动中，民族的很多价值被一笔抹杀，而根本就不好的西方大众消费文化模式却同时被无根据地夸大。在百家争鸣中，儒教受到诽谤，其创始人，中国古代伟大的哲学家和政治活动家孔子被宣布为反动分子，差点被叫作吃人的野兽。1966—1976年，在毛泽东发动的所谓"文化大革命"期间，民族意识形态和现代西方理论的拥护者之间的分裂加剧了，因为无论是西方理论还是民族理论在当时都显得庸俗而粗糙，这首先对中国文化造成了极大的破坏。 【21】

特别值得尊重和关注的是，现在的中国领导人考虑到了从前以"左"倾冒进的方式对待本国文化遗产的教训，以及在毛泽东发动的"文化大革命"期间虚无主义地对待自己五千年文明的丰富的精神遗产以及以中国中心主义的态度傲慢地对待其他民族文化的教训。当代中国领导人历尽艰辛，在文化政策方面找到了真正切合实际的新方法，规定要爱护本民族和其他民族的精神遗产，还明确了保护和发展文化多样性以及维护多彩文明和谐的重要性。

2014年9月24日，习近平主席在北京举行的纪念孔子诞辰2565周年国际学术研讨会暨国际儒学联合会第五届会员大会开幕式上的讲话中强调："每一个国家和民族的文明都扎根于本国本民族的土壤之中，都有自己的本色、长处、优点。我们应该维护各国各民族文明多样性，加强相互交流、相互学习、相互借鉴，而不应该相互隔膜、相互排斥、相互取代，这样世界文明之园才能万紫千红、生机盎然。"①

　　在现代中国历史上，习近平主席在这篇发言中首次以如此权威的高度集中阐释了中国传统文化最重要的思想原则，这些思想不仅对于中国当代生活仍保持着现实意义，而且是对世界精神文化宝库的重要
【22】 贡献："世界上一些有识之士认为，包括儒家思想在内的中国优秀传统文化中蕴藏着解决当代人类面临的难题的重要启示，比如，关于道法自然、天人合一的思想，关于天下为公、大同世界的思想，关于自强不息、厚德载物的思想，关于以民为本、安民富民乐民的思想，关于为政以德、政者正也的思想，关于苟日新日日新又日新、革故鼎新、与时俱进的思想，关于脚踏实地、实事求是的思想，关于经世致用、知行合一、躬行实践的思想，关于集思广益、博施众利、群策群力的思想，关于仁者爱人、以德立人的思想，关于以诚待人、讲信修睦的思想，关于清廉从政、勤勉奉公的思想，关于俭约自守、力戒奢华的思想，关于中和、泰和、求同存异、和而不同、和谐相处的思想，关于安不忘危、存不忘亡、治不忘乱、居安思危的思想，等等。中国优秀传统文化的丰富哲学思想、人文精神、教化思想、道德理念等，可以为人们认识和改造世界提供有益启迪，可以为治国理政提供有益启示，也可以为道德建设提供有益启发。"②

【23】 　　俄罗斯的汉学家们早已把自己算作中国精神文化优秀传统真诚而坚定的研究者了，紧随我们伟大的前任导师 Н.Я.比丘林、卡法罗夫、Л.Н.托尔斯泰、Д.И.门捷列夫、В.М.阿列克谢耶夫，坚信我

---

① 《Жэньминь жибао》. 25.9.2014.

② 《Жэньминь жибао》. 25.9.2014.

们两国人民之间相互理解和信任的基础是共同掌握我们两个伟大民族的文化成果。在苏中冲突最艰难的年代——20 世纪 70 年代初，本书作者之一就倡议出版了两卷本《中国古代哲学》选集，包括孔子、老子、墨子和其他很多人的著作，[①] 这是有道理的。

就在那时，院士齐赫文斯基出版了孙中山主要著作的译本，[②] 还出版了有关 19 世纪改革思想家康有为、梁启超与中国共产党创始人李大钊、瞿秋白和彭湃等人的翻译作品。[③]1994 年，为了促进已经开始的苏联—俄罗斯—中国关系正常化的形成与相互谅解过程，远东研究所筹备并出版了一本独一无二的百科全书《中国哲学》。[④]

这部深湛著作的完成为耗时近十五年的集体劳动——百科全书《中国精神文化》的筹备出版奠定了基础，2010 年该书新增第六卷出版后完成了全部的出版工作[⑤]。从某一点上来说，这部唯一的六卷本

[①] Древнекитайская философия. Собрание текстов. В 2 т.Т.1.М.:Мысль,1972.-303 с.(АН СССР. Ин-т философии.Философ.наследие). Редакционная коллегия:*В.Г.Буров,Р.В.Вяткин, М.Л.Титаренко.* Вступительная статья *В.Г.Бурова, М.Л.Титаренко.*

[②] *Сунь Ят-сен.*1866-1966.К столетию со дня рождения.Сборник статей,воспоминаний и материалов.М.:Гл.редакция восточной литературы,1966.

[③] См.напр.:Новая история Китая.М.,1972;*Тихвинский С.Л.*Движение за реформы в Китае и Кан Ю-вэй.М.,1980;*Борох Л.Н.*Общественная мысль Китая и социализм(нач. XX в.).М.,1984;*Кривцов В.А.,Краснова В.А.*Ли Дачжао:от революционного демократизма к марксизму-ленинизму.М.,1978;*Цюй Цюбо.*Публицистика разных лет. М.:Наука,1979;*Малухин А.М.*Пэн Бай.Герой китайской революции.М.:Мысль,1975;и др.

[④] *Титаренко М.Л.*(ред.)Китайская философия.Энциклопедический словарь. М.:Мысль,1994.

[⑤] Духовная культура Китая:энциклопедия.В 5 т.М.:«Восточная литература».РАН Москва,2006-2009;Духовная культура Китая.Т.6(доп.).Искусство.М.:«Восточная литература»,2010.Гл.ред.М.Л.Титаренко,ред-ры М.Л.Титаренко,А.И.Кобзев,С.А.Торопцев,В.Е.Еремеев,С.М.Аникеева,М.А.Неглинская,А.Е.Лукьянов.

著作在世界各国的汉学家中以及在中国都获得了高度评价。这部作品荣获了俄罗斯国家奖金。

【24】　　在艰难的 20 世纪 90 年代和 21 世纪最初十年，出版了一整套中国哲学经典，包括由俄罗斯著名汉学家、史学博士 Л.С.佩列洛莫夫教授完成的科学院译本《论语》摘要。① 院士 С.Л.齐赫文斯基在这些年还发表了深湛的著作《周恩来传》，书中概述了中国对民族复兴之路的艰难探索以及繁荣国家的改革与建设道路。②

　　众所周知，很多拥护西方文明的人把西方文明看作纯理性文明。它的批评者，马克斯·韦伯分析了西方社会文明精神的内部规律，十分悲观地评价了理性统治的前景。他强调，非人道的社会，人与人之间的非人道关系，自然界与社会之间不可调和的矛盾会导致理性蜕化为非理性；韦伯指出，人文伦理价值与技术文明的脱节会导致社会变得"呆板僵化"，所有人性会在残忍的周围世界中变得麻木，在"没有灵魂的专家和没心没肺的酒色之徒"③ 中毁灭。

　　西方资本主义社会形成之初，法国的启蒙运动者和西欧其他的人文主义者阐述了其乐观的社会发展概念。莱布尼茨还说过："在这个优秀的世界中一切会更好。"但对伏尔泰来说，这种乐观主义是不够的。"在这个最好的世界中一切会更好"，——他更确切地说。

　　卢梭对于文明进步作用的悲观主义观点得不到法国其他启蒙运动

---

① *Конфуций*.Лунь юй.М.,1998.

② *Тихвинский С.Л.*Путь Китая к объединению и независимости,1898-1949.По материалам биографии Чжоу Эньлая // М.:Восточная литература РАН,1996.

③ *M.Weber.*Yesammelte Aufsatze zur Religionssoziologie.S.203-204.

者的理解是有道理的。伟大的黑格尔背叛了基督的末世论。他把人类和文化的进步等同于绝对精神的自我发展。从某种意义上说，这一思想是智力圈概念的先驱，智力圈强调人的理性对我们周围自然界的统治，确实，它使人的理性摆脱了天命的束缚。

19 世纪中期产生了马克思主义的社会进步概念。它恐怕接受了【25】一些基督教目的论的思想（定向运动），用唯物主义样式更改了黑格尔的辩证唯心主义思想。人文社会的思想和人类生活的合理化为这一概念奠定了基础。每个人的自由发展是所有人自由发展的条件——这就是马克思主义公认的理想。

但是，现代世界的严酷现实给马克思主义者及其同时代的追随者提出了很多问题，特别是因为他们尝试在社会主义世界中和社会主义道路或方向上加速民族与国家的社会经济发展，而这些民族与国家当时尚处于文明发展的前资本主义和前工业阶段。

苏联的改革和随后发生的东欧剧变是由于试图更新社会主义，使它摆脱官僚集权的特点，使广大群众掌握当代文化，克服人民与政权的疏离，结束对人民政权的宣传和事实上的一党统治占优势。这一切导致社会主义思想的威信被破坏，共产主义在它原来的拥护者中受到歧视。

1989 年夏，美国《国家利益》杂志发表了弗朗西斯·福山轰动一时的文章《历史的终结？》。作者断言，人类正在进入能完全满足人需求的后工业社会，文明发展的历史阶段正在终结。他把这种胜利和这种历史的终结与"经济自由主义和政治自由主义无可争议的胜利"联系在一起，在他看来，经济自由主义和政治自由主义别无合理的选择。

福山的文章引起轰动是因为他以尖锐的政论方式提出了一个"冷战结束后"出现在我们所有人面前的最重要的问题：人类往何处去？在 20 世纪与 21 世纪交界处以及后来的时期，世界将会怎样？现代文明有未来吗？

为了证明自己这一十分绝对的主题，福山特别引用了广泛传播的西方消费文化，包括"当代中国的'农民市场和彩色电视机'，'莫斯科的合作饭店与服装店'，'东京的小店铺里按日本风格改编的贝多芬音乐和摇滚乐，在布拉格、仰光和德黑兰同样乐意接受这些'"①。

这未必就足以加固关于人类意识形态演变的"历史终结"和作为最终政体的西方自由民主通用化的"历史终结"的前提。弗朗西斯·福山认为自己是黑格尔的信徒，但与黑格尔辩证法断绝了关系。他断言说，后工业社会能解决一切矛盾。然而，该社会虽然能解决上一发展阶段的矛盾，但会产生新的、推动社会向同一方向发展的矛盾。如果假定，所有矛盾确实都已经解决，那这就将不是历史与文明发展的方式之一，而是从有机领域向无机领域的科研转换，也就是死亡。

此外，为了证明自己的历史终结概念，福山需要驳斥一整套在当时就以类似问题的方式所提出的合理论据，不仅有马克思和列宁提出的，还有像马克斯·韦伯、马尔库塞、施本格勒等杰出思想家提出的论据。

终于，世界是变化的，东方落后国家在过去取得的进步明显证

【26】

---

① 　Цит.по:Вопросы философии.1990.№ 3.С.134.

明，被称为"保守主义思想"和"蒙昧主义思想"的孔子学说，在中国大陆、日本、韩国、中国香港、新加坡和中国台湾都成为了这些民族进步的重要的思想道德伦理因素，与此同时，西方科技成果与管理方式也得到采用。在此背景下，正是孔子学说，它作为思想定型和社会政治结构以及东亚国家整个社会"生命力"的主要标志，十分受关注。

当代对于东方社会历史文化形成的趋势和规律的认知水平，已经不会怀疑传统的价值体系正在极大地影响着那些崇尚儒教文化的国家发生整个社会综合结构的转换。这种观点取代了从前传统与进步不妥协的观点，代替了原先把进步与借用西方发展的经验混为一谈的观点，改变了先前拒绝似乎是造成停滞与衰退原因的东方价值的观点。【27】

对传统的回顾分析，辩证地看待东西方现实或臆造的对立，非常具有科学的现实性，这不仅能更深入地理解东亚社会今日的面貌并预测其发展趋势与前景，还能对不管是分歧还是那些表现在东西方看似如此不同的文明和对世界的认识以及世界体制之间的、越来越明显的切入点进行仔细研究。而且，这能显示东亚民族的现代文明在形成中所涉及的那些主要思想。

正因如此，当学者们今天谈论孔子时，并不关注儒家学说中因历史和主观原因引起的负面成分，而是越来越坚决地强调其积极的人文潜力具有"全世界"和全人类的意义，认为把这种潜力和世界社会思想的成果相结合是可行的和必需的。类似观点开辟了改进东西方互相理解的道路。对儒学的研究并做出完全相符的解释能帮助其他文明和民族更好地理解自己的邻居及其发展经验，也能更好地认识自身，因为有机会从另外的角度看看自身的历史和发展道路。

对统一历史发展命运的认识的日益提高决定了必须要综合研究儒家学说的价值，用雅斯贝斯的话说，这应当放在其他"世界历史意识载体"的背景下予以考虑。众所周知，雅斯贝斯挑出了四个对整个人类发展历程产生了最重要影响的人——苏格拉底、佛陀、耶稣和孔子。他们具有思想的优势是因为他们每个人的哲学都旨在探索和创造"全人类交际"的方式，以及寻找民族与国家之间克服临时的文化界的所有障碍、取得相互谅解的方式。

可以援引马克斯·韦伯的话，他把儒家学说和新教伦理进行果断对比之后，仍然认为，儒教和清教徒式的新教都是过去的现象，但在【28】当代依旧保持着自己的影响，就像同一枚奖章的两面。韦伯认为，以基督教主要的"使命"思想为根据的新教伦理与儒家"和"的天命思想之间的一致性值得研究，这包括严格自律，合理的生活方式，不过于留恋世间的幸福，保持健康，以及结局注定的概念和准备完成命中注定的天降大任概念①。

在此背景下，乍一看，儒教伦理中这样一些讲究实际的价值，其作用有相当大的提升，比如勤勉、温和（节俭）、忠诚、仁慈，最重要的是"家庭关系的实质"和"尊重统一"的原则。这些价值不仅能帮助稳定家庭内部的关系，还能控制更大的社会集团内部的关系。可以引用日本、韩国以及中国台湾、中国香港和新加坡的例子为证，在这些国家和地区，儒家团结各团体成员的善意和信任在很多方面决定

---

① *M.Weber.*Yesammelte Aufsatze zur Religionssoziologie.S.203-204.

了社会经济发展的速度史无前例,远非这些"新龙"经济空前腾飞的最新因素。

正如上面已经指出的,中国人吸取了标志文化遗产大破坏的所谓"文化大革命"的教训,现在正积极努力把优秀的民族传统,包括孔子学说,变成国家现代化不可分割的因素。前面详细引用的习近平主席关于中国传统智慧思想意义的发言恰好证明了这一点。中国"软实力"外交的关键因素之一正是儒家思想的人文观念,其通过在全世界创办孔子学院以推广这些思想也说明了这一点,很多人认为,这提高了中国的国际影响。①

在构建国家与商业之间的关系以及日本、韩国、中国台湾商务文化范围内雇主与员工的关系方面,有很多经验都证明了在管理中运用儒教的原则具有国际意义。

很多研究者认为"颂扬孔子学说的价值是新加坡取得巨大成就的基础"②。 【29】

研究儒教传统对于民族的道德培养和改善教育具有特殊的意义。应当记住,儒教的启发式教学法与苏格拉底的方法以及近代欧洲启蒙者的思想有很多共同之处;强调教育过程中的伦理价值尤其重要。包括中国哲学界的巨擘冯友兰也承认孔子作为导师与启蒙者的优先地位,并认为其在中国历史上的作用和影响类似于苏格拉底在西方的作

---

① *В.Ягья,Ли Минфу.*Институт Конфуция как фактор «мягкой силы» во внешней политике КНР в веке.Международная жизнь,2015.№ 7.C.86.

② *Сургуладзе В.*Идеология трудолюбивой нации:Ли Куан Ю и уроки сингапурского «экономического чуда».Международная жизнь,2015.№ 6.C.97.

用。难怪格尔曼·格谢也同样指出，他"……对中国的美德概念很感兴趣，在这之后对我来说，孔子和苏格拉底就像两兄弟"①。正如我们现在看到的那样，孔子与 Л.Н.托尔斯泰存在直接的内在联系。

东西方文明的综合并不意味着一种文明从属于或融合另一种文明，而是在保留每个民族独特性的同时创立新的全人类原则的复杂过程。近年来，特别是为了对发展中国家的传统与现代相综合的概念进行方法论证，俄罗斯的东方学家们付出了不少努力。

就东方国家而言，重要的是要指出，应当说不单是存在过去的残余和历史文化的传统色彩，而且还保留着传统事物的结构成分。这些国家的社会发展过程不由东方的拘泥传统和西方的现代主义平行进化所决定——这里说的是它们结构功能的折中统一。

传统事物在东方并不是独自实现现代化的，这个过程因东方与欧洲的文明类型相互影响而变得有趣。在综合过程中，传统事物受现代事物的影响发生转变；会有逆向的过程发生——"现代事物也在变异，以某种方式适应传统事物，否则是不可能妥协（综合）的"。文化的【30】综合不仅是指传统事物与现代事物的共存与对抗，不同文化在相互渗透时，带有混合特点和性能的新文化产生的过程也在同时发生。②

至于不同文明相互影响的问题，习近平主席说："进行文明相互学习借鉴，要坚持从本国本民族实际出发，坚持取长补短、择善而从，讲求兼收并蓄，但兼收并蓄不是囫囵吞枣、莫衷一是，而是要去

---

① *Кобринский А.М.*Феномен Сократа.Цит.по:http://amkob113.narod.ru/kobra/krat/krat-97.html#38.

② См.:Эволюция восточных обществ.М.,1984.С.9-12.

粗取精、去伪存真。"①

至于说到当代文化与传统的相互影响，中国正在广泛普及这样一些方法论宗旨，如"坚持古为今用""推陈出新""实现传统文化的创造性转化和创新性发展"②。

今天可以遇见一些说法，即"中国特色社会主义"的概念在很多方面都与"儒家政治思想"的积极成分相符，因为它指的是政治权力的划分，经济均产主义，社会安乐与社会保障，尊重人的优点。这一概念在很多方面与儒家的"中庸"思想相似，防止走有害的极端，这总是会引起不可预测的后果。这里指的是对于混乱与剧变来说，唯一合理的选择就是平衡与和谐的政策，对于全人类的经验来说，这当然具有不容置疑的价值。

不能不赞同中国一些知名学者的观点，比如孔子基金会名誉主席匡亚明教授和杨启志教授等人认为，像"世界上其他伟大的思想家和文化巨匠"（苏格拉底、康德）一样，孔子和他留下的精神遗产不仅属于本国人民，还属于全人类。

从儒家学说的综合价值和世界社会发展之间的相互关系来看，对分析和思考人类的文化传统予以应有的关注和在寻求物质财富的同时【31】不忘精神的必要充实以及研究过去的文化都很重要，认识和理解过去的文化能帮助我们战胜当代世界的矛盾。

今天的文化具有多元的形式，人们在保持自身特点的同时应当相互学习，增进精神上相互丰富的过程。因此中国学者强调，孔子的哲

---

① 《Жэньминь жибао》.25 сентября 2014 г.

② Там же.

学概念"智"——智慧,对本质的深入理解,"道"——方法（原则）和"德"——道德的选择,它们在今天仍保留着自己的意义,让我们有机会看见当今世界和未来世界的乐观前景,因为它们包含了人的发展和自我完善的机会,把选择方式和道德凝聚成统一的完整认识。

可以反驳这一最新的观点,但联合国教科文组织不久前对民族特点问题所做的研究证明,不同文化相互渗透与综合绝不会导致"地方色彩"的丧失,反而会使民族文化和社会意识得到丰富与发展。不仅包括撰写《西东诗集》的歌德,还有很多俄国思想家,如 Н.М.卡拉姆辛、Л.Н.托尔斯泰、Ф.М.陀思妥耶夫斯基、К.Н.列昂季耶夫、Н.А.别尔嘉耶夫、Д.И.门捷列夫、В.И.维尔纳茨基,甚至还有似乎是"西方主义者"的 П.Я.恰达耶夫都坚持这一点。例如,卡拉姆辛在《俄国旅人信札》中就十分坚定地谈论过人类社会发展道路的精神文化统一。我们补充一下,合理而权威的政权必然总能为了本国利益而更广泛地运用世界思想文化的经验。

能促进任何无论大小民族的社会文化进步的独特事物都是该民族对世界文化独一无二的贡献。从这个意义上说,任何国家的当代社会实践都证明了:拥护"西化"的人和保护民族特点的人之间多年的争论不是以文化统一的方式解决,而是通过相互渗透和影响得到解决。19世纪的俄国哲学家康斯坦丁·列昂季耶夫描写了"世界主义的事物",即全人类的事物和民族事物的相互作用:

　　　　"世界主义的事物不表示……世界主义的态度即对自己的事物不感兴趣和鄙视的态度。真正的世界主义事物首先是自身固有的，为自己创造的，自己认可的，只为自己保留与发展的东西，而当民间创造和保留的正是其他民族没有的特殊汁液时……谁来把这种宝贵的汁液保存在民族的容器中？该汁液自己流经民族主义地区，而所有的外人将用它来为自己止渴"[1]（我们强调指出。——*M.T.*，*В.П.*）。

传播一切伟大文化的影响的历史，包括儒家学说对邻国的影响，总体上都符合 К.列昂季耶夫的这种说法。至于说到俄罗斯和中国，我们两种文化相互渗透的基本点出现在 300 年前的彼得一世和康熙皇帝时代。俄国东正教驻北京使团的传教士在 300 年前的 1715 年就开始活动，为这种对话奠定了基础。18 世纪末出现了使团工作人员的首批创作成果。这些工作的卓越代表是 А.Л.列昂季耶夫和 И.К.拉索欣，他们最早把中国儒教经典中一些劝世性的哲学著作翻译成俄语，包括道德准则《三字经》，该书后来从俄语被译成拉丁语在欧洲传播。

使团里一批从事创作活动的工作人员中，最杰出的活动家首先是修士大司祭尼基塔·雅可夫列维奇·比丘林，他的修士名字叫作雅金福，还有第一部中国文学史和中国佛教史的作者、使团工作人员 В.И.瓦西里耶夫教授，以及大司祭帕拉季（卡法罗夫），后者和自己的弟子一起编写了当时最全的汉俄词典，还有其他人等。

Н.Я.比丘林以及整个天才研究者团队的劳动建造出了一个研究

---

[1] *Леонтьев К.Н.Избранное.М.,1993.C.285.*

中国文化的坚实平台，团队中先是有俄国东正教使团的工作人员，然后是圣彼得堡大学和喀山大学的汉学研究中心。中国的历史哲学思想不仅成为了研究的对象，还是俄国 19 世纪文化活动家进行深入哲学思考的对象，如 А.С.普希金、Н.Г.车尔尼雪夫斯基、Ф.И.陀思妥耶夫斯基和后来的 Л.Н.托尔斯泰都把一系列的中国道德、哲学和教育思想变成了俄中两国形成文明间对话的重要精神成分。

【33】

可以把追溯两位伟大的俄国文化代表——亚历山大·谢尔盖耶维奇·普希金和列夫·尼古拉耶维奇·托尔斯泰对待中国哲学、东方智慧和道德伦理观的态度作为最直观的例子。

为什么在思考中国人民的精神财富时，今天我们要宣布这两个闪亮的名字呢？就因为是他们最早开始研究中国优秀的哲学成果，目的是为了理解和评价中国的精神文化中有哪些成果值得俄国文化去研究、理解和掌握。

同时应当指出，中国哲学家的学说来到俄国的时间比中国在 18 世纪末和 19 世纪初了解 А.С.普希金的诗歌散文和俄国最伟大的作家与道德说教者 Л.Н.托尔斯泰的作品要早。中国人对俄国文化成果的了解，包括对普希金和托尔斯泰的散文诗歌的了解，开始于 20 世纪初。

继 Н.Я.比丘林和瓦西里耶夫之后，俄国文化的首批代表中，将中国的圣贤老子、孔子和墨子的道德哲学作用提到最高的正是普希金和托尔斯泰。普希金曾有意把孔子的某些价值观加入到自己的长篇小说《叶甫盖尼·奥涅金》的文字中。他于 1823 年前在敖德萨完成的第一章手稿中，有几行被勾掉的诗句，能认出来是这样的：

中国的圣人（孔子）

教导我们要重视少年时代

为避免出错

不要急于评判

只有少年时代能给予希望

可能会有希望……

文字后来中断了。很遗憾，这份草稿未能继续完成，但它明显表示出，孔子的思想曾驻留在普希金内在的创作活动中。天才普希金因通晓比丘林的作品而了解到有关中国的知识，这为他揭示出，俄国和中国对于人类道德价值的理解存在共同之处。【34】

1830 年 1 月 7 日，普希金写信给第三厅厅长本肯多夫，请求允许自己前往中国："……恳请允许我出使中国……"但这一请求被拒绝了。

我想提醒一下，普希金在俄罗斯与中国的文明对话中所起的作用在俄中舆论界代表的行动中得到了承认。在上海一条普通的街道"月亮路"上，高高的大理石台座上安放着亚历山大·谢尔盖耶维奇·普希金的半身雕像。

1999 年，中国庆祝普希金诞辰 200 周年的活动在全国范围内展开，这明显证明了普希金在俄中文化的文明间对话中具有的现实意义和作用。中国的出版社出版了《普希金作品全集》好几种版本的译著，更别说各种版本的《选集》了。这是出版活动中的空前现象。同时，中国的电视台和话剧院以及音乐厅都为观众实际上演和展示了普希金所有的戏剧作品和俄罗斯音乐家根据普希金作品的主题创作的音乐作品。

中国著名诗人和社会活动家陈昊苏在普希金纪念会前夕，以并行排列中国诗人带有相似主题的诗句的方式出版了普希金和其他俄国诗人的两卷本诗集。

托尔斯泰与孔子的对话交流

托尔斯泰比俄国伟大的诗人普希金要容易一些，——因为19世纪中期之前已经出版了一系列中国的经典译著。托尔斯泰在《论中国的儒学》中这样描述孔子的价值观："儒学的实质是：真正（伟大）的学说是教人学会最高的善——教人修身养性。为了获得最大的幸福，需要：（1）管理好广大民众。为了管理好广大民众，需要（2）管理好家庭。为了管理好家庭，需要（3）管理好自身。为了管理好自身，需要（4）净化心灵，修身养性，需要（5）诚实和思想觉悟。为了有思想觉悟，需要（6）认知达到最高阶段。为了达到最高阶段的认知，需要（7）研究自身（一位注释者这样解释）。"[①]

中国古代圣贤老子、孔子和墨子的深刻思想以及表述被分别收录在经典著作《道德经》《论语》和《墨子》中，托尔斯泰从中为自己发现了精神财富和道德价值。

托尔斯泰在青年时期差点去了中国。他是这样回忆的："克里木

---

① *Переломов Л.С.Слово Конфуция.РАН,Институт Дальнего Востока.ТПО «Фа-була»,1992. С.4-5.*

战争以后，派过一些人去中国。一位朋友劝我去做炮兵军官的教官。我记得自己很犹豫。我的朋友去了……"①

托尔斯泰认为，19世纪60年代以及后来的时期，英国人和其他欧洲同仁在中国的暴行是现代文明的一种变态。非传统的东方价值越来越吸引他的关注。不久，托尔斯泰在文章《进步与教育的定义》中写道："我们知道有两亿人口的中国正在推翻我们全部的进步理论，但我们一刻也不怀疑，进步是全人类共同的法则，对进步有信心的我们是对的，而不相信进步的人是有罪的，于是我们带着大炮和武器去让中国人接受进步思想。"②

19世纪70年代末80年代初，在托尔斯泰看来，这是一个转折时期。他越来越多地研究东方的思想家们，努力在他们的学说中找到与自身思考相一致的那些思想，如关于生命本质和人的使命。

1891年，托尔斯泰回答彼得堡一位出版人M.M.列杰尔列的问题"在他成年后，哪些作家和思想家对他产生的影响最大？"时，在东方和西方的所有哲学家中，他指出孔子和孟子（对他影响"很大"），以及老子（对他影响"极大"）。

研究和翻译中国哲学家的著作给托尔斯泰的创作带来很大满足。"我的精神状态很好"，他在日记里写道，"我认为是读孔子作品、更主要是读老子著作的缘故。"③但是，由于中国古代的术语异常复杂和

---

① 见：*Шифман А.И.*Лев Толстой и Восток.Издательство Восточной литературы,М.,1960. С.46.

② Там же.

③ *Толстой Л.Н.*Полн.собр.соч.в 90 т.Т.49.С.68.

【36】 注释者的观点不一致，托尔斯泰的工作进展很慢。作家所完成的这项艰难而快乐的劳动成果是三篇关于中国哲学的文章概要，其中一篇是写老子的。

托尔斯泰对于形成自身的道德准则以及寻求生命的意义和虔诚的标准很操心，十分吸引他的有孔子的伦理观，孔子对于仁与天命思想的解释，以及孔子对于忠诚与道德自律作用、自我完善、热爱学习、尊敬父母和尊重长者等内容的诠释。

托尔斯泰在写给 В.Г.切尔科夫的信中列举了自己翻译的一句中国的睿智格言："吾日三省吾身。""我很喜欢这句话"，——列举这句格言时，托尔斯泰补充道。①

1884 年 2 月底，托尔斯泰给切尔科夫写信说："我今天发烧了，重伤风，在家待着。只能明天再读孔子的书了。难以想象，这是怎样非凡的道德高度。"他读的那本书是《生命与儒学》——詹姆斯·列格的《中国经典著作》第一卷。1884 年 3 月，托尔斯泰又写信给切尔科夫谈论这本书："我汲取了很多好的、对自己有益的、快乐的东西。想与别人分享。"②

这一时期出现了托尔斯泰的首批有关中国思想家学说的作品——两篇未写完的文章《孔子的书》和《大学》。他在日记里写了不少有关孔子哲学的笔记。

1886 年，托尔斯泰重读孔子的书，读到后者对于"学无止境"的论述和把探索真理与流水相对比。托尔斯泰想以此为题写一篇小文

---

① *Толстой Л.Н.* Полн.собр.соч.в 90 т.Т.85.С.39.

② Там же.Т.85.С.33.

章，但后来没做这件事。这就是手稿中写着标题《流水》的概要："有一次，孔子的弟子在河边碰到他。孔子坐在岸边，专注地望着水的流逝。弟子们惊奇地问，老师，看流水有什么用呢？这是最平常不过的事情，司空见惯。"①

孔子说："你们说得对，这是最平常不过的事情，司空见惯，任何人都明白这一点。但不是任何人都明白，流水就像学说一样。我一边望着水一边在想这个问题。水流不息，不舍昼夜，直 【37】到汇入大洋。我们父辈和祖辈的真理学说也是这样，从世界的开端流传到我们这里。而我们也将这样做，让真理学说继续流传，把它传给那些我们去世之后的人们，让他们照我们的样子再把真理学说传给自己的后辈，直到时代的终结。"②

1900 年，当八国联军在中国镇压义和团起义时，托尔斯泰又想在俄罗斯出版中国哲学家的著作。在他当时的日记里，有关孔子的摘要和对八国联军掠夺中国的忧思以及对于人类文明前途的考虑交替出现。

1900 年 11 月 12 日，托尔斯泰在日记中写道："我现在什么东西也不写，学习孔子的东西就很好了。我在汲取精神力量。我想把自己现在对于《大学》和《中庸》的理解记录下来。"然后继续写道："我构思了三篇文章——（1）给中国人的一封信，（2）所有人都在杀戮，

---

① Там же.Т.26.С.119.

② Там же.

（3）我们是准基督教徒，我们没有任何宗教。"不难推测，这些文章是考虑好的。八国联军镇压义和团起义期间在中国的掠夺促使托尔斯泰起草了一份告中国人民书。他在呼吁书中宣布，西方世界在杀戮，欧洲的基督教政府没有一点基督教仁爱的影子。① 托尔斯泰的这些思想在 100 年后的今天仍然具有多么现实的意义啊！

托尔斯泰后来对孔子的研究也和他努力在俄罗斯以及全世界推广孔子学说有关。1903 年，托尔斯泰答应完成自己一个熟人 П.А.布朗热的心愿，写一本关于孔子的小册子。1909 年，为了写这本小册子，托尔斯泰重新并一而再、再而三地阅读孔子的书。"昨天还是读的孔子，"他在 1909 年 4 月 8 日的日记中写道，"看来，可以写出来了。"②

包括托尔斯泰的文章《论中国学说》在内的一本关于孔子的书由"经纪人"出版社出版了。书名为《生命与儒学》。在这之前，1888 年，托尔斯泰与英国社会学家威廉·斯腾德聊天时阐明过创办世界哲学图书馆的想法，该图书馆能推广孔子、老子和其他古代思想家的学说。斯腾德这样表达托尔斯泰的思想："他非常尊敬中国人孔子、孟子和老子。本来首批大概要出版他们的著作，就像阐述佛教精髓的书一样。"

【38】

1910 年，托尔斯泰去世前不久，布朗热出版了托尔斯泰的新书。托尔斯泰这一次非常积极地参与了该书的筹备出版。该书从托尔斯泰主义的立场阐述了中国思想家的哲学。专家认为，这是一部描写古代

---

① См.:Там же.Т.54.С.54.

② Там же.Т.57.С.46.

伟大思想家的很有价值的作品。①

托尔斯泰从 Д.П.科尼西的译本中借用了孔子的 60 句名言，把它们和其他几位思想家的言论一起列入了已经提到的阅读汇编中，但没有一句是按照借来的原样编入的：他对照了另外几种译本，使它们务必简短、明确，更像格言。

托尔斯泰把儒家的"中庸"理解为一种道德准则，给出了自己对它的解释。这就是他对于该学说本质的解释：

> "内心的宁静是人的一切善行产生的根源：'和'则是人的一切行为的世界法则。只要世间存在宁静平和——幸福的秩序就会统治世界，一切生物都会繁荣兴旺。"②

从上述内容可以看出，孔子的中庸学说是体现每个人的行为中与相互关系中的"仁"的道德标准。托尔斯泰认为，中庸之道是某种类似于伦理指南的东西，能帮助人明确自己是否处于跟随正确道路所必需的精神宁静和内心和谐状态。偏离这一路线会破坏人与社会之间的相互关系。

孔子对最高权力代表的教导和托尔斯泰的世界观十分一致。托尔斯泰把孔子的一句名言抄写在自己的日记中，讲的是统治者应当关心自己的百姓，关心对他们的道德培养和教育："治理就意味着要纠正。

---

① *Шифман А.И.*Лев Толстой и Восток.Издание 2-е,переработанное и дополнен-ное. Наука,главная редакция восточной литературы.М.,1971.

② *Толстой Л.Н.*Полн.собр.соч.в 90 т.Т 54.С.57-58.

如果能正确引导人民，谁会敢过得不正常呢?"①

【39】　　通过对这句话的思考，托尔斯泰写道："对政权的合理解释和关于它的中国学说对我是一种启示……当政权承认崇高的道德和理性时，它可以不是暴力……"②

托尔斯泰很喜欢儒家的发展理论。他在《论语》中找到了这句名言：

"孔子站立在河边，说：逝者如斯夫，不舍昼夜。"

儒家伦理最重要的概念"仁"，即仁爱、人道，尤其受到托尔斯泰的关注。孔子教导说，人与人之间的家庭和社会关系应当以相互信任、欣赏、和善以及相互帮助的方式来形成。

"己所不欲，勿施于人"——这是孔子所说的人最重要的道德行为准则。人不应该做损害别人的事情。身处高位者不应当欺侮和蔑视职位比他低的人。害人者也玷污和贬低了自己。对于一个人来说，世界是注定的，无论什么都不应使人在世间的存在感到忧郁——继孔子之后，托尔斯泰也这样认为。仁——是人日常行为的最高准则和在道德规范基础上治理国家的普遍原则。

继孔子之后，托尔斯泰援引了孔子的这些名言并加入自己的意思，他宣称，人与社会道德自我完善的过程是无止境的。托尔斯泰认为，一个人在任何时候都不能说他已经实现了理想。人的道德责

---

① Там же.Т.49.С.63.
② Там же.Т.49.С.70-71.

任——是一生都要学习并追求理想。

托尔斯泰还高度评价了孔子关于自我教育作用的学说，自我教育从"净化心灵"开始，以实现"最高的善"和达到"最高阶段的认知"结束。

俄国文化的两大代表——普希金和托尔斯泰用自己研究孔子和中国古代其他圣贤的道德哲学的方法奠定了俄中文明进行真正创造性对话的基础。这是两个民族的天才们穿越几千年的真正对话。对于当代俄罗斯寻找自己地缘文明自我认同基础的知识分子精英来说，这是真正伟大的有教益的榜样。

拥有最古老文明的亚洲民族和国家，由于某些原因，几百年来曾 【40】退居历史发展的外缘或曾处于对欧洲国家的殖民依附状态，而如今已经跃居世界政治的显要地位。悠久的历史长河中，互相尊重与忍让、和平共处与合作的卓越原则已经在这些国家定形。孔子定义的人文准则"仁"："己所不欲，勿施于人"① 是全人类的主要价值之一，是建设亚洲和全球新的安全的基石。

完全有理由证明，亚洲国家的进步和它们与西方发达国家广泛而紧密的联系正在把亚太地区，尤其是东北亚变成当代文明的新世界中心，和欧洲—大西洋中心一样。东西方文化正在亚洲交融，我们是产生人类新型文明的见证人。现在还难以详细描述其具体特征，但该文明在发展和丰富，给人类未来以美好的期望。

有很多问题都在妨碍这一新文明的形成和顺利发展，如因不同文

---

① *Конфуций*.Лунь юй.Цит.По:Древнекитайская философия.Т.1.М.,1972.С.167.

化的对立和人与自然的对抗而产生的问题，以及冲突与战争策源地仍然保留、对周围环境的破坏、核武库和强大的军事生产等问题。世界确实在变化，但这种变化的性质将取决于如何解决这样一些问题，无论是在东西方文明相互影响以及逐渐综合的协调方面的问题，还是在国际关系人文化与确立某些关系中古老的自然准则方面——如人与自然的关系、实行裁军政策、民族间不带任何歧视地发展全面与多边合作的问题。

【41】 　　人类已经进入了发展与和平进取的时代，这个时代给东西方国家、发达国家和发展中国家提出了一个探索国际关系新伦理和新道德以及相互影响与合作的新原则基础的问题。但是，在记得发展绝对性与转变必然性的同时，我们不会忘记传统与文化的良好动力，它们保持着文明发展的完整与稳定，以及每个民族在"文化世界的集体音乐会"中独一无二的声音。

　　亚太地区的国际关系实现了作为进步主要标准之一的人文化与民主化，这必然使我们得出重要的、符合实际的结论：

　　第一，人文价值跃居显要地位，即整体上为了人类文明和单独的民族及其文化以及每个个体的发展，努力创造最适宜的社会经济、自然生态和精神条件；

　　第二，必须形成更公平的经济竞赛与合作原则以及从封闭的合作体系转向开放，这已经迫在眉睫；

　　第三，承认社会经济进步的多重性与变量，这决定了属于不同文明、文化与发展模式的社会从相互影响的对抗形式转向对话、和平共处与合作。

至于亚太地区进步的前景，可以用最普通的形式简化为克服东西方文明的对抗，使这些文明的相互作用、相互影响和相互丰富以及独特的文化趋同得到发展。在此基础上可以逐渐形成文明间的新型关系，形成和平安全的欧亚空间。

此外，所有新的国家和国家集团正在积极加入亚太的全面进步。继日本之后出现了"小龙"，然后是"新虎"。正在腾飞的还有"大龙"——中国、印度和东盟国家。

现在轮到俄罗斯了——它能够也应当促进自身和亚洲的进步。西伯利亚和远东地区是整个地区的强大后备和希望。参与它们的发展就是参与整个亚洲的进步，俄罗斯对周围所有人构成威胁的北极熊形象正在变成伙伴和好邻居的形象。

21 世纪，亚太国家和民族的形势发生了根本改变。这一地区的进步绕不开其自身历史命运中统一的欧亚进程。我们相信，欧洲发生 **【42】** 过的事情也将在亚太舞台上继续，并促使地区发展进步的所有成分得到进一步增加——如符合人们愿望的合理的安全政策，按人道主义原则改组经济关系，果断面对生态问题，以及不断积攒进步的精神潜力，这种潜力能使人们对于幸福未来的目标更明确。

俄罗斯自我认同的核心 **【43】**

——新欧亚主义和构建国际新秩序的贡献

阐述几种关于欧亚主义思想意义的见解是适宜的。作为俄罗斯精神自我认同的战略思想核心，它造就了俄罗斯大多数民族相互合作和东斯拉夫民族团结一致的基原，以保障和平与发展的有利环境，还创造了俄罗斯联邦各民族之间的和谐关系以及振兴和巩固"大俄罗斯国家"的基础。这也是俄中文化相互谅解的原则基础，是俄罗斯对构建国际新秩序做出的重要贡献。

因此，不能不说，"大俄罗斯国家"一词既不是自我标榜，也不是自吹自擂，而只是这一概念宏大内涵的相应标志。这里说的是一个面积和位置都不可比拟的大陆名称（一千七百多万平方公里），俄罗斯人和一百二十多个民族与民族主体在此栖息、开发并使之成为文明之地。

其次，被开发和教化并引入世界文明中的疆域和此处的自然资源，一方面，富饶而多样，对于保障俄罗斯民族本身乃至全人类的发展都意义重大；另一方面，在异常严酷的条件下开发和开采这些资源，强度巨大，需要开采者付出极大的努力，追加巨额投资并解决新的技术问题。

再者，很多世纪以来，俄罗斯人和俄罗斯境内其他众多的民族在
【44】这片寒冷的土地上繁衍生息，积累了开发广袤空间和自然财富的独特经验，创造了内容丰富、形式多样的文化和文明，在严酷而不利的自然气候条件下，在睦邻合作、共同发展、互相帮助、相互影响、互相学习和非对抗角逐——拼搏进取的基础上，形成了对于每个定居于这片领土和这个国家的种族和民族主体的生存及发展都最适宜的自然历史条件。总的来说，这就是俄罗斯人和俄罗斯民族对世界文明做出的巨大而宝贵的贡献。

上述内容可以证实，俄罗斯人在道德本性和精神文化方面素有的优点——豁达、友好、开明、善良、庄重、坦诚、不贪婪是其自然历史事件特征的适当反映。

俄罗斯思想是一种保留、发展并增加政治文化、日常文化和处世文化中良好内容的思想，是俄罗斯民族心理的一种概念，是俄罗斯民族适应欧亚主义地缘政治位置特点和多元文明的思想。多元文明的产生是由于多种强大的文化和宗教在这片欧亚大陆上交汇：如各类基督教文化，穆斯林的宗教信仰，萨满教，佛教，儒道文化，犹太人的宗教信仰，等等。

俄罗斯的公民以及超民族共同体——俄罗斯人的民族自觉也不能不考虑到一个确凿的事实：俄罗斯文明已经形成，正逐步发展，在很多伟大的巨型文明交汇并相互影响的地缘政治空间中表现出旺盛的精力。这些文明和文化包括：大俄罗斯文明、斯拉夫文明、拜占庭文明、罗曼—日耳曼文明、乌戈尔—芬兰文化、穆斯林文化、中华文明、印度文明、突厥—蒙古文化，以及一百多个生活在伏尔加河流域、乌拉尔地区、西伯利亚、远东和北方地区的小土著民族的文化。

这一切在智力圈产生了俄罗斯文化相互影响、互相学习、民族社会文化共生与合成以及文化趋同的强大磁场，也就是所有定居俄罗斯的民族的文化成果总和，以及术语"欧亚主义"所表明的独一无二的文明特征。

鉴于上述内容，把"俄罗斯思想"的概念和"当代欧亚主义或新【45】欧亚主义"的概念对立起来是错误的，因为俄罗斯思想就是欧亚主义的强力核心与命脉。但遗憾的是，应当承认，"欧亚主义"术语本身也显得十分片面。因为表面上它只反映了该现象的一个方面——即这种文化与文明的精神现象生成的位置。这就会产生各种论争，通常会涉及这一独特事物的某些次要方面。

欧亚主义概念到底意味着什么？它的特点是什么？与"俄罗斯思想"的区别在哪里？一些学者反对用术语"欧亚主义"置换"俄罗斯思想"的概念，因为在他们看来，这会导致俄罗斯人民在未定义的俄罗斯人群体中消散。来自"欧洲主义者"阵营的评论家批评欧亚主义观点不是俄罗斯发展的范式，他们引用第一次世界大战后 20 世纪二三十年代出现的欧亚主义公然具有反西方性质为例，试图贬低欧亚主义思想。但是，这种反西方主义是根据当时的情况而来的。

第一，欧亚主义的主要特点是推崇俄罗斯文明的地理"发展空间"①、国际形势和历史起源具有特殊性，其基础和核心是俄罗斯文化，交际语言是俄语。

第二，欧亚主义认为多中心论是一般方法原则，②认为多种文化互有关联，相辅相成，相互影响，互相学习。根据欧亚主义，一切文化之间的关系都按同等级别建立在同舟共济、平等融合的基础上，承认所有民族共同体文化的唯一性，即使只有几千人的部族。③

【46】　　第三，文明之间相互关系的欧亚主义原则以它们的和谐协作为基

① 彼·尼·萨维茨基引用了这个特别的术语，列·尼·古米廖夫也乐意在自己的著作中使用并扩展它。Цит по:*Гумилёв Л.Н.*Ритмы Евразии:эпохи и цивилизации.М.,1993.С.10.

② 同上。

③ 正如 С.Б. 拉夫罗夫教授公正地指出："欧亚主义者拥护保留民族共同体的特色，但从不赞成狭隘的民族主义。"Цит по:*Гумилёв Л.Н.*Ритмы Евразии:эпохи и цивилизации.М.,1993.С.10.

础。欧亚主义的这一点既符合孔子的文化发展观，即主张多元文化之间的和谐（和而不同），又符合自然界和文化中对立现象相互影响的道家辩证法（合二为一，一分为二）——对立面在对立基础上合为一体或一分为二。①

第四，欧亚主义本身具有文化在相互影响和互相学习基础上形成的许多规律。从结构上来说，欧亚主义是多层次、多民族、多文明的统一，能保障不同民族和文化无论是在一个国家，还是在全球范围内的共存。

就其实质来说，欧亚主义所包含的不仅是欧亚大陆各民族的文化所固有的组成部分。欧亚主义与欧洲中心主义不同，前者是从不同文化间相互平等的构成关系出发，而欧洲中心主义则是从文化间的纵向关系出发，只认为一种文化是上层文化，其他的都是下层文化。欧洲中心主义诡称，同化其他文化并绝灭一些独一无二的小型文化是理所当然不可避免的现象，要求把那些独特的文化价值体系替换为某种"普世的"、实质为西方大众文化的价值体系。

俄罗斯的欧洲中心主义者借口"进入世界文明"，想要败坏俄罗斯文化的精神准则，腐蚀俄罗斯文化的精神性。他们还以此为借口想在政治、经济方面使多民族多宗教的国家——俄罗斯政治不统一，内部不稳定。

拥护俄罗斯欧洲化的西欧派与拥护国家保持强力政权的斯拉夫派以及后来的本土派就这个问题展开了辩论并处于政治对抗中。后二者

---

① Духовная культура Китая:Энциклопедия.В 6 т./ Гл.ред.М.Л.Титаренко.Т.1.М.,2006.С.284-285,462-464.

【47】 强调俄罗斯文化独一无二的特殊性，是多种文化的共生和过去曾经现在仍然居住在俄罗斯领土上以及住在邻近的很多民族历史经验的合成。现在首先讲的是俄罗斯独特的斯拉夫文化和与基督教一起从拜占庭接受的强大的人文文化与政治文化层，以及乌戈尔—芬兰民族文化、突厥民族文化、鞑靼—蒙古民族文化的融合，这样，俄罗斯也就间接接受了中国和印度①的部分物质文化与政治文化。

　　这种情况要求从实用性上详细地解释"欧亚主义"概念的实质。这一术语在 20 世纪二三十年代产生与演变的过程中，欧洲（布拉格、巴黎、柏林、索菲亚）和亚洲（哈尔滨、上海）不同派别的俄国侨民之间展开了政治思想斗争和辩论，从而使情况复杂化。这些辩论体现出告别祖国后又对当时苏联的现实情况持爱国主义态度的原俄国精英代表之间复杂的关系，同时也在寻求对话的途径。

　　阐述这一术语在 20 世纪二三十年代产生的过程，和表述著名学者 Н.С.特鲁别茨柯依、教授 П.Н.萨维茨基、Л.П.卡尔萨文、Г.В.维尔纳茨基在当时发表的以及后来在 20 世纪 60—80 年代发表的 Л.Н.古米廖夫的作品中对它的评论，都不是我们的任务。关于该问题已有十分丰富的文献。20 世纪 90 年代初苏联解体之后，欧亚主义者在 20 世纪二三十年代主张国家强权的创新思想得到响应和重新解读，成为了产生新欧亚主义不同派别的推动力。在俄罗斯，新欧亚主义的代表有 А.Г.杜金、С.А.帕纳林、М.Л.季塔连科、Г.А.尤加娅。在这一政治思想流派中，哈萨克斯坦总统 Н.纳扎尔巴耶夫的

----

① 　Подробнее см.:*Титаренко М.Л.*Россия лицом к Азии.М.,1998.С.5-10;Там же:гл.«Новое евразийство и азиатский аспект».С.13-79.

欧亚主义方案占有特殊的地位。

我们对新欧亚主义的实质很感兴趣，它是苏联解体后政治思想讨论和国家思想研究的一个十分现实的题目，在西方文化与文明强行扩张的情况下，这种国家思想最好能为主权俄罗斯国家的团结与振兴服务。因为这种扩张造成了对文化与文明自我认同的严重侵蚀，使俄罗斯人民和俄罗斯联邦的其他民族厌恶政治，精神抑郁，导致地区分裂主义和孤立主义的出现以及民族间摩擦的产生与加剧。【48】

应当特别指出，俄罗斯当代欧亚主义是影响全球的客观事实，是地理和人文的社会现实，体现了俄罗斯的地缘位置和全球地位。众所周知，俄罗斯包括部分欧洲和亚洲的空间，并使它们结合为欧亚大陆，俄罗斯使欧洲文化与亚洲文化进入自己的范围并成为了人类宇宙高质量的精神文化。

新欧亚主义思想集中体现的某类世界观符合俄罗斯欧亚大陆的遗传密码。从俄罗斯诞生的那一刻起，这种思想就始终存在，但只有少数思想家认识到该思想的发展历程，而且非常遗憾，它实际上只保留在人民的潜意识里或表现为不规范的宗教形式，它被一些投机的外来政治学说压皱了，为推行欧洲中心主义的"全盘西化"政权所鄙视。

现在，这些学说的影响减弱了，欧亚主义以焕然一新的形式出现在俄罗斯民族共同体明显的自我意识层面。这一思想的复兴者、构建该思想范畴并将其深入民族根基的人是祖国的学术精英和宗教界的精英人物——即俄罗斯杰出的欧亚主义宗教哲学思想家们的继承者。

对于俄罗斯而言，新欧亚主义思想是解决俄罗斯民族地缘政治和人文精神自我认同的关键，能揭示俄罗斯文明的精神奥秘、目的论以及原理构造基础，否则该文明可能只被视为罗曼—大西洋文明的模仿者和再生品。俄罗斯的新欧亚主义思想赋予了俄罗斯文化崭新的力量，能在与俄罗斯民族其他文化有同感的领域吸引他们，为之开辟共同发展、互相帮助与合作的新前景，在认清共同历史命运的基础上展示协作潜力。

【49】　新欧亚主义思想作为欧亚主义的普遍原则不仅具有俄国和俄罗斯的特征，而且具有全球性。欧亚主义表明，可以选择一些文化、文明和民族共同体与另一些相融合，这是形成下一个新秩序的核心思想之一，这种全球文明间关系的新秩序能保障文化和文明生态，保持民族与文明的多样性。在肯定这一点的同时，欧亚主义作为和平发展的因素，强调正是要在每个民族所走道路平等的基础上去理解历史的进步，要尊重每个民族自己的选择，不同文化要互相充实。

新欧亚主义表现为俄罗斯文化伟大的集体主义人文传统的接受者、继承者和捍卫者。它有可能克服长久以来东—西、南—北的两极分化，为欧亚大陆空间的所有民族开辟繁荣之路。新欧亚主义具有使亚洲文化和欧洲文化趋同、协同发展与繁荣的独特机制，它能振兴久远的民族传统，使之更崇高，揭示其根源，展示统一和差别，并构建使之和谐的方式。

在理论和实践的断面上，新欧亚主义拥有欧亚大陆全部文化的遗传密码，它使该密码接上了民族基础和文明现实的地气（文明的"方位"，文明的"发展空间"），并因此使文明体系精神内核的神圣秘密世俗化，战胜和"消除"了封闭性，使之预先具有开放倾向，同时保障不引起冲突，并完善、保存与繁荣每一种民族文化。

在源自古时的中国文化中，可以清晰地看见欧亚主义的这些规律。比如，它们反映在"仁爱""勤劳""友善"的儒家思想中，在"己所不欲，勿施于人"的准则中；又比如，体现在墨子十诫中的"泛爱和兼利""反对浪费崇尚节俭""强者帮助弱者""社会公平和利益"等。

现实生活中也显示出这些规律，如19世纪八九十年代盛行一时的洋务运动（将中国完美的精神道德文化与西方的工艺和技术相结合），20世纪初孙中山精心制定的、创造性借用外国经验的原则"化西"（西方经验中国化），在当代改革开放和现代化基础上建设"中国特色社会主义"，以及"建设社会主义精神文化"和"用高尚的精神塑造人"。【50】

这一切都证明了欧亚主义具有全世界的客观性，具有全球性，新欧亚主义的很多思想对于中国、印度和俄罗斯的许多亚洲邻国的精神文化而言并不陌生，是这些文化的民族文化学变体。

在世界观维度中，新欧亚主义创建了一个全世界的平台，其中每种文化，第一，都能具体说明自己相对于其他文化的位置；第二，能对自身的传统有新发现，能促进积极的自我认同；第三，能遵照自己的天性去寻找自身存在与发展的道路；第四，能和其他文化一起参与制造人类理性的词汇；第五，所有文化都会统一，在统一中消除文化间产生冲突的可能，达到文化交融和文化间进行互相充实的建设性对话状态。

在此平台上，俄中文化已实现真正的对话并将进一步深入。中国方面是精神高尚的人，俄罗斯方面是具有新欧亚主义精神的人，他们将使用人类理性的词汇进行对话。

我们深信，把俄罗斯的地缘位置和文明视为同一的欧亚主义思想对于国家的健康发展、保持国家完整和内部稳定具有重要意义，因为欧亚主义思想是从历史根源、国内本土文明和外国文明的成分出发，在其合成的基础上形成了俄罗斯文化。俄罗斯文化的崇高声望使之成为了居住在俄罗斯的、操其他语言的民族振兴与繁荣的转换器与推进器，而俄语是俄罗斯各民族的语言和文化与世界文明、世界文化交流的转换器。

【51】 对欧亚主义思想有丝毫忽视都会导致俄罗斯联邦的小型文化和弱小民族与世界文化的转换关系中断，延缓其发展。这些文化的精英代表被迫有意无意地寻找替身以取代俄罗斯文化、俄语和我们共同的其他成分，不得不坚持欧洲中心主义的立场，鼓励用英语代替弱小民族的文化转换器——俄语和俄罗斯文化，相应地，鼓励加强对于这些民族传统而言陌生的欧美文化的影响。

忽视我们文化的欧亚主义性质，实际上会造成统一的破裂，导致俄罗斯的文明"圈"断裂。欧亚主义的范式则能团结居住在俄罗斯和俄罗斯文化周围的各个民族。研究世界文明最著名的学者 A.J. 汤因比指出："俄罗斯人在与非俄罗斯人的关系中，对其他民族没有鄙视感。"按他的话讲，"这是真正友好的、值得赞赏的俄罗斯传统。"①

俄罗斯民族是俄罗斯国家机构基本的核心，就是这个人数众多的民族本身创造了独特的文化，将广袤的领土合并于麾下。俄罗斯人与一百二十多个民族和部族建立了睦邻合作、共存发展的关系。力作

① *Тойнби А.Дж.*Цивилизация перед судом истории.М.,2002.C.226.

50

《俄国主义》的作者们公正地指出："俄罗斯文化是能吸收社会价值的最高雅的文化。俄罗斯人在吸收各种丰富的传统文化时，更倾向于什么也不拒绝，什么也不放弃。由于我们这种文化的性质，人类创造的一切宝贵的东西都能在俄罗斯共存下来。"①

上述著作的作者们认为："俄罗斯主义其实是世界主义，但首先倾向于俄罗斯本身。"②从这个意义上讲，它是欧亚主义构成的原则基础，是国家建设的思想标杆，是民族文化间相互充实的内部对话和统一的俄罗斯文明内部对话的方向。一些政治家和学术著作的作者在文化学问题上，常常不喜欢强调俄罗斯人的文化和俄罗斯人的文明在统一的俄罗斯国家的文明形成与发展中所起的核心作用。

正是在谈到俄罗斯人的文化、俄罗斯人的文明的经验和传统时，他们称之为俄罗斯国家的文化和俄罗斯国家的文明。这样的疏忽会得 【52】罪人并会产生十分不良的后果。

首先，这种立场会侵蚀俄罗斯人的民族认同，无论是在俄罗斯还是在世界范围内会贬低俄罗斯人的文化和俄罗斯人的文明的历史作用。

其次，把俄罗斯人的文化和俄罗斯国家的文化混为一谈会贬低我们国家其他民族的文化作用，导致忽视那些正为俄罗斯文化的合并与形成做着巨大贡献的其他民族文化的特点，这些民族总揽了俄罗斯所有民族文明发展的全部特点和成就，形成了多元文化的交融。

最后，在大众传媒和国家的实践活动中，由于官员的轻视和无知

---

① Русская доктрина(Сергиевский проект)/ Под ред.А.Б.Кобакова и В.В.Аве-рьянова. М.,2008.С.29-30.

② Там же.С.29.

造成把俄罗斯国家的文化概念和俄罗斯人的文化概念进行同一类比，这使其他民族的代表有理由指责俄罗斯人的文化活动家和伟大的俄罗斯人的文化不尊重俄罗斯的其他非俄罗斯民族的文化。于是，俄国的知识分子、文化活动家和爱国人士便蒙上了不白之冤。

创造性地借用并发展了东西方文化的很多成果，俄罗斯国家的文化和俄罗斯人的文化也制定出一个文明价值体系，能与其他东方文明协作并开始积极替换有害的、侵蚀性的全盘西化思想。这一体系能为和谐世界做贡献，能为保持和繁荣多元文化与文明、建立它们之间的积极对话创造条件。

说到俄罗斯及其各民族的自我认同，不能不考虑地缘因素。因为俄罗斯三分之二的领土位于西伯利亚和远东。除了俄罗斯人和与之亲近的其他斯拉夫民族，在俄罗斯还生活着一百多个重要的民族和部族，包括西伯利亚和远东的几十个土著民族，无论如何也不可能把它们"划"给欧洲。这一百多个民族和部族都没有走上错误的西化道路或失败的多文化主义之路。

亚洲的国家和民族把俄罗斯列入欧洲文化，而欧洲人，尤其是西欧人，却认为俄罗斯主要是亚洲的门户。这些观点全都给出了关于俄罗斯国家的文化认同的尤其是俄罗斯人的文化认同的完整概念。忽视【53】俄罗斯地缘位置及其文明认同的欧亚主义性质，让欧洲中心主义在意识形态和政策中占优势，试图把俄罗斯的全部领土形容成"大欧洲"空间，这一切都会在国家的发展中产生矛盾，导致国家政策连续波动，破坏俄罗斯民族与俄罗斯其他民族的团结，侵蚀文化认同，削弱俄罗斯在世界舞台上的地位。

一个典型的例子是——俄罗斯联邦不参与（至少到不久以前）欧洲和亚洲领导人在某些重要的政治论坛上的对话。亚洲国家总是重复在官方声明中使用的欧洲中心主义的模板，把俄罗斯列入欧洲文化，而欧洲人，尤其是西欧人，却认为俄罗斯主要是亚洲的门户。西欧国家的代表认为，应当建议俄罗斯参与亚洲国家的对话，因为俄罗斯的大部分领土位于亚洲。而亚洲国家援引俄罗斯常常坚持自己是欧洲强国的话，认为应当把俄罗斯看作欧洲国家。

遗憾的是，从彼得一世时期开始，在解决国家地缘认同及其文化的文明认同问题上，俄罗斯的对内政策没有连续性。彼得一世把俄罗斯推向了欧洲。苏联时期，В.И.列宁和他最亲密的拥护者们号召同俄罗斯政治与文化中的亚洲成分（"落后野蛮"）作斗争。这一切都使欧洲中心主义在国家政策中更占优势，其中包括贬低俄国和斯拉夫根源及俄罗斯文明的成分。类似倾向过去曾经至今仍旧体现在实用政策中，欧洲中心主义在各方面均占优势，它在经济和政治上的具体表现是：

· 国家发展的主要手段和战略目标集中在欧洲部分，把莫斯科变成了国家金融和其他资源的超级垄断者；

· 事实上把资源丰富的广大东部地区变成了国家欧洲部分的某种伪殖民地。过去曾经如今仍在从西伯利亚和远东以不等价交换或根本不交换的方式汲取资源，而且不给予应有的补偿用于东部地区的发展和振兴；

· 俄罗斯东部地区的发展是畸形的和片面的，以原料为方向 【54】
的经济在这里占主导地位。只是到20世纪30年代，尤其是在伟

53

大的卫国战争年代,西伯利亚才拥有了从欧洲部分迁移来的大型工业企业以及文化和科学项目。确实,之前也出现过一些大型工业,如库兹涅茨克钢铁公司,远东、东西伯利亚和西西伯利亚的一些机器制造企业。然而,从保证劳动力资源的角度,劳改营管理总局(古拉格)的强迫劳动形式在地区开发中发挥了重要作用,这赋予地区一种最不招人喜欢的形象,由于惯性而留存至今;

·俄罗斯文化和文明的内部整体上矛盾尖锐。在西方化的压制下,俄国文化和其他民族文化的民族特征逐渐褪色并消失在陌生的文明和民族宗教传统中,融合在欧美大众文化陌生的劣质样品中。而且,在 20 世纪末,俄罗斯的文化和文明被贬低到把"进入世界文明的任务"提上政治高度的程度,这实际上意味着俄罗斯文化被边缘化。

还在 18 世纪中期,当中央集权的俄罗斯国家成为更加稳固的俄罗斯帝国时,俄罗斯科学与教育的奠基人、俄语的改革者 М.В.罗蒙诺索夫首次以综合的方式提出了俄罗斯国家应当解决的三项战略任务,目的是保障俄罗斯正常稳定地发展并发挥历史所赋予的作用。这三项纲领性的任务可以简述如下:

第一,"俄国的势力将绵延至西伯利亚和北冰洋,到达欧洲分布在亚洲和美洲的那些主要居民点"①。

---

① *Ломоносов М.В.*Записки по русской истории.М.,2003.С.392.

第二，"如果能开辟一条沿北冰洋至东方的必经之路，那自然就能加强俄罗斯的势力并向东方扩张，联结沿西伯利亚到太平洋沿岸的海路和陆路"①。

第三，这位伟大的科学家认为，"爱惜"俄罗斯人并以每年 【55】平均不少于100万新生儿的方式"增加俄罗斯的人口"是俄罗斯政权的关键任务之一。同时，他认为俄国居民与西伯利亚和远东的土著居民建立良好的合作关系具有重要意义。

二百五十多年过去了，由罗蒙诺索夫提出的、作为俄罗斯顺利发展条件的三项战略任务不仅依旧没有解决，而且变得更加迫切。

应当说，俄罗斯杰出的人才在以后几个时代也多次强调开发西伯利亚和解决上述任务的重要性，尤其指出，政治家们和俄罗斯的全部精英都必须认识到一个地缘政治的现实——俄罗斯位于欧亚大陆的极其特殊的地理位置，强调利用国际因素的重要性——在开发西伯利亚和远东时与我们远东邻国的合作。特别要注意加强与中国的协作、相互谅解和盟友关系。

俄罗斯伟大的学者和爱国者 Д.И.门捷列夫在著作《宝贵的思想》中特别强调的正是俄中合作的重要性。他指出，该合作对于创造我们两国共同发展的有利条件具有长远的意义。他写道："……原本独立的中国有可能变得更强大，在这之前我们与中国人成为越好的朋友，对我们就越有利。"②

---

① *Ломоносов М.В.*Записки по русской истории.М.,2003.С.388.

② *Менделеев Д.И.*Заветные мысли.М.,1995.С.375.

门捷列夫在指出俄中合作对于世界总体制的意义时强调："俄中联盟将是集体和平联盟的前奏，因为前者的人数超过全部人数的三分之一，它只能保卫和平；而且两位盟友内部都有无数迫切的需求，拥有其他任何两国都没有的资源；像俄罗斯和中国这样的两位盟友，不愿意也不习惯伸出拳头。"①

【56】过去两个世纪的历史证明，只要俄罗斯在政治上有倾向任何一方的尝试行动，无论是倾向欧洲还是东方，都必然会造成我们社会动荡，从内部破坏认同它的基础。这样一来，国家、文化和经济就都会处于"劈叉"状态。只有国家认同这两个最重要的方向是统一不可分割的，俄罗斯才能坚定地稳步向前，才能使居住在我们国家的所有民族保持良好的合作与共同发展，各民族的文化才能交融并发挥协同作用。

苏联解体后第一个五年，俄罗斯在经济、人文和其他领域的政策都保持单方面亲西欧的畸形方向，这种无根据的片面路线的毁灭性后果众人皆知，不需要详细解释。从 E.M.普里马科夫短期担任总理职位开始，逐步纠正严重的一边倒。后来在普京担任总统期间，这一趋势逐渐发展并巩固。这一方针的正面结果是，巩固了俄罗斯内部的稳定及其国际地位，明显地证明了欧亚主义方向的建设性。

为了国内外的安宁太平，俄罗斯必须始终坚持平衡原则，对内政外交东西方位的关注同等重要。换句话说，坚定不移地信奉俄罗斯欧亚主义的地缘认同是一种迫切的需求。

我们认为，无论是整体上作为一个国家的俄罗斯还是其某个地区

---

① Там же.С.376.

发展的任何一项战略构想都不能不考虑且应当考虑我们文明的欧亚主义地缘本质。因此，俄罗斯联邦到 2020 年前的经济与社会发展规划以及地区的长期发展纲要都应当依据欧亚主义范式。

俄罗斯作为欧亚强国的构想要求对现行经济管理体系进行重大改革，要求深刻改变中央管理地区的方式方法。

1. 由于地区空间广阔，存在分裂主义，并受其他地区因素作用的影响，强硬而单一的政治中心尤其应当结合地区的地理、文化与社会特点考虑，在经济方面预见到地区具有发挥主动精神的巨大潜力，地区有权创造性地提高和改变自我，有权使中央下达的所有指令适应当地的条件。【57】

2. 要真正解决俄罗斯作为欧亚强国发展的任务，必须对俄罗斯的行政经济体系进行重大改革，要扩充行政机构。西欧的发达国家和美国、日本以及中国经济发展的经验，为首都和区域中心之间管理经济发展过程的职责分工提供了范例。在美国，政治中心（华盛顿）和一些经济中心都拥有相当大的权力自我管理并解决经济问题。

美国东海岸有纽约、费城、亚特兰大，中部有芝加哥、底特律、堪萨斯城，西海岸有旧金山、洛杉矶、圣迭戈。中国的北京是一个政治和经济中心，同时也把经济管理权分配给上海、沈阳、哈尔滨、长春、天津、重庆、武汉、广州、太原、西安、乌鲁木齐这样一些大的经济和文化中心。在日本，除了首都东京，大阪、京都、札幌、新泻也是经济发展中心。德国的经济杠杆在柏林、汉堡、法兰克福、慕尼黑、杜塞尔多夫、科隆和莱比锡等城市之间分配。

遗憾的是，俄罗斯在政治、经济和其他方面都占绝对优势地位的中心只有莫斯科，主要的金融行业也正是集中在这里。其他大的地区，即使是被称为第二首都的圣彼得堡，在这方面也仍只起次要作用。至于乌拉尔、西伯利亚和远东的那些大的中心，在很大程度上，它们的意义只局限于具有某个领域的纯经济潜力。西伯利亚和远东的银行，由于金融资源有限，在促进这些地区的社会经济增长和投资方面不能发挥应有的作用，常常只是该地区的大型兑换点。

【58】　　要更有效地解决西伯利亚和远东未来的社会经济发展问题，不妨考虑在西西伯利亚、东西伯利亚和远东地区扩建三个全地区的经济和政治调控中心。所有这些工作的协调人，大概应当由有第一副总理背景的、威信极高的国务活动家来担任。

　　美国、日本、澳大利亚、加拿大和一些拉美国家都有专门的国家机构和部门，来调节落后地区的发展。确实，日本就曾有一位部长长期负责北海道的发展。现在俄罗斯也成立了总统的地区代表机构。这个决定的方向是正确的，但需要在施政和财政方面进一步完善。

　　俄罗斯当代欧亚主义表现了我国地缘和文明发展的特点，但决不依恋于某种亲西欧或亲亚洲的方向。相反，正是由于欧洲中心主义的推行才损害了俄罗斯的国际地位，实际上把俄罗斯变成了西欧的小伙伴和原料附庸国。

　　因此，用新欧亚主义代替欧洲中心主义和庸俗西欧主义不仅是出于俄罗斯作为统一的多民族国家内部要团结的观点，而且是为了在国际上反对将民族文化硬性取齐和反对单极论，为了构建多中心世界和繁荣多元文化交融的世界文明创造思想理论基础、政治基础和文明基础（首先是文化的文明基础）。

此后，多种发展方式的话题暂时退居次要地位——苏联解体后，正当 1998 年亚洲的金融危机使人怀疑东亚"经济奇迹"的生命力时，西欧的成功造成了欧美模式万能的错觉。但今日的中国，在国际金融危机中仍保持史无前例的高速增长，这表明，实现发展目标和现代化再也不用被复制西欧的做法所牵制。

在 21 世纪第一个十年末爆发的世界性财政经济危机具有系统性。它暴露出自由主义拥护者的主要论题站不住脚。他们曾试图让全世界都相信市场是"万能"的，似乎能"独立地"、不受国家干预地保障经济增长与繁荣。现在主要的西欧国家正全力以赴地避免本国经济严重下滑，正在加快恢复速度。【59】

这次危机表现出西欧模式的局限和"全盘西化"政策对于那些属于另一类文化的国家具有危险。重大的世界经济问题促进了对西方"普世"价值观的重新思考。危机使人类注意到，近二十年来的紧张冲突的根源不仅是以美国为首的西方国家在阿富汗、伊朗、利比亚、叙利亚发起的军事行动，还包括西方坚决试图以武力相威胁以解决与伊朗和朝鲜的争端——这些热点出现的原因就包括，西方国家不愿意也无法尊重其他国家的文明与文化的价值、生活方式以及发展道路。体现出这种政策的最鲜活的例子就是乌克兰事件。

西方所主张的在一个超级大国占优势的单中心世界有可能带来全球稳定的观点，附带着东西方价值和文明体系必然产生碰撞的说法。这些理论家和他们主张的政策都坚信欧洲—大西洋文明和美国文明具有不容争辩的全面优势与万能的特点，是与世界文明同一的。在伊拉克和阿富汗发生的事件表明，西方联盟可以用武力推翻另一国家的、不合自己心意的政权。

危机提醒我们，当代世界的国家之间的联系是多么紧密。一个国家独自解决这样大规模的问题是不可能的。为了共同克服危机所造成的严重的破坏性后果，所有国家和民族必须合作的思想观成为了危机之后应当汲取的教训。中国、印度和其他一些非欧洲国家为支持世界经济发展所起的杰出作用，令人信服地表明了东西方文明建立积极对话的重要性和必要性。

【60】　　近一百年来，俄罗斯多次遭遇严峻的挑战。俄罗斯有时候显得十分衰弱，有时候却有机会探寻新的复兴方式，有机会重新召集本国人民、合并本国土地。为了战胜这些殊死的挑战，俄罗斯民族付出了巨大的牺牲，无论是在第一次世界大战期间，还是随后发生的十月革命以及国内战争年代。1917年十月革命后出现的苏联建立了强大的新国家。20世纪40年代初，法西斯德国向苏联发出有致命危险的挑战。苏联各民族在俄罗斯人民的英雄主义和自我牺牲精神鼓舞下，取得了伟大卫国战争的胜利，使人类免于法西斯的灾难，帮助粉碎了日本军国主义。

苏联解体后（1991年），西方欣喜地宣称自己是"胜利者"，事实上向俄罗斯下了最后通牒。与作为世界历史主体的俄罗斯进行斗争的主要思想家之一、好战的仇俄分子布热津斯基在自己的著作中以最详尽的方式阐述了西方对俄罗斯的要求，制定了他认为俄罗斯应该遵守的"文明行为"准则。据他推测，统一的俄罗斯强国应当会解体，①

---

① 　См.:*Бжезинский З.*Великая шахматная доска.М.,1998.С.64,108-148,239-240;*Он же.*Выбор:мировое господство или глобальное лидерство.М.,2006.

之后形成一些新国家，他特别乐意描绘这些新国家的方案、格局和地图。

曾经为苏联占据、现在坐落着俄罗斯的欧亚大陆空间，被布热津斯基称为"美国主要的地缘政治筹码"[①]。

苏联的解体，西方对俄罗斯施加的巨大压力，它公然无耻地干涉俄罗斯主权国家的内政，大众文化真正的文化扩张，这些都对俄罗斯及其公民的国家认同和文明认同造成了危险的侵蚀。我们国家现在面临一个尖锐的问题："俄罗斯是什么？它的发展道路是怎样的？"

只有创造性地理解我们许多世纪的历史、汲取过去的教训、客观分析俄罗斯国家体制和文明发展有利和不利的内外条件，才可能找到答案。当务之急是要在振兴国家、发展其经济与文化的战略背景下认 【61】 识到俄罗斯欧亚主义的地缘与文明现实。只有在全球化条件下，与东西方所有国家维持良好的合作与协作关系，才能实现这些任务。新欧亚主义原则应当成为统一的多民族国家俄罗斯发展与建设的长期战略的方法论基础和思想基础，是其外交学说不可分割的部分。新欧亚主义原则是保障俄罗斯安全、保持其领土完整、巩固主权和国际声望的基石。

不得不同意俄罗斯杰出的学者、新欧亚主义理论家 Л.Н.古米廖夫的话："我悄悄告诉你们，如果俄罗斯将被拯救，那只能作为欧亚强国，只有依据欧亚主义思想。"[②]

20 世纪二三十年代欧亚主义的创始人之一——Н.С.特鲁别茨

---

① *Бжезинский З.*Великая шахматная доска.С.43.

② *Гумилев Л.Н.*Ритмы Евразии:эпохи и цивилизации.М.,1993.С.31.

柯依公爵描述了居住在欧亚大陆的民族的共同命运所具有的欧亚主义性质:"欧亚大陆的民族如兄弟般互相团结不是因为某些片面的特征,而是由于共同的历史命运。欧亚大陆是地理、经济和历史的整体。欧亚大陆各民族的命运互相交织,已牢牢联成巨大的一团,无法拆散……"①

今天,俄罗斯在官方外交与民间外交层面上维护与近邻和远处外国的关系时遵循这些原则,能保障对俄罗斯有利的外部条件。这将是俄罗斯对构建多中心世界的贡献,以及在与各种"文明冲突论"和"历史终结论"的对立中,为发展文明间的积极对话所做出的贡献。

近两百年的历史证明,俄罗斯进行任何政策"一边倒"的尝试,无论是倒向欧洲还是东方,都必然会导致社会根基动摇,破坏各民族【62】文化认同的基础,使国家在做出有关未来发展的关键性决定时丧失灵活性。只有国家认同两个最重要的方向——东方和西方是不可分割的整体,俄罗斯才能坚定地稳步向前。

为了国内外的安宁太平,俄罗斯必须始终坚持平衡原则,对内政外交东西方位的关注同等重要。换句话说,俄罗斯应当体现出现行国徽上双头鹰的象征意义。

还在20世纪90年代后半期,本书作者(M.Л.季塔连科)就在《俄罗斯面向亚洲》一书中同那些热衷于葬送俄罗斯的人进行过激烈的争辩。这些人把俄罗斯的领土分为各种领地,否定俄罗斯文明的特点,把俄罗斯的西化看作是把国家列入某种"世界文明"的方式。"没有

---

① *Трубецкой Н.С.*Европа и человечество.София,1920.

别的办法"，——他们宣称。因为按他们的话说，世界面临文明的冲突。作者则断言说，有别的办法："那就是通过复兴俄罗斯所有民族公民的民族意识本身来复兴俄罗斯，并在此基础上，巩固相互合作、谅解和友谊，集中力量发展祖国的经济、文化、教育和科学。应当精心培养祖国的文化根源，因为只有这样，振奋起来的、民主的俄罗斯才不会可怜地盲从西欧，不当其平庸的模仿者，而是体面的、受他国尊敬的伙伴，无论是欧洲、亚洲，还是非洲和美洲。"①

过去的年代证明，以上所表达的、对我国人民和我们祖国的力量充满信心是有充分依据的。俄罗斯的地缘位置及其文明的欧亚主义认同思想，对于国家的健康发展，保障国家的完整和内部稳定具有重要的意义。

俄罗斯无论是在整体上还是一些地区的单独发展上，其任何的战【63】略构想都应当考虑到其文明的欧亚主义性质。俄罗斯联邦 2020 年前的经济和社会发展规划和地区发展纲要也应当考虑俄罗斯的欧亚主义性质。这意味着，复兴计划与发展规划应当按照统一的棋局和统一的国家互联原则制订，同时充分考虑到特殊性并弥补国家东部地区过重的负荷以及当地居民严酷的居住环境。

俄罗斯只有以欧亚主义范式为根据，才能够解决复兴的问题，才

---

① *Титаренко М.Л.*Россия лицом к Азии.М.,1998.С.6.Дальнейшее развитие и обогащение эти идеи получили в книгах:*Титаренко М.Л.*Китай:цивилизации и ре-формы. М.,1999;*Он же.*Россия.Безопасность через сотрудничество:восточно-ази-атский вектор.М.,2003;*Кузык Б.Н.,Титаренко М.Л.*Китай-Россия 2050:стратегия соразвития. М.,2006;*Титаренко М.Л.*Геополитическое значение Дальнего Востока.Россия,Китай и другие страны Азии.М.,2008.

能保持自身领土完整，保持居住于此地的所有民族文化的振兴和俄罗斯的繁荣，它是统一的核心和文明协作的核心。

俄罗斯只有以欧亚主义范式为基础，才能在上海合作组织、俄罗斯—印度—中国三国组织和金砖国家组织这样一些国际机构中发挥重要作用和相互影响，才能在亚太经合组织、东盟地区安全论坛、"亚欧论坛"框架下进行对话，才能积极参加亚洲相互协作与信任措施会议。只有借助欧亚主义的平台，俄罗斯在上海合作组织和亚太经合组织范围内的外交工作才最有成效，才能为战胜亚太地区的分裂路线和二十国集团范围内的平等合作做出自己的贡献。

俄罗斯只有成为欧亚强国，其与欧盟和美国之间平等互利的主权关系才能得到承认，才能调整好新的经济发展关系，才能融入区域组织中。

欧亚俄罗斯不会把自己的观点和行为方式强加于任何人，我们国家会与东西方文化的代表进行公开而积极的对话。俄罗斯保持和发展对自己的欧亚主义认同将促进国家内部团结，巩固领土完整，使自己成为有前途的、世界各国的可靠伙伴。

【64】 恰如邓小平一般，他用了几年时间来纯洁干部的思想，使中国所有积极的民众免受贫穷社会主义思想的影响。只有这样，欧亚经济联盟才能真正发展和繁荣，与"丝绸之路经济带"的多边合作和协调发展才能建立在对俄罗斯的欧亚大陆认同和太平洋认同的文明基础之上。这需要克服欧洲中心主义的范式，换句话说，这要求绝大部分政治精英和业务精英创造性地掌握欧亚大陆的和太平洋的认同思想，使俄罗斯社会的有识之士解放思想并接受再教育。

当代亚洲世界秩序的形成：历史教训与当代现实

东亚和亚太地区的局势不稳，存在过去遗留的领土争端和冲突，地区缺少区域安全与合作机制，这些都彻底地变成了 20 世纪下半叶现代史的大事件，原因是与之相关的历史矛盾和地缘政治矛盾。

第二次世界大战太平洋战争和朝鲜战争的一些主体还尚未汲取这场战争的历史教训，这阻碍了地区的国家之间建立睦邻合作关系。而且，围绕第一次世界大战太平洋战争结束后的历史影响、地缘政治结果和国际法后果所做出的各种不同的、有时是相反的论述造成了地区不同国家间的领土冲突至今未能解决。

对于战争结束的政治效力与国际法效力的不同解释（几个战胜国互相矛盾地引用《开罗宣言》《雅尔塔协定》《波茨坦公告》和《旧金山和约》，等等）在很多方面引起了（现在仍在签订）中国和日本、日本和韩国的领土争端，以及日本要求俄罗斯归还南千岛群岛和地区其他一些危机与冲突。"三巨头"——苏联、美国和英国的领导人之间达成协议，在 1945 年 2 月的《雅尔塔协定》上通过了苏联参加对日作战的最终协议。一致同意："在德国投降及欧洲战争结束后两个月或三个月内苏联将参加同盟国方面对日作战。"①

---

① Крымская конференция руководителей трех великих держав-СССР,США и Великобритании(4-11 февраля 1945 г.),«Соглашение трех великих держав по вопро-сам Дальнего Востока».Сборник документов // Советский Союз на международныхконференциях периода Великой Отечественной войны 1941—1945 гг.Т.IV.М.,1984.С.254.

【66】　　　在雅尔塔通过各项决议之前，曾经历了一段艰难的时期，波及全球绝大部分地区的、紧张的军事事件。军事外交方面的复杂变故多次发生。

　　一个众所周知的史实是：在从 1941 年 12 月开始的整个第二次世界大战期间，美国和英国的领导人都坚决要求苏联在远东参战。另一个大家都知道的事实是：由于客观原因，苏联一直到 1945 年都没法参加对日作战，因为苏联主要的武装力量都在欧洲战区同德国军队进行激烈的战斗。在欧洲战场作战的整个时期，苏联军队在远东的部署仅维持在防御作战水平。根据苏联总参谋部和 U.B. 斯大林的估算，如果要对日本发动进攻，这种兵力部署规模至少应当提高两倍。

　　大量官方材料和回忆录都无可争辩地证明：英美政府在请求苏联帮助对日作战时，完全意识到了可能产生的风险。对于西方盟友来说，这些风险包括：对莫斯科的正面反响有可能极大地巩固苏联的地位。不仅能加固苏联远东地区本身的安全，而且首先会增加苏联在东北亚地区的政治影响，增强苏联对中国和朝鲜的共产主义运动提供实际帮助的能力。但是，要想以最小的损失在更短的期限内结束战事，没有苏联的帮助是不可能的，这种意图在英美的态度中占了优势。

　　还有一个事实是：雅尔塔会议召开之前，英美军队只触及日本帝国的外部环形防御线，日本在本土还保留了强大的陆军，把将近【67】一百万关东军放在满洲里，随着盟军逼近日本本土，日本陆军才加强了抵抗。

　　美国战争部部长史汀生在报告中指出了这一事实："主要的战役应当最早在 1946 年末结束。我知道，如果采取军事行动，我们将牺牲一百多万人，这说的还只是美国军队。我们的盟军也会承受巨大的损失。"①

1945 年 7 月，他给美国总统杜鲁门写道："反攻开始后，我认为，我们必须以比在德国进行的战斗还要残酷的方式来完成。因此，我们将遭受巨大损失，将被迫放弃日本"②。

公开持反苏立场的杜鲁门甚至也被迫在自己的回忆录里承认："我们很希望俄国人能参加对日作战……为了挽救几十万美国人，俄国参战变得越来越必要。"

在签署关于远东问题的协议时，英美领导人为了让苏联作为同盟国一方参加对日作战创造了一系列条件。比如，承认苏联有理由恢复对"库页岛南部及其附属岛屿"的权利。正如美国总统就此宣布的："俄国人想要回他们曾经被夺走的东西是合理的。"

至于说到把千岛群岛转交苏联的理由，英美两国还依据两个因素。

第一，把千岛群岛转交苏联后，美国就彻底"结束了"一个对于美国人的自尊很重要的问题——使日本丧失掉曾从那里出发去侵略美国的领土。第二，从地缘政治的角度，华盛顿和伦敦也从而为苏联参加对日作战付出了可以接受的代价。这种代价的实质是：苏联得到南千岛群岛后，在 20 世纪就首先得到了自由出入太平洋水域的战略基地，相应地，——就从整体上巩固和增强了它在东亚的战略地位。

看来，对于俄罗斯来说，这一因素在今天仍然是现实的。当由于 【68】

---

① *Stimson H.L.* On Active Service in Peace and War. N.Y. 1948. p.619.

② *Эрман Дж.* Большая стратегия. M., 1958. C.271-272.

惯性与日本谈判签订和约时，不能不考虑它。这个和日本方面的解释一起提出的问题本身，引发了人们对《雅尔塔协定》《波茨坦公告》和《日本无条件投降书》进行审阅。

三大强国关于远东问题的协议是一整套集体措施的重要部分，这些措施已在雅尔塔会议上通过，不仅要使战争提前结束，还要保障维护战后世界的和平。

至于说到苏联参加对日作战的权利方面，苏联有充足的理由采用1941年4月13日签订的《苏日中立条约》第三条，这一条规定了废除条约的可能性。[①]

1945年4月5日，苏联政府正式发表相关声明，指出在德国进攻苏联之前和战争爆发之前，苏联一方面与日本签订了协议，另一方面也与英国和美国签订了协议。声明还指出："从那时以来，情况发生了根本变化。德国入侵苏联，德国的盟友——日本帮助德国同苏联作战。此外，日本还与苏联的盟友——美国和英国作战。在这种情况下，《苏日中立条约》就失去了意义，延长该条约也是不可能的……"[②]

苏联政府在与盟友协商好参战日期之前的四个月就声明废除《苏日中立条约》，实际上预先告知了日本政府，苏联有可能参加对日军事行动。东京方面很清楚这一点。1945年4月，日本驻莫斯科大使馆的军部人员在给中央的侦察报告中说："每日在横贯西伯利亚大铁路上运行12—15趟列车……如今苏联参战是必然的。大概需要两个

---

① Внешняя политика СССР.Сборник документов.Т.4.М.,1946.С.550.

② Внешняя политика Советского Союза в период Отечественной войны.М.,1947.Т.3.С.166.

月时间调遣二十来个师。"从 1945 年春天开始，他就定期向日本最高统帅部和关东军司令部报告这一情况。

不能排除，日本的情报机关也知道同盟国关于战后归还苏联库页 **【69】** 岛南部和千岛群岛所达成的协议。日本政府曾有意"自愿"出让这些领土以换取苏联不参战也间接证明了这一点。东京方面知道，苏联将会要求归还原先曾属于俄国的远东领土。

尽管日本领导人已经意识到，苏联参战将成为日本战败的最后时刻，但仍然执意拒绝投降。事实上是他们以此决定了苏联在远东的参战。日本政府不接受三大国敦促日本投降的《波茨坦公告》，该通告是 1945 年 7 月 26 日在波茨坦会议（1945 年 7 月 17 日—1945 年 8 月 2 日）上由美、英、中三国所发布。于是东京方面向全世界宣布："我们将坚定不移地继续前进，将战争进行到底。"在这之后，1945 年 8 月 8 日苏联政府发表声明，宣布对日作战。①

众所周知，《波茨坦公告》中除了其他问题，还研究了太平洋战区的形势问题。公告阐述了日本战后发展的主要原则，同时重申原先通过的决议：在被日本占领过的土地上消除日本军国主义，将日本的主权限于"本州、北海道、九州、四国和其他一些小岛之内"。苏联参加对日作战后，也同意了《波茨坦公告》的决议。

如果当时迫使日本投降了的话，苏联参战的必要性就失去了意义。因为对于苏联来说，开辟东方战场意味着在本身就已经很大的牺牲上额外增加了新的牺牲。

---

① Цит.по:http:www.krugosvet.ru/enc/istoriya/POTSDAMSKAVA_KONFERENTSIYA_1945_html.

　　由于不断地指责苏联违背《苏日中立条约》，该问题的日本研究人员桑岛指出："日本有不少人都认为，苏联参战是背信弃义的行为。也许在那些希望把战争继续下去的军国主义者看来，这就是背叛。但在那些饱受侵略者和殖民者压迫的亚洲国家的民族以及众多祈求尽快结束战争的日本人眼中，苏联参与作战根本不是背信弃义。因此，对苏联在'《苏日中立条约》还未到期'就参战的指责，不过是一种肤浅的看法。"应当同意这样的论证。

　　东亚战后的秩序一开始没有像欧洲那样，形成雅尔塔体系式的国际关系。在其框架内达成的、涉及亚洲和太平洋的政治协议，在冷战愈演愈烈和东西方对抗的情况下从未实现过。

　　"在 1951 年签订对日和约之前，雅尔塔协定中关于东亚问题事先协调一致的因素就已经被破坏了，没来得及实现，"吉米·哈拉指出，"当时，就像德国是欧洲唯一被拆分的国家那样，冷战一下子也在东亚拆分了几个国家和民族。《旧金山和约》对于制造新的边界问题起了关键作用，不彻底明确地标出边界，埋下了地区'未解决诸问题'的种子。"①

　　《旧金山和约》的意义在于：它宣布终止同日本的战争，承认日本人民对于日本及其领海有完全的主权。同样，日本接受远东国际军事法庭与其他在日本境内或境外盟国战争罪法庭的判决。承认日本拥有单独和集体自卫权。条约还根据双边或多边协定约定了外国军队驻

---

① Hara,Kimie.The San Francisco Peace Treaty and Frontier Problems in The Regional Order in East Asia A Sixty Year Perspective.The Asia-Pacifi c Journal.Vol 10,Issue 17,No.1,April 23,2012.http://www.japanfocus.org/-kimie-hara/3739#sthash.P7JXl5qR.dpuf.

扎和留守日本境内的可能性。当天还签署了《日美安全保障条约》，
巩固了日本境内的美军驻地及其军事基地（这是华盛顿方面一开始就
从东京方面得到了的）。

　　根据条约，日本承认朝鲜独立，放弃对朝鲜、台湾、澎湖列岛、
南沙群岛、西沙群岛的一切权利及要求，同意由美国托管琉球群岛及 【71】
太平洋上其他一些岛屿。条约还指出："日本放弃对千岛群岛及由于
1905 年 9 月 5 日《朴次茅斯条约》所获得主权的库页岛的一部分及
附属岛屿的一切权利、权利根据与要求。"①

　　但起草和签署条约的过程很激烈，曾经是反希特勒联盟盟友的强
国之间十分对立，毫不妥协。集体行动的价值和利益被自私的国家利
益牺牲了。

　　苏联和俄罗斯的历史学家多次证实，不准许对华盛顿方面起草、
得到伦敦方面赞同的条约内容进行任何修改。"为了打上英美策划的
印记，参加签字的所有国家都经过了挑选，主要由亲美的国家组成。
还由未与日本开战的国家构成'多数机制'。邀请了 21 个拉美国家，
7 个欧洲国家和 7 个非洲国家的代表到旧金山。而那些同日本侵略者
打了多年仗、并因此遭受苦难最多的国家，却没被准许参会。没得到
邀请的国家有中国、朝鲜民主主义人民共和国、越南民主共和国和蒙
古人民共和国。"②

---

① 　Сборник документов и материалов по Японии(1951-1954 гг.).М.:ДПО МИД СССР,1954.
　　С.8.

② 　*Кошкин А.А.*Громыко говорит «нет»:к истории заключения послевоенного мир-ного
　　договора с Японией.Вестник МГИМО-Университета,№ 4(19),2011.С.131.

苏联曾尝试在外交上与这种事态的发展积极对抗。比如，苏联外交部长 A.Я.维辛斯基在 1951 年 8 月 12 日写给斯大林的书面报告中强调："苏联政府告知美国政府和英国政府，根据议事日程，不仅应当规定代表团发言和发表声明，这在议程中已经表明，还应当让参加会议的每个代表团有机会就对日和约问题提出建议或提交方案。这样，我们的代表团就能在会议上自然而然地提出，必须邀请中华人民共和国的代表，他们如果不参会就不可能签订对日和约。"

【72】 同时特别强调，"条约应当规定在《开罗宣言》《波茨坦公告》和《雅尔塔协定》的基础上解决领土问题，也就是：(1) 将台湾岛和澎湖列岛归还中国；(2) 将库页岛南部及其附属岛屿归还苏联，将千岛群岛转交苏联。"①

苏联方面建议将条约内容进行一些修订和改动，预先规定做出如下变动：

· 无条件承认苏联对库页岛南部和千岛群岛拥有主权；

· 日本承认中华人民共和国对满洲里、台湾和其他一些岛屿领土的主权；

· 承认日本对博宁群岛、琉球群岛和其他一些岛屿的主权；

· 条约签署后 90 天内同盟国的军队撤出日本领土；

· 公平地解决战争赔款问题；

· 保证日本军国主义不再死灰复燃。

---

① http://www.alexanderyakovlev.org/fond/issues-doc/72121.

苏联针对该条约逐条做出的这些修订虽然得到了一些参会国家的支持，但苏联的建议甚至都没有被提交讨论。鉴于与昔日盟友存在如此重大的分歧，苏联代表团断然拒绝签署《旧金山和约》，退出了会议。

国内一些历史学家和专家把这看作是外交上不可避免的错误。"对于苏联来说，彻底解决关于日本方面的领土问题无疑很重要，但苏联一些官方人士却认为，'利用《旧金山和约》揭批美国的政治和向世界舆论阐明苏联的立场显得更重要'，——比如，C.B.切尔尼亚夫斯基就强调说，——当时的苏联领导人无论以什么理由拒绝签署《旧金山和约》（1951年），我们都认为这是苏联外交的重大失算。"①

代表团团长 A.A.葛罗米柯在发言中详细阐述了苏联代表团拒绝【73】签署和约的原因。后来，赫鲁晓夫退休以后，在自己的回忆录中把苏联拒绝签署和约称为斯大林犯下的重大错误。②

同样，对于赫鲁晓夫的这种观点，研究国际关系史的专家们也不是完全没有争议。其中，M.A.蒙强认为："这种时常发生的、斯大林式外交的'不'，在我们国内和国外都常被说成是错误。赫鲁晓夫在自己的回忆录中就是如此评价这一事件的。当然，因为正是他签署了《莫斯科宣言》，承认日本要求南千岛群岛四岛中两个岛的合法性；正是他能和中国领导人吵得关系破裂，把两国亲密的盟友关系变得水火不容。但如果认为这是'重大错误'或只是'错误'，那就是更大的错误，除非从区域和全球的国际关系中铲除那些与对日和约有关的事

---

① http://rgavmf.ru/lib/cherniavskiy_sf_dogovor_1951.pdf.

② *Иванов А.В.*Юбилей одной ошибки.Вестник МГИМО-Университета.№ 4(19),2011.С.136.

件，也就是：

> ·向中华人民共和国和朝鲜民主主义人民共和国隐瞒'朝鲜战争'的爆发；
>
> ·看不见与中国、朝鲜民主主义人民共和国和越南民主共和国的联盟是苏联超强的最重要因素之一；
>
> ·不承认美国需要在日本岛建立军事基地以遏制欧亚大陆的强国；
>
> ·不考虑当时发生政治事件的所有国家主体都是在已经具备的规则和原则中起作用，各有各的道理。"①

不能不同意，区域和全球的国际环境对于考量和客观评价苏联外交在起草和签署《旧金山和约》方面的影响十分重要。正如切尔尼亚夫斯基所认为的那样，朝鲜战争（1950—1953）是签署该条约的催化剂。正是朝鲜战争迫使日本和美国重新考虑战后它们之间的相互关系。对于美国来说，当时格外重要的是要迫使日本按照美国在远东推行的政策发展，使日本实际成为美国在这一地区的主要盟友。②

【74】

权威的历史学家和专家们指出，还在朝鲜战争爆发之前，美国就已经开始起草《旧金山和约》，美国很早以前就试图加强自己在日本的军事存在。其中，P. 丁格曼教授指出："远在朝鲜战争开始之前，华盛顿和东京就已经决定把美国在日本的海军基地变成旧金山体系的

---

① http://www.mgimo.ru/news/experts/document209956.phtml.

② Цит.по:http://rgavmf.ru/lib/cherniavskiy_sf_dogovor_1951.pdf.

关键因素。在某种意义上，朝鲜战争成为了一块适宜的遮羞布，帮助掩饰了美日两国早先通过的决议。"①

而且，朝鲜战争从根本上不仅改变了亚洲的、而且改变了全世界的地缘政治格局。对于才由战胜国组建起来的联合国来说，朝鲜战争第一次真正试验了联合国的强度。在愈演愈烈的冷战差点变成热战、变成使用大规模杀伤性武器的世界大战时，一些大的强国，为了自己的利益和自尊，抛弃相互的承诺，体验到采取非常行动的最强烈诱惑，却损害了妥协逻辑和集体行动的逻辑。

无论是在联合国讲坛上的外交战中，还是在朝鲜战争的战场上，苏联都千方百计地支持自己的盟友——中华人民共和国。1950年10—11月，中华人民共和国参加了抗美援朝，这给了华盛顿坚决反对承认中华人民共和国的借口，——尽管伦敦（中华人民共和国成立三个月之后，就得到了英国的承认）尽了一切努力，但还是没能说服自己的美国盟友承认中华人民共和国。

艾德礼的工党内阁也试图说服杜鲁门政府同意中华人民共和国参加旧金山和会。英国外交部长莫里森赞成加拿大政府的提议，认为北京最好能晚一点加入条约，在更合适的时候。和美国国务卿杜勒斯也讨论过让中华人民共和国和国民党政府都加入条约的可行性问题。② 【75】

---

① San Francisco:50 Years On,Part One,Suntory and Toyota International Centres for Economics and Related Disciplines.London School of Economics and Political Science.Discussion Paper № IS/01/425,September 2001.

② San Francisco:50 Years On,Part One,Suntory and Toyota International Centres for Economics and Related Disciplines.London School of Economics and Political Science.Discussion Paper № IS/01/425,September 2001.

　　苏联和中国在这一问题上的共同立场记录在《苏中友好同盟互助条约》中。双方约定"经过彼此同意，与第二次世界大战时期的其他同盟国于尽可能的短期内共同取得对日和约的缔结"。同时规定，双方将共同尽力"制止日本帝国主义的复兴，制止日本或其他直接间接在侵略行为上与日本相勾结的任何国家重新侵略与破坏和平"①。

　　对于俄罗斯来说，朝鲜战争的教训尤其重要。当时苏联试图扩大自己的势力范围，拿自己的国际威望做赌注，与西方的关系紧张到极点，差点解散联合国，还差点把冷战变成热战。为了满足意识形态上的地缘政治利益而抛弃了妥协的逻辑和集体影响的逻辑。

　　但无论是苏联还是美国，实际上都有"自己的道理"——自己决定"游戏规则"的道理。出于公正，应当指出，与苏联拒绝参与联合国安理会的工作不同，由于联合国不愿将国民党政府的代表从成员国中开除出去，为了表示抗议，莫斯科以《旧金山和约》为由，用中华人民共和国的代表替代了国民党政府的代表（这使联合国安理会在形式上有可能批准美国提出的、关于联合国的军队参加朝鲜战争的决议），在外交谈判中表现出了足够的应变能力。这就驳斥了西方史学关于苏联外交在所有问题上都"完全不妥协"的流行神话。

　　于是，在先前提到维辛斯基写给斯大林的书面报告中，苏联代表团一开始建议将自己的对日和约草案提交大会审查——只是在遭到拒绝之后才"建议将会议推迟三个月，责成由苏联、美国、中华人民共和国和英国代表组成的外长会议吸收所有积极参加过对日作战的国家

【76】

---

①　Советско-китайские отношения:1917-1957.M.,1959.C.219.

加入到这一事件中来，审查现有的全部对日和约草案并在三个月内起草一份新的对日和约草案，该草案应完全符合《开罗宣言》《波茨坦公告》和《雅尔塔协定》的原则"。

有人提议三个月期满后召开新的会议，审查外长会议起草的对日和约草案，所有参加过对日作战和遭受过日本侵略的国家在大会上都应有代表。[①] 即使在当今未被标记两极对抗的时代看来，这也是完全合理的外交！

对于俄罗斯而言，《旧金山和约》遗留的主要问题是：该条约按第二次世界大战的结局划定了国家边界，但没有明确千岛群岛的国家归属和日本所放弃领土的地理边界。"美国一开始打算在会上重申《雅尔塔协定》，承认把整个千岛群岛转交苏联。后来美国的立场变了，决定在条约中只记录日本放弃对这些岛屿的主权，不明确其归属问题。我们认为，这是有意设下的陷阱，它成功了，苏联上当了"，——切尔尼亚夫斯基指出。[②]

典型的是，在讨论条约时，美国参议院通过了一项决议，包含以下修正意见：

"规定：条约的条件将不指出苏联拥有任何权利或对 1941 年 12 月 7 日之前属于日本的领土有任何要求，因为这会使日本对这些领土的权利和权利根据遭受损失，也不承认《雅尔塔协定》

---

① http://www.alexanderyakovlev.org/fond/issues-doc/72121.

② http://rgavmf.ru/lib/cherniavskiy_sf_dogovor_1951.pdf.

中在日本方面对苏联有利的任何规定。"①

因此，A.A.科斯金认为："美国努力制造了一种奇怪的局面，如
【77】果用荒唐来形容过分了的话，当日本几乎完全放弃指定的领土时，却
不明确这种放弃是为了谁的利益。当然了，起草条约的美国人宁愿在
条约内容中不按名字列出日本所放弃的整个千岛群岛是有原因的，这
是有意为日本政府保留机会，以便日本提出要回其中一部分的要求，
后来确实如此。"②

确实，日本方面至今仍采用这种论据。包括，可以在日本外交部
网站上了解到东京以《旧金山和约》为由的官方立场。在标题为《平
成22年2月，有关北方领土问题的问答》的文件中有以下纲要：

1.南千岛群岛从未被列入东京依照《旧金山和约》放弃权利
的千岛国，因此，日本并未放弃"北方领土"，也就是第二次世
界大战结束后被苏联实际占领的南千岛群岛；

2.苏联拒绝签署《旧金山和约》，因此，根据该条约，苏联
不能要求得到日本按照条约放弃权利的领土。③

---

① Международное право в избранных документах.Том III.М.:Междунар.отношения,1957.
С.317,333.

② *Кошкин А.А.*Громыко говорит «нет»:к истории заключения послевоенного мирного
договора с Японией.С.133.

③ Цит.по:*Иванов А.В.*Юбилей одной ошибки.Вестник МГИМО-Университета,№ 4(19),2011.
С.138.

觊觎整个南千岛群岛的日本还引用了 1956 年 10 月 19 日签署的《苏日共同宣言》中"关于终止两国的战争状态和恢复外交关系与领事关系",根据该条款苏联答应转交色丹岛和齿舞岛。但苏联方面同时还提出某些条件(未能遵守)。

其中包括,《东京宣言》(即《苏日共同宣言》)指出:"为迎合日本的要求并考虑到日本的国家利益,苏维埃社会主义共和国联盟同意把齿舞岛和色丹岛交给日本,但这些岛屿的实际交付将在缔结苏日和约之后进行。"① 苏联同时也不满意日本领土上驻有美军基地。 【78】

这时候我们适当回忆一下,在 1955 年开始的苏日谈判过程中,朝鲜战争停战协定签署之后虽然已经过了两年,但日本仍然承受着美国方面强大的外交压力,美国不关心苏日关系的正常化。其中,吉米·哈拉指出,华盛顿曾劝说日本要求苏联归还全部岛屿(明知道莫斯科不会接受这一点),不然就以拒绝归还日本冲绳岛相威胁。②

顺便提一下,在《东京宣言》中,苏联对日本要求成为联合国的一员表示支持,东京为达此目的坚持了很多年。正如 B.托尔斯泰指出的那样,"联合国从成立那一刻开始,11 年来,这个组织的'大门'都没向战败国日本敞开过。与美国结成紧密的联盟(依据 1951 年条约),1955—1957 年经济高速增长,1956 年与苏联关系正常化,这些都是对改善日本外交声誉和解决加入联合国的问题产生直接或间接影响的主要因素。1956 年 12 月日本成为联合国的成员国之后,东京曾希望借助联合国解决与苏联的领土问题,实现与东南亚邻国的关系正

---

① http://vff-s.narod.ru/kur/his/k_is01.html.

② http://www.japanfocus.org/-kimie-hara/3739#sthash.P7JXl5qR.dpuf.

常化，保障国家安全"①。

多少年来，日本一直想获得联合国安理会常任理事国地位，这也是日本始终如一的战略目标。1998 年，日本驻俄罗斯联邦大使在对俄罗斯学者所做的发言中指出："日本声明，未来将严格遵守本国宪法，禁止使用武力，我们预先得到了大多数国家的支持及其国民的理解，准备承担安理会常任理事国的责任。日本积极参与了联合国改组的工作，包括将允许日本进入安理会常任理事国的圈子。日本感谢叶【79】利钦总统对日本加入联合国安理会常任理事国表示了支持。"②

这里所说的支持反映了第二次世界大战结束后历经几十年所形成的新的地缘政治现实。这种现实已经不允许把已成为民主发达国家的日本和德国算作"战败国"和"敌国"了，因为这会关闭让它们成为联合国领导机构成员国的道路。这表现在联合国成立 60 周年代表大会一致通过的决议中：

> "关注 1995 年 12 月 11 日联合国代表大会通过的 50 号和 52 号决议并援引会上就该问题所进行的讨论，不忘成立联合国的深刻缘由并为我们共同的将来考虑，我们决定删除《联合国宪章》第 53 条、77 条和 107 条中所引用的'敌国'。"③

---

① *Толстой В.*Китайско-японское соперничество в ООН.Журнал международного права и международных отношений,№ 3,2008.URL:http://evolutio.info/content/view/1430/215/.

② http://asiapacifi c.narod.ru/japan/ambassador1.htm.

③ Итоговый документ Всемирного саммита 2005 г.,принят резолюцией 60/1 Генеральной Ассамблеи от 15 сентября 2005 г.URL:http://www.un.org/ru/documents/decl_conv/declarations/outcome2005_ch5.shtml#t10.

联合国宪章中的这些改变从形式上为日本提供了成为联合国安理会常任理事国的机会。但日本在未与邻国实现和解、没有得到像中国这样的安理会关键成员的同意时，能否达到这一目的呢？因为中国人很清楚地记得不久前发生的悲剧，正如 В. 托尔斯泰所强调的，中国人正竭力"不让这个在 20 世纪的几十年里凌辱过中国和亚洲其他国家的国家获得渴望已久的地位。北京利用亚洲人民对日本否定的历史记忆，借用日本自己造成的理由（日本的历史教科书中有时歪曲或闭口不谈历史事实，国家高级官员参拜靖国神社等），展开针对东京的批评活动，以吸引国际社会关注，日本以常任理事国身份进入联合国安理会尚未就绪"①。

第二次世界大战结束以后，与欧洲基于对历史事件明确无疑的解 【80】释而采用的和解与和谐经验不同（包括战后的德国准备自己担负纳粹不光彩的历史罪责），东北亚国家还指望日本方面承认对悲惨的过去承担历史责任。这里也可以找到《旧金山和约》设置的"陷阱"。皮特·罗伊证实，美国国务卿杜勒斯坚决反对在条约案文中列入关于战争罪责的条款——就是为了不让被美国看作未来盟友的东京反对美国。

此外，杜勒斯曾参加过 1919 年的巴黎和会，就《凡尔赛和约》进行过激烈的争论，这使他相信："在条约中加入发动战争罪和战争罪责的条款不会达到任何有益的目的。"不列颠的内阁成员们曾试图说服华盛顿将相应的规定列入《旧金山和约》，但"杜勒斯还是坚持

---

① *Толстой В.* Китайско-японское соперничество в ООН.URL:http://evolutio.info/content/view/1430/215/.

自己的主张"①。

顺便说一下，这还只是华盛顿给伦敦准备的一连串不愉快意外事件中的一件。伦敦曾经认真地期待，加入反希特勒同盟能赋予它充分权利参与到制定战后世界秩序的机构中来（包括在东亚地区）。但美国显然让英国明白了，美国更喜欢依靠自己在该地区的附属国独霸这一地区。工党内阁和后来担任首相的丘吉尔都曾试图与此斗争，——但徒劳无益。

不仅是俄日关系，还有日中关系和日韩关系至今都还在"旧金山体系"的创立者们几十年前设置的"陷阱"中。只要回忆一下 2012 年 8 月由于多名日本人登上有争议的钓鱼岛（尖阁群岛）并插上日本国旗而在中国发生的反日浪潮，或韩国总统李明博示威性地登上有争议的独岛（日称"竹岛"）（也是 2012 年 8 月）之后日韩关系明显变得紧张就足够了。

【81】　韩国的权威专家指出，这些问题的根源也在于《旧金山和约》。从 1947 年开始起草的各种版本中，有时提及这些岛屿，有时又不提，它们的归属也不一样。条约的最终版本没有讲钓鱼岛是应该属于中华人民共和国的还是应属于日本的领土；条约中提及独岛（竹岛）的条款对于该岛到底应当属于日本还是韩国也给出了两种可行性解释。②

印度国防研究所的专家认为，把日本与中国之间、日本与俄罗

---

① San Francisco:50 Years On,Part One,Suntory and Toyota International Centres for Economics and Related Disciplines.

② *Seokwoo Lee*,"The 1951 San Francisco Peace Treaty with Japan and the Territorial Disputes in East Asia",*Pacifi c Rim Law and Policy Journal*,Vol.11 № 1,2002,p.63.

斯之间的领土争议进行比较是"必然的，——尽管二者完全不同"。他们还指出，"第二次世界大战结束以来，2010 年 11 月 1 日，梅德韦杰夫总统是俄罗斯第一位登上南千岛群岛的俄罗斯领导人"，这导致认为该领土属于自己的日本方面采取了外交行动。而且，"梅德韦杰夫总统还曾宣布，打算在 2010 年 9 月出访中国期间登临南千岛群岛……"尽管是由于当时恶劣的天气使总统放弃了登岛之行，但媒体还是报道说，由于日本采取了外交行动，梅德韦杰夫总统已经不能继续推迟访问了。①

与日本存在领土争议的中国和俄罗斯，2010 年 9 月 27—29 日在北京举行高层会晤期间，在提出争议的岛屿方面实际上相互支持对方的立场。事实上更早，时任中华人民共和国主席胡锦涛参加在莫斯科举行的第二次世界大战胜利 65 周年庆祝仪式时，就表现出这种支持。俄罗斯总统当时指出："有些人试图继续改变对过去历史事件和第二次世界大战结局的认识。俄罗斯和中国都一致认为，这些结果不可能有疑义。"时任中华人民共和国主席胡锦涛代表中方证实说："俄罗斯和中国关于第二次世界大战历史评价的观点是一致的，两国应当合作，以维护重要而真实的历史真相。"②

鉴于第二次世界大战结束 65 周年，俄罗斯和中国在 2010 年 9 月 【82】 27 日签署的《俄中联合声明》中指出，两国均遭受了侵略的打击，同法西斯主义和军国主义进行了对抗。俄罗斯和中国坚决谴责篡改第

---

① Цит.по:http://www.idsa.in/specialfeature/RussiaandJapanClashovertheKurilesin theNorthPacific c_spurushottam_031110.

② Цит.по:www.news.kremli.ru/transcripts/7689/.

二次世界大战历史的企图，坚决谴责美化法西斯主义、军国主义及其帮凶和对解放者的诬蔑，而且强调："修改联合国宪章和其他国际文件以及第二次世界大战的总结都是不允许的。"[1]

2010 年 9 月 27 日，俄罗斯联邦和中华人民共和国的领导人还签署了《关于互利合作及全面深化战略协作伙伴关系的联合声明》，提出了有关构建亚太安全新机制的倡议。霍普金斯大学教授加耶·克里斯托菲尔森认为："俄罗斯在声明中原则上支持中国的领土要求，但声明只表示了那些对于中国有重要利益的领土——新疆、西藏和台湾。没有提及钓鱼岛（尖阁列岛）。"

加耶·克里斯托菲尔森后来解释说："如果在俄中战略伙伴关系中掺入钓鱼岛危机，那么可能会在东亚形成新的两极秩序，一边是中国和俄罗斯，另一边是日本、美国和其余几乎全部的东亚国家（有可能）。在这种两极中，俄罗斯联邦必然会表现为受中国领导的'小伙伴'。因此，俄罗斯不参与争论的决定无疑是符合俄罗斯的国家利益的。"[2]

确实，俄罗斯联邦和中华人民共和国对于有争议领土的共同立场问题要分别弄清楚。因可靠的战略协作伙伴关系而联系在一起的俄罗斯与中国，同意关于第二次世界大战结局的普遍观点，并据此而努力消除冷战遗留在东亚的影响。但同时，俄中关系已经不是 19 世纪风

---

[1]　Совместное заявление Президента Российской Федерации Д.А.Медведева и Председателя Китайской Народной Республики Ху Цзиньтао в связи с 65-летием окончания Второй мировой войны.Цит.по:www.news.kremlin.ru/ref_notes/720/.

[2]　Цит.по:http://russiancouncil.ru/blogs/dvfu/?id_4=694.

格的传统同盟，那种同盟规定要相互过度依赖，彼此是领导和从属的
关系。

因此，俄罗斯不打算在第三国的领土争议中站在任何一方，赞成通过对话自己解决问题。2013 年 11 月，俄罗斯联邦外交部长拉夫罗夫在东京"2+2"谈判结束后的新闻发布会上重申了这一立场："**我们原则上从不以与某某国家交朋友来反对其他国家。我们希望，这是俄罗斯外交的首要任务之一，不要让任何一个国家感到不舒服，觉得自身不安全。**"①

安倍晋三出任日本首相以后，东京正式采用一种方针，以突破日本在第二次世界大战失败后受到的各种限制。包括，日本坚持要在联合国承认的集体自卫权范围内获得将本国军队派驻国外的机会。但这需要修改日本宪法，可能会引起周边国家，首先是中华人民共和国和韩国的负面反应，这两个国家会担心日本军国主义复活。

这再次证明，不对过去历史进行完全相符的评价，就不可能解决国际政治的迫切任务。正因如此，俄罗斯再三谈到，必须就亚太地区构建不结盟的多边安全体系开始对话，该体系能在不可分割原则和安全原则基础上考虑所有国家的利益。

"我们认为，日本参与亚太地区安全体系构建方式的多边讨论将与安倍政府现在实行的积极建设和平主义政治在同一轨道内进行"，——2013 年 11 月，俄罗斯联邦外交部长拉夫罗夫声明。② 俄罗斯方面把期待俄日（以及中日和日韩）关系发展的积极进程以及实现

---

① 《Независимая газета》,8 ноября 2013 г.

② Цит.no:http://www.vesti.ru/doc.html?id=1149560&cid=5.

历史和解并在此基础上同意构建东亚和亚太安全与合作的多边机制与这种观点联系在一起。

【84】 2015 年，我们庆祝了第二次世界大战太平洋战争结束 70 周年。作为两极对抗时期东方和西方的划分标志的柏林墙早已倒塌，但"东亚还保留着冷战时代的主要矛盾和对抗机构……"。今天，冷战已经结束了 20 年，《旧金山和约》也签署 60 年了，但该地区还和以前一样未能解决领土争端，美国仍在此保留着以旧金山体系的联盟为基础的军事存在。①

也许，正因如此，2009 年奥巴马政府大肆宣扬的"重返亚太"方针导致东亚和亚太国家出现很多问题——难道不是因为美国作为亚太强国的地位受到质疑（正好很少有人怀疑这一点），——而是因为这种"重返"依靠的是政治上过时的冷战时代的结盟和联盟吗？

再次重申：第二次世界大战结束之后，结成联盟的强国们在解决东亚的领土和边界问题时，首先遵循的是自己的地缘政治利益和战略利益，而不是历史事实或有领土争议方和冲突方的利益。从那时起，在几十年中，历史学家和专家们一直在十分令人信服地积极证明：发生冲突的"自己"一方的观点是正确的……

目前看不到这些争议的结局，采用对比手法进行的历史论战未必能得出具体的结果。也许，在对第二次世界大战结束后东亚和太平洋战争的结果做出了不矛盾的、明确无疑的解释后，是时候寻求妥协了吧？

---

① *Hara, Kimie.* The San Francisco Peace Treaty and Frontier Problems in The Regional Order in East Asia A Sixty Year Perspective.

在中国、日本、朝鲜民主主义人民共和国、韩国、美国、俄罗斯和其他国家的历史学家、政治学家和国际法专家共同努力与合作的基础上，做出这种有科学论证的解释，将促进东亚国家和民族之间实现和解与和谐，并将成为巩固睦邻关系和发展地区各领域合作的基础。 【85】

也许，鉴于第二次世界大战结束 65 周年，为了执行《俄中联合声明》，俄中学者和专家正在倡议成立一个长期有效的国际学术评审大会，以便共同讨论和研究与第二次世界大战东亚战场和太平洋战场以及战争结果有关的历史事件，但愿它能成为这个方面的开端。

这将有助于开展全方位的学术讨论，最好能对不久前发生的战争悲剧和第二次世界大战后的悲惨历史做出不同的解释，并表明其不一致的性质。参与这种讨论的人最好是军事历史学家、国际关系专家、联合国机构的专家、利害相关的外交使团代表、社会活动家、国家组织机构的积极分子、参加过战争及维和任务的老兵以及与上述事件有关的老外交工作者。

这样，学者和专家就能帮助东北亚国家的政治家和外交家们共同努力解决所遇到的、冷战时代所遗留的"未解决的"问题，把 20 世纪的这一页历史彻底翻篇。

"第二次世界大战的惨痛教训告诉人们，弱肉强食、丛林法则不是人类共存之道。穷兵黩武、强权独霸不是人类和平之策。赢者通吃、零和博弈不是人类发展之路。和平而不是战争，合作而不是对抗，共赢而不是零和，才是人类社会和平、进步、发展的永恒主题"，——中华人民共和国主席 2015 年 5 月 6 日在《俄罗斯报》发表题为《铭记历史，开创未来》的署名文章中这样强调。①

2015 年 5 月，中华人民共和国主席习近平访问莫斯科期间，中俄双方再次声明自己对于企图改写第二次世界大战结局的立场，俄罗斯和中国都是第二次世界大战的战胜国，是联合国的创始国和安理会常任理事国，两国将坚定地捍卫第二次世界大战的结果，反对否定、歪曲和篡改第二次世界大战历史的企图，维护联合国的威信，坚决谴责美化法西斯主义、军国主义及其帮凶和对解放者的诬蔑，将尽一切可能避免世界大战的悲剧再次发生。②

"乌克兰危机"背景下东亚国际秩序的演变

当今的国际关系体系和现存的世界秩序正在经受"乌克兰给予的考验"。俄罗斯与东亚国家的关系绝不是例外，确切地说，是这种考验的证实和明显的例证。

于是，美国政府采用了孤立俄罗斯的方针，不仅唆使欧盟和其他欧洲国家，还怂恿东亚国家和亚太地区对俄罗斯进行制裁和限制。2014 年 7 月，西方媒体大肆宣传一架马来西亚航空波音客机在乌克兰东部被击落，美国副助理国务卿皮特·哈勒尔巡访了该地区的所有

---

① *Си Цзиньпин*.Помнить историю,открывать будущее.«Российская газета»,6 мая 2015 г.Цит. по:http://www.rg.ru/2015/05/06/knr-site.html.

② Совместное заявление Российской Федерации и Китайской Народной Республики об углублении всеобъемлющего партнерства и стратегического взаимодействия и о продвижении взаимовыгодного сотрудничества 8 мая 2015 г.Цит.по:http://www.kremlin.ru/supplement/4969.

国家，试图说服它们，必须对俄罗斯采取制裁。哈勒尔在他到访的每个国家，都会见该国许多的政府官员和私营部门领导人。

"当然，我们希望，以大量重要的金融和商业中心著称的东亚国家能和我们一起实施 [对俄罗斯] 政治施压的策略"，——美国国务卿的代表指出。但是，这些努力的结果是否定的："美国坚持认为亚洲应当采取反俄措施。但华盛顿的任何努力，多半都注定要失败"，——日本《外交官》杂志强调指出。①

当然，华盛顿在东亚最亲密的盟友很难不屈从于"大伙伴"的压力。因此，2014 年 9 月，日本政府对俄罗斯采取了新一轮制裁。这 **【87】** 些限制首先影响到金融领域：日本对俄罗斯的储蓄银行、外贸银行、对外经济银行、天然气公司银行和俄罗斯农业银行都实施了制裁。这已经是日本从当年春天开始对俄进行的第四轮制裁。

但是，与七国集团中其他国家采取的措施相比，日本是最轻微的。自从乌克兰局势开始紧张，从某种程度上讲，日本就在必须支持七国集团制裁俄罗斯的决议和不愿恶化与俄罗斯联邦的关系之间找平衡。②

日本在安全问题方面依附于美国，因此不得不对俄罗斯采取"一系列"制裁，东京都知事舛添要一不久前访问托木斯克时公开承认说。同时他还专门强调："至于乌克兰和克里木的归属，日本人不了解这个半岛的历史，我们很少有人知道，为什么俄罗斯特别关心这个问

① Why Asia Won't Sanction Russia for MH17.The Diplomat.URL:http://thediplomat. com/2014/07/why-asia-wont-sanction-russia-for-mh17/.

② http://inforesist.org/ctali-izvestny-podrobnosti-sankcij-yaponii-protiv-rf/.

题。我希望，俄罗斯方面多向国际社会解释自己的立场。"①

而且，普京早先宣布的访问东京（这与乌克兰事件有关）的日期至今仍然是个问题。"安倍晋三现在腹背受敌。一方面是七国集团，另一方面要巩固与普京个人的可靠关系，目的是要解决由来已久的领土争议"，——《日本时报》写道。②

如果日本是在压力下勉强采取了制裁，那么韩国——美国在东亚的另一个亲密伙伴，则公开宣称，不愿反对莫斯科。韩国驻俄罗斯联邦大使魏圣洛声明，韩国不打算效仿美国和欧洲。后来，韩国外交部代表确认了"不谈论任何制裁"的信息。③

【88】这不奇怪：两个国家都给自己提出了一个目标——达到建设性战略伙伴关系的水平。2013 年 11 月普京访问首尔期间，此事有重大推进。对短期旅游的游客实行互免签证制度将促进商贸旅游的发展，尤其对于韩国方面，——这样，俄罗斯和韩国将把大规模拓展东亚与远东的合作机会提前（对于俄罗斯而言，这是最重要的战略任务）。这不仅包括把俄罗斯的载能体出口到韩国，还包括生产高附加值产品的合资企业：造船业、汽车制造业、运输工具制造业，以及合作开发地区的基础设施，在科学和高级工艺、农业经济、和平空间和很多其他领域的合作项目。

两国高度评价双方在地区安全与合作领域的意向：俄罗斯在东北

---

① http://ria.ru/world/20140904/1022738565.html.

② http://www.gazeta.ru/politics/2014/09/22_a_6231029.shtml.

③ Why Asia Won't Sanction Russia for MH17.The Diplomat.URL:http://thediplomat.com/2014/07/why-asia-wont-sanction-russia-for-mh17/.

亚创建安全与合作多边机制的建议与韩国总统的"欧亚倡议"很"合拍"。双方在最复杂最异常的、涉及朝鲜核问题和朝韩对话的问题上都能达到很大程度的相互谅解。两国一致表示支持朝鲜半岛核不扩散机制，赞成恢复关于朝鲜核问题的六方会谈。

俄罗斯准备积极斡旋朝鲜半岛局势，开展了具体的工作，提出了详细的建议。首先是俄罗斯和两个朝鲜半岛国家有可能参与的交通与能源基础设施方案：修复横贯半岛铁路，将它与横贯西伯利亚大铁路相连，敷设横贯半岛的天然气管道，等等。

总的来说，俄罗斯与韩国对于所有的国际问题都达成了共识——从必须和平解决叙利亚冲突到巩固联合国在国际事务中的作用。俄罗斯与韩国的战略伙伴关系显而易见，韩国方面不打算用反俄制裁使这一前景变得黯淡。

澳大利亚认为自己是西方的一部分，支持美国和欧盟的政策，采取了反俄制裁。澳大利亚政府于 2014 年 9 月 1 日宣布采取更严厉的 【89】制裁：停止向俄罗斯出口武器和石油天然气设备，俄罗斯国家银行失去了进入澳大利亚资本市场的机会，而澳大利亚的公司则与克里米亚进行贸易并为其经济投资。

澳大利亚总理托尼·艾伯特甚至试图利用在威尔士举行的北约峰会，想预先获得二十国集团国家的支持，以阻止普京参加 2014 年 11 月在澳大利亚布里斯班举行的二十国集团峰会。但二十国集团的国家领导人们未能就禁止俄罗斯总统参加峰会达成一致。澳大利亚外交部长朱莉·毕晓普声明，澳大利亚正在接待二十国集团，没有权利撤回已经发出的邀请。"需要二十国集团内部（就普京参加峰会问题）协商一致，而现在未达成一致"，——澳大利亚外交部长解释说。①

西方和俄罗斯因乌克兰危机而采取的相应制裁使莫斯科巩固了与金砖国家的伙伴关系，加强了金砖国家在世界舞台上的团结程度。引人注目的是，在俄罗斯兼并克里米亚之后，澳大利亚呼吁应将俄罗斯开除出二十国集团，作为对此的回应，金砖国家的外长们发表了联合声明，强调"挑衅演说的升级，制裁与反制裁，以及采用武力都不能在国际法框架下稳定和平地解决冲突"。在联合国大会通过对克里米亚全民公决进行批评的决议时，中国、巴西、印度和南非投了弃权票。②

正如俄罗斯外长拉夫罗夫所说，在上海合作组织和金砖国家的活动中，不存在所谓的"克里米亚问题"。"我们的伙伴谁也没宣称自己不承认公投结果，这是克里米亚回归俄罗斯联邦的基础……金砖国家领导人和上海合作组织巩固了我们共同的立场，必须全面认真地履行【90】《明斯克协议》，该协议与'克里米亚的议事日程'毫无关联。克里米亚问题（我认为，所有人都明白这一点，即使是那些不能停止谈论此事的人）已经解决了。作为对克里米亚人民明确表示的意愿的回应，克里米亚人民和俄罗斯联邦通过的决议解决了这个问题。"③

俄罗斯在金砖国家和上海合作组织的伙伴国们同意其不接受制裁

---

① Цит.по:http://top.rbc.ru/politics/21/09/2014/950315.shtml.

② *Graham Stack*.Sanctions beef up Russia's BRICS ties.Business New Europe,September 22,2014.URL:http://www.bne.eu/content/story/perspective-sanctions-beef-russiasbrics-ties.

③ Пресс-конференция министра иностранных дел России С.В.Лаврова «на плях» саммитов БРИКС и ШОС,Уфа,9 июля 2015 г.URL:http://archive.mid.ru/brp_4.nsf/0/94B3FFD7279721 CA43257E7D00449B30.

手段的原则立场。正如在乌法召开的金砖国家和上海合作组织峰会结束后，普京在新闻发布会上所说："像制裁这种手段，一般来说应当从国际经济语汇和国际经济关系中被删掉。它不应当被用在世界经济中，因为这能把世界经济彻底翻转。我们大家都应当生活在正常自然的条件中，只有这样才能保障安全平稳地发展。"①

新加坡（总的来说，实行的是亲西方的政策）不认可对俄罗斯的制裁，该国打算继续保持与俄罗斯的战略伙伴关系。俄罗斯第一副总理伊戈尔·舒瓦洛夫宣布，"他们说，他们不认可这种只在西方世界一边起作用的制裁，因为制裁应当以国际法准则为根据。而联合国安理会并未通过任何制裁决议"。②

其他东盟国家也不支持反俄的制裁手段，——而且，他们主张积极开展与俄罗斯的经贸合作。于是，2014 年 8 月，俄罗斯经济发展部长阿列克谢·乌柳卡耶夫在俄罗斯——东盟经济部长磋商会上建议东盟国家增加对俄罗斯的农产品出口，提请东盟国家关注正对他们敞开的向俄罗斯提供农产品的机会。在这之后，从 8 月 7 日起，俄罗斯开始禁止从那些原先倡议并支持反俄制裁的国家进口主要食品。

东盟各国代表在磋商会上表示准备增加对俄罗斯的农产品供应。从这些国家出口的、增加的农产品供应量，大约估计，短期内可以达 **【91】** 到 30%—40%，长远看可以增加数倍。总的来说，俄罗斯与东盟国家之间的商业营业额已达到 175 亿美元，到 2014 年底，与去年相比可

---

① Пресс-конференция Владимира Путина по итогам саммитов БРИКС и ШОС.URL:http://kremlin.ru/events/president/news/49909.

② http://www.fi nmarket.ru/news/3812329.

以增加 6%，——俄罗斯联邦经济发展部长指出。①

印度也公开宣布自己一向拒绝西方的制裁政策，特别是对俄罗斯的制裁。印度外交部前副部长、政治学家皮纳克·P.恰克拉瓦勒基在《论坛报》上的署名文章《反俄制裁是徒劳》中写道："只有符合自身的利益时，西方才会'从道德原则的高度'采取立场，同时这样来描述一切，仿佛'干涉'是保障人权、民主、自由市场和自由主义世界秩序的福利。而且，因俄罗斯兼并克里米亚引起的愤怒把西方变成了虚伪的冠军……俄罗斯兼并克里米亚并不是必然的，但西方越界了，在持续几个月的混乱之后，挑起了推翻亲俄总统的事件。乌克兰考虑加入北约是俄罗斯不能忍受的、影响过大的挑衅。这也解释了俄罗斯捍卫自己在克里米亚的利益方面的反应。"②

中国人也有意赞同类似的评价。比如，《人民日报》特约评论员、中国国际问题研究院特聘研究员贾秀东指出：

> "苏联解体后，俄罗斯一度采取亲西方的政策，以为实行民主制度就是能被西方接纳的通行证，结果换来的是美欧通过北约和欧盟东扩，不断挤压俄战略空间。俄罗斯在周边构建的独联体出现成员国离心离德的现象，长此以往，俄罗斯只能是一只被圈在笼子里的北极熊，这是美欧的战略目标。叶利钦后期对此醒悟

---

① http://www.agritimes.ru/news/14697/minekonomrazvitiya-priglashaet-strany-asean-usilit-eksport-prodovolstviya-v-rf.

② *Pinak Ranjan Chakravarty*.Curbs against Russia an exercise in futility.The Tribune,April 16,2014.URL:http://www.tribuneindia.com/2014/20140416/edit.htm#7.

了，普京继任后胸怀重建俄罗斯大国地位的梦想……如果说在伊朗、叙利亚问题上，俄罗斯拥有的是外围战略利益，那么在乌克兰、格鲁吉亚问题上，俄罗斯则自认为是赖以生存的战略空间，【92】属于核心战略利益。"①

总的来说，在与俄罗斯保持积极的全面战略协作伙伴关系的中华人民共和国，人们最理解和同情俄罗斯因乌克兰危机而采取的行动。中国官员的声明、专家组讨论和中国媒体反映的深度都表明了这一点。

2014年4月，当西方还在准备制裁俄罗斯时，中国就立刻表示反对，号召冲突各方和平解决争议局势。中国国务院副总理张高丽在"西伯利亚力量"管道开工仪式中与俄罗斯联邦总统普京洽谈期间明确宣称："中方坚决反对美国和西方制裁俄罗斯，反对'颜色革命'，反对种种妨碍俄罗斯发展的企图。"②

而且，中国有人在谈论，必须帮助俄罗斯摆脱艰难的处境：无论是以提供1989年6月政治风波之后自己摆脱西方制裁的经验（当时孤立中国的企图完全失败了），还是以能消除制裁影响的积极合作来帮助（正如对伊朗采取制裁之后所发生的那种情况）。

《环球时报》发表的文章《中国舆论应多挺俄罗斯和普京》中讲道："在外交上，中国保持'有些偏向俄罗斯的中立'能被大多数国家接受，有利于中国适时开展调停，为各方达成妥协铺就台阶。这样做可以避

---

① http://russian.people.com.cn/95181/8599181.html.

② http://ria.ru/economy/20140901/1022298306.html.

免中国同西方对抗，对莫斯科也是有利的。"

"但是，"《环球时报》继续说道，"中国的舆论则可以心直口快，谴责西方插手乌克兰非法政变，是它们导致了今天的僵局。要让世界看到，俄罗斯在道义上并不孤立，它的反弹代表了世界上很多国家对西方强权的不满。我们愿意看到西方同俄罗斯抓住妥协的契机，但如果西方真的制裁俄罗斯，中国社会必然会对俄给予更多帮助，尤其是经济合作上的。"①

不应当因为北京官方没有在乌克兰问题上公开支持俄罗斯而产生误解——北京方面认为，这会被看作是对西藏和新疆分离主义情绪的间接鼓励（因此，中国先前没有承认阿布哈兹和南奥塞梯的独立）。此外，中国不想因为俄罗斯和乌克兰而冒险与西方公开对抗。

"似乎，中国应当由于俄罗斯夺取了邻国的一块领土而担心起来，"英国《卫报》写道，"中国一贯坚持尊重他国主权与领土完整，而自己有两个'潜在的克里米亚'——西藏和新疆。"但是，当作者询问中国人时，他们大都这样回答："是的，我们有点儿担心。但乌克兰离我们很远，坦率地说，对于中国来讲，这次危机的正面结果胜于负面的结果"，——《卫报》评论员写道。"乌克兰将吸引美国不再想'重返'亚太地区，俄罗斯将更多地依靠与北京的良好关系。"②

北京采取中立的克制立场，甚至准备充当乌克兰争端的调停人，

① Чжунго юйлунь ин до тин элосы хэ пуцзин.«Хуанцю шибао»,05.03.2014.URL:http://opinion.huanqiu.com/editorial/2014-03/4878080.html.

② *Timothy Garton Ash*.Putin has more admirers than the west might think.The Gardian. URL:http://www.theguardian.com/commentisfree/2014/apr/17/vladimir-putin-admirersindia-china-ukraine.

同时不忘记自己的长期利益。按照《美国利益》的美国式说法："北京有一天会想把南中国海和东中国海划归自己（这是有可能的，因为北京已经宣布这些岛屿'永远是中国的一部分'，就像普京说乌克兰'永远是俄罗斯一部分'那样）。中国政府将密切关注危机的发展，把它看作西方如何行动的范例，如果北京采取类似举措的话。"①

乌克兰危机对于中国的外交创建了十分适宜的条件——这不仅仅【94】是准备"坐山观虎斗"。围绕乌克兰冲突的各方都得到了北京的同情，而北京遵循自己"共赢"的原则，将利用这次机会——由中国提出条件来发展同所有国家的关系。

对于俄中关系而言，这将是"转向东方"强有力的辅助动因。虽然俄罗斯领导人已经宣布"转向东方"，但目前有待真正落实。可以预见到，将在所有领域积极加强俄中对话：经贸关系方面、边境与地区合作领域、文化人文领域的联系等。

俄罗斯和中国的一些分析研究专家甚至谈论起建立20世纪50年代式的俄中军事政治同盟的可行性来。很难相信这一点——两国并不准备为讨好伙伴国而限制自己的国家利益或者通过决议时限制自己的主权（正是这个暗指传统的军事政治同盟）。但俄罗斯和中国确实可以更紧密地接近，在政治、外交和军事技术合作以及其他领域协同努力。

这背后的原因是不想"为反对西方而交好"，而是相互努力，试

---

① Treading Carefully,China Opposes Sanctions on Russia.The American Interest.URL:http://www.the-american-interest.com/blog/2014/04/29/treading-carefully-china-opposessanctions-on-russia/.

图在已经形成的条件中保障自己国家和地缘政治利益。试图设计一个积极有利的新游戏，并影响该游戏规则的制定。越来越积极参与全球治理机制的中国已经意识到（和俄罗斯一样），该机制中很多被西方国家强加的事务是有缺陷的。不同意接受在国际舞台上孤立俄罗斯的企图将敦促中国和俄罗斯更积极地坚持改革全球治理体系、现有世界秩序和当代国际法。

【95】 正如 2014 年 10 月 12 日《新华社》评论指出的："尽管中俄互利的关系不仅给本国，整体上也给地区和世界带来了好处，但一些人认为，该合作是一种反西方的同盟……他们认为中俄友谊是对所谓的美国'重返亚太'和反俄制裁的回应。这种观点是过时的、错误的……实际上，中国和俄罗斯联邦只是理智的伙伴关系，除了其他情况，两国对于国际事务坚持相似的观点，在能积极影响彼此发展的现有资源方面也具有互补性。"①

× × ×

近几个月来，俄罗斯与东亚国家关系的进程令人信服地证明，这一地区的人们越来越清晰地意识到当代世界体制产生危机的两个主要原因（乌克兰危机是体制产生危机的触发器）。虽然这些原因像新闻一般快捷，但《卫报》评论员季莫基·加尔东·埃施仍然十分精确地描述说："两股巨大的推动力马上就要显现出来。第一股'推动力'是俄罗斯对自己这个帝国近 25 年来缩小了的抱怨。第二股'推动力'

---

① Китайско-российское партнерство основано на сотрудничестве и взаимном выигрыше. URL:http://ru.china-embassy.org/rus/gdxw/t1201415.htm.

是金砖国家和二十国集团国家中对于西方几个世纪殖民统治的抱怨。21 世纪增加了'乌克兰'的抱怨。"①

同样，俄罗斯外交部长拉夫罗夫在联合国大会第 69 次会议上发表了经过仔细斟酌的、类似的外交辞令："为了完全相符地回应向所有人提出的共同挑战，今天集体采取伙伴行动的需求与某些国家努力追求主导地位以及试图恢复陈旧的同盟思想之间的矛盾越来越清晰地显示出来，这种同盟思想是以兵营纪律和'自己的—别人的'不正常逻辑为基础的。"②

仍然需要对现有世界体制的系统危机进行理论思考。但乌克兰事件表明，为了"民族国家"共存而形成当代世界秩序及其国际法不符合明显的现实。毫无疑问，不管是俄罗斯，还是乌克兰，都尚未结束国家形成与建设自己民族国家的过程。1991 年苏联解体只是这一过 【96】程的开始，该过程可能会占用很长时间。

再重申一下"第二种世界新秩序"的构想，这是俄美政治学家尼古拉·兹洛宾几年前就已经提出的："苏联的解体还没有结束……帝国的解体会持续很久很痛苦。尤其是那些由比邻的领土和按很多标准混合的居民构成的帝国……苏联内部的边界带有政治实用性。今天看来，这些边界常常不合逻辑，且与现实相矛盾。它们不能成为

---

① *Timothy Garton Ash*.Putin has more admirers than the west might think.The Gardian. URL:http://www.theguardian.com/commentisfree/2014/apr/17/vladimir-putin-admirersindia-china-ukraine.

② Выступление министра иностранных дел Российской Федерации С.В.Лаврова на 69-й сессии Генеральной Ассамблеи ООН,Нью-Йорк,27 сентября 2014 г.Цит.по:http://www.mid.ru/brp_4.nsf/0/42A12ECFF2162A4B44257D6000655B82.

欧亚大陆新政治地理的长期基础。今天后苏联空间现有的边界必然会变化。"①

但愿理解这一点（在东方这是很明显的）能使西方对待在乌克兰和克里米亚所发生情况的反应更适宜一些。从公认的观点看，这确实超出了原先对于标准"民族国家"所确定的范围，但这个范围忽视了一些国家的权利和利益，这些国家由于客观的历史原因暂时还没有加入西方。给予更多的理解和容忍，而不是到处宣扬以孤立相威胁——这才会使局面正常化并恢复俄罗斯与西方的关系。

互相尊重对方的选择，不干涉内政，保持信任、平等协助与合作已经成为了俄罗斯及其伙伴们按照正在产生的世界秩序形成新关系的平台基础。这不是同盟关系，不以反对任何第三个强国为目的。全面战略协作伙伴关系的因素能发挥共振器的协同作用，客观上能促进全球影响和总体实力的增长，以及作为世界政治主体的每个伙伴国的安全与稳定。

【97】 俄中关系

——21 世纪国际关系新模式

俄罗斯与中国构建了实行不同社会经济制度国家间关系的新模式。该模式在俄中的官方文件中得到了巩固，其中包括 2001 年签订

---

① Цит.по:http://www.snob.ru/selected/entry/19044.

的《俄中睦邻友好合作条约》。俄中关系是亚太地区和整个世界保持和平稳定最重要的因素。两国间建立了真正互相信任、相互理解的氛围，确立了不针对任何第三方的真正平等的伙伴关系，成为了 21 世纪两大强邻国家间关系的典范。

中国的强大不会对俄罗斯在地区和全球层面构成威胁。俄罗斯和中国是世界多极构成的承重支柱，同样也与该构成的平稳有利害关系。两国利益中接近与相符的范围远大于可能产生分歧与不符的范围。俄中战略伙伴关系正在从政治宣言依次转变成具体的政治实践，包括在国际上共同提出强有力的倡议，如整治与协调国际关系，形成多极世界，捍卫国际法准则和联合国宪章，反对霸权主义和强制政策。

中国一些官方人士评价说，俄中关系是实行不同社会制度的国家间关系的模式和典范。这种关系建立在和平共处和睦邻友好的原则上。现在还加进了共赢原则。该原则不仅被赋予宣传意义，还被阐释为发展各领域关系的通用原则——军事、经济、政治、文化、人文领域，等等。

中国不希望自己这个高度发展的强国成为与邻国发生利益冲突的对象。因此，北京全面而仔细地研究了日本、德国、俄罗斯和苏联的经验并汲取了相应的教训。尽管事实上就是这样。美国的行动可以被解释为对中国军事和经济力量增长的反应，日本的行为同样是这种反应。【98】

近年来，在高级层面通过的所有文件都强调，俄中关系目前已达到自身历史发展的最高水平。同时坚定地指出，发展平等互信的全面战略协作伙伴关系的方针属于两国外交的首要任务，符合两国根本利益，能促进两国的繁荣发展与和平事业，以及地区和全球的安全与稳定。

近些年形成的俄中关系符合两国根本利益，是当今国际形势下两国可靠的"后方"和保障两国国家安全与主权及领土完整的重要因素。该方针在与中国签订的一系列全面深化俄中战略协作伙伴关系的文件中被牢牢地固定下来。

俄中关系具有空前的积极性，充满生气，囊括了所有主要的合作方向与领域。俄罗斯联邦与中华人民共和国的关系进入了成熟阶段——平等互信的全面战略协作伙伴关系。两国的合作具有多层面和多支线的特点，有高级的国家机构参与。

两国首脑每年正式互访和利用最重要的国际论坛"平台"举行多次会晤已经成为惯例。政府首脑也同时进行定期会晤，副总理级别的三个委员会正在开展工作——贸易、能源和人文合作委员会，还有联邦行政权力机构领导人级别的二十多个委员会和工作组在运行。除了中国，俄罗斯和其他任何一个国家都没有建立如此多层面的协作格局。

【99】　　2012年举行的中国共产党第十八次代表大会确立了一系列决定中华人民共和国对外政策正式框架的概念性目标："和平与发展""和谐世界""平等互信""互相学习与合作"以及"实现共赢"。大会宣布不接受"任何形式的霸权主义"，中华人民共和国自身不谋求霸权与扩张，坚持"和平解决国际争端"和"共赢"以及共同发展政策。

在这次大会上，中华人民共和国正式重申，为了国内的发展与改革，中国打算继续实行保障适宜的外部条件的政策。对于俄中关系来说，继续推行这一方针意味着北京将保持近年来所遵循的主要的优先方向和趋势。和世界其他国家一样，在胡锦涛的总结报告中未被直接提到的俄罗斯，据中国官方评价，是一个"有影响力的""发展中的"邻国，发展同俄罗斯的关系属于中华人民共和国对外政策的优先方向。

中华人民共和国因新领导就任而发生的变化中，没有征兆表示，近十至十五年来形成的俄中战略协作伙伴关系的规则将发生改变。因此，俄罗斯应当充分利用这一整体上适宜的形势。必须增加积极因素的积累，深思熟虑地有效利用与中国合作的潜力。

俄罗斯社会和国家领导人坚决要转变一种观念，即应把俄罗斯自我认同为欧亚—太平洋强国，东西两个方向在国家政策中的战略意义具有同等价值。这是完成上述最重要的全球任务的条件。

俄罗斯所实行的、旨在保卫国家作为独立自主的国际关系主体的大量对外政策中，不能低估对中国方面的潜力。两国在国际上主要的优先方向一致和关心共同边界上的和平以及经济和能源部门的客观互补是双方互利发展的基础。

中国共产党第十八届中央委员会第三次全体会议通过了中国改革 【100】
新阶段的"路线图"，这将对世界经济与政治的进程产生极重要的影响——在 2020 年前实现全会提出的目标，在优质发展的基础上改革中国经济模式和国家管理体系，这意味着将彻底巩固中国进一步发展的经济和地缘条件。这将影响中华人民共和国与世界最大力量中心的关系，如美国与欧盟，并影响那些和中国的关系尤其紧密的国家，其中当然包括俄罗斯。

改革的新战略将间接影响俄中关系，改变其在全球和地区层面的经济和政治环境，直接影响两国关系发展的模式、重点和主要方向。

第一，实现改革新阶段的目标，很可能会使中国在 21 世纪的经济与国际政治增长趋势变得不可逆转。对于俄罗斯来说，这将意味着发展与中国平等互信的全面战略协作伙伴关系的方针别无选择。俄罗斯的政治精英和舆论领袖中所有"反华"的怀疑论者都不得不容忍这一点。

第二，1978 年举行的中国共产党第十一届中央委员会第三次全体会议提出的改革，本身就是一场市场关系与国家调控相结合的史无前例的实验，为全世界所关注。对于俄罗斯来说，无论是已经完成的还是正在我们面前进行的中国改革的经验都特别重要：俄罗斯至今仍在探索自由的市场机制与国家调控之间的最佳关系，以及必须提高国家管理的质量。如果中国成功了，那么这对于俄罗斯来说将是一种辅助和重要鉴戒。

第三（这是最重要的）——中华人民共和国的经济和政治制度改【101】革将直接修正俄中关系在各领域的进程和方向。在创新和刺激内需以及优化国家调控职能的基础上起动中国经济优质增长机制，这对于俄罗斯将意味着以下几点：

·为了俄罗斯的经济现代化和导入创新增长机制必须增强与中国建立伙伴关系的重要性——中国在该领域的经验和科技合作以及共同研制与推行革新工艺将变得更加需要。

· 增加中国作为直接外资来源的意义——中国为其他国家的经济所引进的和自身直接投入的资金总量已经跃居世界首位。俄罗斯政府需要加快改善投资环境和提高国家注资（中国在实现三中全会"路线图"时，和俄罗斯一样，拥有一切机会进入"营商环境报告"的前二十名，——尽管中国领导人没有正式宣布这一目标）。

· 中国金融制度的改革，准许私人资本进入新的经济和商业领域，以及与此有关的平稳过渡到人民币足值兑换，都使人民币作为未来的储备货币越来越有吸引力，还应当加快过渡到人民币和卢布直接结算。

· 在国家取消调控和简化贷款许可的基础上刺激中国的中小经营者，能大大提高私人经营和私人资本在俄中尤其是地区间和边境上经贸关系结构中的作用。这样，完成构建合资平台和合作项目相互融资机制以及国家保障私人交易的任务将落在两国政府身上。

中国新一代改革者努力"使市场在资源配置中起决定性作用，让国家更有效地发挥管理职能"（全会公报），这意味着战略上要坚决转向竞争区域的平衡并遵守中国经济中通用的游戏规则。这也表示，中国新的经济体制（随后是一些实现中国对外政策的人）将要求中国的所有外国伙伴都严格遵守法定的"游戏规则"，包括俄罗斯：在仔细考虑自身竞争优势的基础上寻找共同利益，并有能力使这些利益达到妥协平衡和有能力建立"处理分歧"的双边机制（同时考虑到，两国

【102】

105

在不同领域的力量对比将继续发生多半对中国有利的变化)。

中国改革的新阶段预示着俄中关系不仅拥有新的机会，而且还具有新的挑战。其中主要的挑战是怎样使俄中关系变得越来越相互依赖（这符合俄罗斯的利益），但同时，这种关系变得越来越不对称。在中国"和平崛起"的背景下，俄罗斯进一步发展与中国的关系将取决于俄罗斯如何应对这一挑战。

俄罗斯和中国这两大强国之间的关系具有全球的和地区的以及双边的维度。全球维度要求中国的发展和俄罗斯的复兴使俄罗斯和中国成为地区和全球稳定与和平的因素。俄罗斯和中国正是通过外交手段和"软实力"来协同动作以遏制美国及其盟友采取极端行动，尤其是当俄罗斯和中国表现出随机应变和相互谅解时。

对于俄罗斯来说，与中国的睦邻关系具有划时代的意义。中国领导人指出，这对于中国也具有同样重要的意义。俄罗斯被看作可靠的伙伴国和巩固的后方。把与发达国家的关系提高到新阶段，并发展与邻国和发展中国家的友好合作这一任务被提了出来。

今天，理解亚太地区不断成长的意义以及亚洲主要强国——中国在俄罗斯近期全球战略中的作用十分重要。这一因素的作用将不断增强。2012 年 2 月的总统大选前，俄罗斯总统普京在文章《俄罗斯与变化中的世界》里再次提醒了这一点。

【103】 这篇文章在分析欧洲和美俄局势之前，刚开始是从俄国政治史的角度首次研究亚太地区作用快速增长的问题。文章特别详细地描述了俄罗斯对中国经济增长的态度，强调这一发展日新月异的东方最大邻国对于俄罗斯来说不是威胁，而是有刺激的挑战。与中华人民共和国

的合作能为俄罗斯的腾飞提供巨大机会。

这篇纲领性文章和原先提出的以欧亚联盟的形式创建超国家联合体的战略目标明确表达出俄罗斯近期发展的方向。事实上普京已对多年来"关于俄罗斯向何处去"的讨论作了结论：单方面以欧洲大西洋方向为目标，或者是在意识到自己欧亚—太平洋的地缘和地理位置之后，巩固自己欧亚—太平洋强国的地位。今天选择的是后一种方案，当代俄罗斯自觉地理解自己名副其实的欧亚本质并认可自己独一无二的欧亚—太平洋强国地位。

在此背景下，十分清楚的是，俄中关系的因素成为了俄罗斯实现亚太战略的主要因素之一，该因素与俄罗斯巩固和东亚国家（首先包括越南、蒙古、朝鲜半岛国家和日本）的经济、军事政治以及其他协作相结合，使俄罗斯具有了保障自身在亚太地区的国家利益方面的极大优势。

积极加入与中国经济共同发展的战略对于俄罗斯十分重要，这将促进西伯利亚与远东地区的加速开发和经济社会发展，以及在那里建立必要的基础设施。把欧亚经济联盟范围内的一体化和"丝绸之路经济带"相连接的方针在这方面开启了巨大的可能性。

今天，俄罗斯和中国把俄中关系定义为"平等互信的全面战略协作伙伴关系"①。两国间形成战略协作开始于 20 世纪 90 年代末期，【104】

---

① Совместное заявление КНР и РФ о дальнейшем углублении китайско-российских отношений,всеобъемлющего равноправного доверительного партнерства и стратегического взаимодействия(подписано Президентом РФ В.В.Путиным и Председателем КНР Ху Цзиньтао 5 июня 2012 г.в Пекине).

2001 年 7 月 16 日俄罗斯总统普京和中华人民共和国主席江泽民在莫斯科签署《俄中睦邻友好合作条约》使该协作以条约的形式具有了牢固的国际法基础。这一创新性文件使俄中关系有了极大进展，同时也大大丰富了国际法的内容。

俄中战略伙伴关系不断地从政治宣言转变成具体的政治实践，包括在国际上共同提出强有力的倡议，如整治与协调国际关系，形成多极世界，捍卫国际法准则和联合国宪章，反对霸权主义和强制政策。

私人接触对于国家间双边关系的发展起着较大的作用，指出这一点也极其重要。俄罗斯总统普京与中国三代领导人都建立了相当好的关系，多次会晤并进行谈判，包括江泽民、胡锦涛和现任中国共产党中央委员会总书记、中华人民共和国主席习近平以及国务院总理李克强。他同所有人都有良好的个人接触。普京是最受中国人欢迎的外国领导人。

在俄中领导人的倡议下出现了一系列对话机构和新型组织，能以政治手段推动并捍卫我们两国在安全、领土完整和主权方面的切身利益，除了遭受直接军事威胁，不采用军事对抗的方式。普京担任总统和总理期间，通过努力使与中国的合作进入了新阶段——从采取方向类似的行动到签署大规模合作的方案，无论是相互发展经济，还是整顿世界财经体系。

俄罗斯和中国通过政治对话来合作解决国际问题能防止朝鲜半岛局势复杂化，并增强亚太一体化趋势。在联合国框架内，俄罗斯与中国积极协同解决复杂的中东问题和其他全球问题。在世界舞台上深化战略协作伙伴关系使俄罗斯和中国积极制定了一些协商一致的计划和

【105】

协调的行动以保障相互安全与国际稳定。

国家和政府首脑以及部长们定期举行峰会的多层磋商与草案制度已经建立并正在有效运转。政府间按不同领域与合作方向专设的二十多个提供实际建议的委员会及（分设的）专门委员会也正在运行。

应当突出的是两国外交部门之间富有成果的接触。多年来，俄罗斯联邦和中华人民共和国的外交部门每年定期举行磋商，讨论战略安全与稳定，和在联合国协同动作方面以及对抗国际恐怖主义和当代国际生活中的其他现实问题。

中国和俄罗斯在亚太地区携手合作，区域一体化和多边合作的不断深入，并认为这一过程有助于加强国际关系多中心化和民主化，维护亚太地区的和平与稳定。

我们两国都赞成发展地区各种联合体之间和区域论坛以及对话机构之间的伙伴关系，包括上海合作组织，"亚太经济合作"论坛，东亚峰会，东盟地区论坛，东盟和对话伙伴国国防部长扩大会议，亚洲相互协作与信任措施会议，"亚洲合作对话"。双方重申将在这些或其他多边论坛框架下使各方面紧密协调。

20世纪60—70年代苏中关系发展的经验促使我们必须为对方考虑，必须相互尊重对方的利益和选择，互不干涉内政，坦诚互信，相互容忍。但遵守上述原则也绝不排除出现任何意外情况的可能。

这给双方提出了一个重要的原则性任务，要正确看待对于当前问 【106】
题的立场中所出现的差异，要友好宽容地对待思维方式和文明价值体系中的差异。这些差异的存在不是威胁，而是规范。如果正确对待，它们将成为相互丰富和相互学习的因素。孔子关于"仁"体现为能创造差异中的和谐——"和而不同"的这一论题，应当成为确保和维护文化和人才多样性的方法论基础。

应当公开谈谈我们两国关系中存在的问题，首先是经济问题。中国很热衷俄罗斯与中亚的协同动作。还有一些问题与俄罗斯的法律不完善有关，或者说与使用中国劳工和中国移民有关。一些媒体有意夸大这个问题，目的是要制造中国的负面形象。这需要我们俄罗斯方面来解决它。

个别问题是中国方面引起的。这是 20 世纪 60—80 年代的遗留问题。中国版图上被表示为该国领土的南千岛群岛现在似乎属于日本，但曾被俄罗斯"侵占"。中国的历史教科书中讲道，19 世纪的沙俄和 20 世纪的苏联利用中国的衰弱，总共从中国"夺取"了 150 万平方公里。这是不科学的观点，是在用当代的标准和评价的立场改编历史。[1]

从今天的标准和规则来看，这些条约是不平等的。但如果采用这种标准，那整个欧洲和总体上说整个世界都应该重新划分。波兰、德国、法国的领土是按照什么条约形成的呢？美国又是根据什么条约得到得克萨斯的呢？

当然，当有人出售略作改变的俄罗斯商品并冠以中国名字时，又出现了知识产权的问题。存在很多问题，但这是当前实践活动的问题。我们两国间创办了设有地方机构的政治组织和其他咨询组织协同运作的机制，能解决这些问题。国家首脑、部长和社会组织代表以及

---

[1] 书中为作者观点，此处与中国的立场不符。——编者注

活跃的青年组织的代表们常常见面。

还有很多有关所谓的"中国威胁"的无稽之谈，正在被一些出版机构、学术和政治中心传播，这些机构和中心在俄罗斯依靠外资发挥 【107】 作用。于是普通市民也形成了相应的观点。

在俄中关系 400 年的发展历史中，苏联解体之后，俄罗斯于 10 年前在综合潜力方面首次逊于中国。当今中国的综合潜力是俄罗斯的 4.5 倍。俄罗斯有 1.4 亿人口，而中国几乎有 13.9 亿人。

俄罗斯的领土面积世界第一，比中国约大一倍。俄罗斯还出产很多矿产和资源。这里有一个值得重视的问题，而且对于俄中关系来说很现实。必须找到适合双方利益的方式，防止把俄罗斯变成中国的原料附属国。而且，俄罗斯应当成为中国的可靠伙伴国，不应以原料形式提供自然资源，而应提供有高附加值的产品。

如今，俄中关系已进入平等互信的全面战略协作伙伴关系的新阶段，在该关系中跃居首位的宏伟任务是加速扩大经济合作并形成互利共赢的共同发展战略。

2011 年 10 月 11—12 日，俄中政府首脑举行第十六次定期会晤，形成了进一步扩大两国经贸联系的综合性措施，确立了 2015 年双边贸易额达到 1000 亿美元和 2020 年达到 2000 亿美元的任务作为目标。显然，要达到这一指标需要付出相当大的努力。双方实现预定计划能更全面地使用两国经济互补的协同因素。

尽管近些年在这方面取得了显著成果，但整体上的俄中贸易水平仍落后于中国与其他主要伙伴国的贸易水平。俄中贸易额几乎只有中美贸易额的七分之一，只是中国与欧盟贸易额的五分之一。

我们两国关系进入的不是突跃式发展而是渐进式发展时期：这种关系今后的进步要求不同领域的双边合作发生质变。

【108】　加速发展西伯利亚和远东的经济，创建大型基础项目，形成就业市场并从俄罗斯的欧洲部分吸引劳动力到这些地区应当成为俄罗斯在亚太积极取得实际进展和保障俄罗斯亚太部分领土安全与稳定的基础。否则，这一拥有全世界最丰富的资源基础且幅员广阔的地区将承受来自亚太地区主要玩家严峻的经济压力和其他压力，如美国、中国、日本都对俄罗斯的安全构成了重大威胁。

与中国合作继续开发和发展俄罗斯远东、外贝加尔和东西伯利亚，对于实现俄罗斯的经济战略和俄罗斯经济现代化并使其具有创新性以及亚太空间一体化都具有根本的重要意义。选择这一地区作为经济发展战略优先的地区是由很多因素决定的。

与亚洲国家的地域接近和东西伯利亚与远东极其丰富的资源潜力，能利用亚洲国家对能源和其他资源不断增长的需求并实现对俄罗斯有利的区域经济现代化。无论是以采矿还是以发展当地基础设施的方式开发远东地区都需要巨额拨款。解决这些问题需要俄罗斯极大地加强与亚太国家的协作，首先是与中国及其东北三省的协作。

远东联邦区下辖九个俄罗斯联邦主体，是俄罗斯矿物原料的潜力方面最有前景的地区。大体上，整个俄罗斯在矿物原料资源方面的地质经济区划有 26872 个客体，其中有 11927 个在远东联邦区。

远东联邦区和外贝加尔边疆区的领土占国土面积的 36%，但这里的居民人数还不到俄罗斯联邦人口的 5%。这里的地下埋藏着俄罗斯储量 30% 的煤和 20% 的碳氢化合物，具有 25% 的木柴储量，拥有相

当储量的稀土和有色金属。这里大约集中了 2300 万吨铜，约 200 万 【109】
吨锡，超过 6500 吨黄金和储量超过 50 万吨的天然铀。在这些与亚洲
飞速增长的经济直接靠近的地区集中了超过 90% 的俄罗斯铂金储量。
此外，这些地区水电潜力巨大。

俄罗斯这部分领土的地理位置创造了建设从东欧和北欧到亚洲和
北美的新交通要道的独特机会。对于像黑龙江省、吉林省和内蒙古自
治区这样一些没有直接出海口的地区，俄罗斯远东可以成为新的"海
上之门"。

同时应当承认，远东经济的腾飞是俄罗斯地区发展最复杂的战略
任务之一。尤其是在全球化和亚太作用增强的背景下，要解决这项任
务，即使不在决定程度上，在很多方面也要靠积极的区域经济合作以
及俄罗斯加入亚洲一体化进程。

俄罗斯的一些专责专家认为，俄罗斯的亚洲部分，首先是远东和
东西伯利亚完全加入世界经济体系，是地区乃至整个国家社会经济正
常发展和经济潜力稳定增长以及巩固俄罗斯在世界经济中的地位的重
要条件。因此，亚太方向自然应当成为俄罗斯远东与世界经济战略协
作的主要方向。

因此，强调俄罗斯政府打算充分实现本国东部所具有的地理、地
质和资源优势也很重要。成立远东发展部的决议证明了这一点。正在
酝酿一种新的远东地区发展理念，要考虑到世界经济和亚太国家经济
的当代趋势。

十分明显，俄罗斯远东发展的主要方向是落实大型基础性投资项
目，这些项目同样也需要大量投资。当然，投资来源或者是国家预算

【110】 基金，或者是俄罗斯参与大规模一体化过程中的投资进款。这就是为什么可以把与亚太国家的积极合作看成区域经济综合发展的现实手段。

俄罗斯在亚太地区合作的主要方向是开发自然资源和能源潜力，以及发展交通基础设施并提高远东和外贝加尔居民的生活质量。

能源领域的合作。尽管远东和外贝加尔与亚太地区邻近，但向这一世界最大的能源市场供应载能体，目前在俄罗斯的载能体出口中还没有起到主要作用。俄罗斯对中国、日本、韩国和美国的石油出口只占俄罗斯出口给世界市场的 15% 以下，石油产品的出口低于 10%，对日本、韩国和美国西海岸的液化天然气出口约占天然气出口总量的 7%。在俄罗斯的煤出口总量中，亚太地区占 23% 的份额，在电能出口总额中——总共占 7%。

于是，俄罗斯领导人通过了一些关于管道运输路线多样化和发展国家能源出口东部方向的正确决议，在这些决议框架下落实东西伯利亚——太平洋（从泰舍特站到库兹明诺湾，包括从斯科沃罗季诺到中国的支线，总长 2770 公里）的大型石油管道基础项目具有重要意义。

俄罗斯与亚太国家合作建成东西伯利亚——太平洋石油管道之后又开启了新的重大机遇。根据俄罗斯科学院西伯利亚分院石油天然气地质研究所的评估，在东西伯利亚和远东的石油开采量到 2020 年前可达 9000 万吨。对开采天然气的前景预测也很乐观。满足内需之后，2015—2020 年，每年可以从西伯利亚、萨哈（雅库特）共和国和萨哈林向亚太国家出口 7000 万—8500 万吨石油和 1000 亿—1400 亿立方米天然气。到 2030 年前，原油出口可达 11200 万—13000 万吨，天然气出口达 1440 亿—1700 亿立方米。这些项目可以成为高投资流入地区的强大刺激因素。

2014 年 5 月，普京对上海的访问具有历史性意义，大概可以赞同的是：普京结束该次访问后通过的《俄中联合声明》中讲到，俄中关系进入了全面战略协作伙伴关系的新阶段。这和加强积极互信的俄中政治对话有关，在经贸、投资和科技合作领域签署了 46 项协议，——首先是盼望已久的"天然气交易"。 【111】

顺便说一句，根据苏联和后苏联的标准，俄罗斯总统评价这项交易是"划时代的"，也不是徒劳的。关于向中国提供管道天然气的 10 年艰苦谈判实际上是对双边关系的真正考验。这是对俄中关系的真诚与成熟度的考验：做"政治决定"对于双方政治领导人的诱惑曾经总是很强烈：能达到期望的结果并获取政治声望，但有损经济可行性。

双方不同意这样做：几年后在俄罗斯、中国和其他国家会怎样谈论这样的交易呢？会出现多少有关据说是其中一方向另一方示弱的思辨呢？在这个问题上，两国领导人对自己的人民和国际社会表现出了真正的责任感：要知道他们说（言之有据）俄中关系对于其他国家来讲是新型关系的范例并非偶然。

而且，两国经济的内需要求仔细考虑并准备妥协。对于俄罗斯来说，和中国签订的天然气合同意味着开发新的、有战略前景的亚洲市场和准备开采新的天然气产地以及在与欧洲消费者的谈判中打出有分量的牌，这些消费者由于"页岩气革命"而让合同价格随机涨落。

对于中国来说，俄罗斯的管道天然气过去曾经是现在仍然是安全并稳定供应的保障，也是在向更环保能源过渡的战略方针框架下，——从煤转向天然气，实现国家（尤其是东北工业基地）经济社会发展的中长期目标的保障。

俄罗斯的天然气公司想获得"像在欧洲"的合同价格的意图十分明确，又正好赶上了中国内部市场对能源有支付能力的需求这一机遇，——否则，影响整个生产链的天然气价格，可能会实质性地降低中国出口商品的全球竞争力。

【112】　　但是，在2014年俄中峰会之前，双方最终意识到，继续拖延签订天然气合同既不利于中国，俄罗斯也无利可图（更甚）。于是双方都摊牌了。长期艰苦谈判的结果是在妥协基础上作出了彼此都能接受的决定。

结果，天然气交易成为了令人信服的证据，西方有些人借口乌克兰问题和克里米亚问题在国际舞台上孤立俄罗斯的企图完全失败了。尽管中国在乌克兰问题上表面持中立和克制的立场，但俄罗斯联邦和中华人民共和国领导人在这个问题上达成了高度的相互理解。

只要提提《俄中联合声明》中两国领导人的呼吁就足够了：必须"放弃单边制裁，以及策划、支持、资助或鼓励更改他国宪法制度或吸引他国加入某一多边集体或联盟的行为"。这对于西方在乌克兰所玩的最新政治游戏的描述是十分详尽的。

普京访问上海的国际意义明显还在于：俄罗斯和中国重新以自身的模范作用显示出崇尚"共赢"的战略，准备为自己国家的利益开展全方位的战略合作，不反对任何人。这次出访证明了西方关于"新俄中同盟"的担心是毫无根据的。

对于俄罗斯本身来说，总统访问上海的结果是显著的——这表示已经谈论过很多的"俄罗斯转向东方"的真正开始。俄中天然气协定开启了双方进一步大规模合作开发东西伯利亚和远东的潜能。该协定表现出俄罗斯的政治与经济权势集团对这次整个战略转折的重要性和宏大规模以及困难的理解。

运输领域的合作。另一个重要的方面是拟定和落实发展远东和东西伯利亚交通的方案。交通运输对于解决中华人民共和国东北工业基地现代化任务的意义也十分重要。因此，必须建立统一的运输线穿过俄中边境的口岸，使俄罗斯远东与东西伯利亚和中国东北的发展计划结合起来。需要俄罗斯从横贯西伯利亚的铁路到俄中边界（卡雷姆斯卡亚—外贝加尔斯克和别洛戈尔斯克—布拉戈维申斯克）的铁路实现现代化，建造几座跨越阿穆尔河和乌苏里江的大桥（布拉戈维申斯克—黑河，杜宁—波尔塔夫卡，同江—下列宁斯科耶，等等）。 【113】

现在，中国东北的大部分对外贸易都是途经大连港（辽宁省）来完成。中国东北的其他地区——黑龙江省和吉林省以及呼伦贝尔市（以前的呼伦贝尔省）都没有直接的出海口。地区工业发展中心远离海洋导致哈尔滨至大连的铁路和该方向上的公路以及大连港负担过重。

由于能通铁路的边境口岸数量有限，又没有跨越界河阿穆尔河和额尔古纳河以及乌苏里江的大桥，为了寻找新的货物运输方式，中国东北的很多公司试图通过中华人民共和国的其他海港（天津、秦皇岛、青岛）出海。既然中国东北的港口已经超负荷了，俄罗斯的港口和铁路就可以变成东北的"大门"。

因此，横贯西伯利亚大铁路和贝加尔—阿穆尔铁路干线（经过斯科沃罗季诺）可以把中国的货物运到沿海，那里有连接海港的俄罗斯大型交通枢纽——瓦尼诺、纳霍德卡、东方港港口（纳霍德卡）、符拉迪沃斯托克、波西耶特、扎鲁比诺。没有俄罗斯的运输通道，中国东北的经济未必能在发展速度上追上无论是沿海省份还是西部地区各省份。

很明显，不继续增强俄中边境交通干线的运输能力，想使我们两国间的经贸总额有相当大的增长将会十分困难。最具体的例子就是在布拉戈维申斯克—黑河地区没有一座跨越阿穆尔河的大桥。

【114】不仅要在边境口岸的建造和设备安装中，还要在公路和港口及住宅建设中进行必要合作。在落实建设规划和改建边境基础设施以及俄中边境口岸现代化之后，在完善旅客与货物的检查制度和提高办理海关手续的效率以及增加通过俄中边境口岸的货运方面，应当发生质的变化。

对于西伯利亚和远东经济发展极其重要的是继续开发横贯西伯利亚铁路干线的方案。落实这一方案能增强俄罗斯唯一的欧洲—亚洲的交通要道的运输能力。如今，俄罗斯很多货物的进出口都要通过外国的港口，俄罗斯每年为此损失超过 15 亿美元。从亚太国家——中国、日本、韩国和东亚其他国家进口的大部分货物不是经过远东的港口和横贯西伯利亚大铁路的短途运输到达俄罗斯，而是途经欧洲的港口——鹿特丹、汉堡和加里宁格勒。

应当指出，一些亚太国家有兴趣在这一地区建设交通基础设施，如日本、韩国、马来西亚、新加坡都准备参与远东港口业务的现代化，包括建设用于谷物出口的基础设施和参与提高铁路运输的效率，首先是横贯西伯利亚大铁路，以及参与组织采矿、农业技术的研发和电力设备的生产。

现在，从很多指数来看，对于俄罗斯远东和西伯利亚最适宜的伙伴是中国。首先是由于经济互补：俄罗斯的重工业、知识密集的部门和采掘工业，中国的农业、轻工业和拥有过剩的劳动力；中国大陆、中国香港、中国台湾和新加坡以及华侨手中相当大的外汇储备额——远东和西伯利亚对投资的要求；中国东北的工艺技术发展水平接近于俄罗斯远东的生产基础；地域的接近和中国拥有与俄罗斯远东快速发展经贸关系所必需的基础设施。

2012 年 6 月，俄罗斯总统普京访问中国为两国日新月异的合作发展补充了新的重要的细节。俄罗斯斯科尔科沃创新中心和北京高科技园区签署了能效领域和生物医学领域以及创造新材料领域的合作协议。访问期间，俄罗斯直接投资基金和中国投资公司签署了关于俄中投资基金管理公司已正式成立的备忘录。成立的基金将用于投资俄罗斯、其他独联体国家和中华人民共和国境内的项目。【115】

两国还签订了建造乌苏里热电站的协议。俄罗斯对外经济银行和中国发展银行之间根据在东西伯利亚建设泰舍特铝工厂的草案签署了信用协议以及其他一系列具体文件。

最近，俄罗斯企业已经把一些俄罗斯石油公司的股份出售给了中国的石油天然气公司。其中，中石化获得最大的采油企业之一"乌德穆尔特石油公司"49% 的股份和大陆架项目"萨哈林 -3"25.1% 的股份，而中石油得到合资企业"东方能源"49%的股份，该企业被特许勘探和开发伊尔库茨克州的油气产地。

我们认为，将如此大额的股份转让给中国的伙伴们应当以准许利用运输和加工的基础设施以及让俄罗斯的公司在中华人民共和国境内参与项目的方式予以相应的补偿。

如果俄罗斯的公司能参与中华人民共和国在渤海湾、东海和南海水域的地质勘探与开采项目以及参与在中国不冻港大连的石油终端管理，俄罗斯可以途经大连通过中国向亚太国家全年供应石油，那双边的合作会更有价值。

俄中合作还有一个方面是从阿穆尔州向中国东北提供丰富的电力，中国东北的电力常常不足。20世纪90年代末就开始对此项供应进行谈判，但从未达成有关每度电价格的协议。这使相互能接受的俄罗斯电力价格公式达成一致的过程减缓了。

【116】 根据《2009—2018年俄罗斯远东和东西伯利亚与中国东北地区合作纲要》，俄罗斯方面应当向中国提供电力，俄中应共同落实在中国境内建设一个750兆瓦的直流无刷电机，在远东和东西伯利亚建设新的电站和电网基础设施。这不仅能解决中国东北的供电问题，还能促进俄罗斯远东和东西伯利亚境内能源基础设施的发展。

现在，双方的经贸合作正在从传统的能源和军工领域转向与创新、投资、银行金融领域和高工艺生产有关的其他领域的项目。合作制造远程宽体飞机和在高铁领域以及原子能方面的合作正在发展和深化。

2015年，俄罗斯联邦政府副总理阿尔卡季·德沃尔科维奇在克拉斯诺亚尔斯克经济论坛上宣布，中国希望在俄罗斯具有战略意义的石油天然气产地获得 50% 以上的股份，俄罗斯对此项申请准备进行研究，并补充说，即使中方建议管理产地，他也会认真考虑。俄罗斯政府这一史无前例的举措可以向中国的投资者提供比给西方更多的优惠，将成为两国落实各领域大型项目的范例。

现阶段的俄中人文合作

当代俄中关系的重要因素是两国相互的人文文化影响。在这之前，俄中在文化领域的合作包括各个方面，因此普遍定义为"人文合作"。

俄中的文化交流和文明间对话对双方在政治、经济和其他所有领域合作的性质和质量都产生了十分正面的创造性影响，使这些合作全【117】面充实有价值。而且，我们认为，俄中人文交流已成为并将会日益明显地成为增强两国国家和人民的利益以及完善战略协作伙伴关系方面的刺激因素。

中国越来越多权威的社会活动家、政治学家和学者支持类似观点，这给了我们乐观的理由。十月革命以后，从 20 世纪 20 年代初到 20 世纪 50 年代末，再从 20 世纪 90 年代中期我们两国人民友谊的新阶段开始至今，这种趋势已经明显增强。

比如，中国学者丛鹏和张颖在专著《战略视角下的中俄关系》中，正是从这个角度分析了人文交流对于形成中俄战略伙伴关系的影响。而且，中国的政治学家把人文合作看成中俄战略协作伙伴关系机制中单独的重要因素。①

中国人推崇俄罗斯文化。俄罗斯文化促进了中国文化向世界开放，这也是俄罗斯文化的伟大使命。20世纪20年代开始的苏中文化交流促进了内向的中国文化对外开放。

俄罗斯和中国具有共同的遗传密码，历史上它出现在鞑靼—蒙古入侵时期。于是产生了如此有分量的、十分复杂的相互强制影响，以致中国基因的因素（生理的、物理的和文化的）深入到了俄罗斯文化的基因中。我们意识不到它，但我们在使用它。俄罗斯人和中国人很快就找到了共同语言。这是东方文化的影响因素，该因素进入到了我们文化、基因和遗传类型的深处。这是应当重视并合理利用的重要因素。

【118】2010年3月23日，在莫斯科克里姆林宫举行了俄罗斯汉语年的开幕式，在汉语年期间以汉语语言与歌曲大赛的形式完成了计划内的九十多项活动。政府间规划和落实人文交流主要方面的机制正在成功运行。这就是俄中人文合作委员会，它是筹备和举行俄罗斯联邦与中华人民共和国首脑每年定期会晤的综合机制最重要的组成部分之一。

俄中文化关系正在平稳地呈上升发展。可以把这种关系的发展相对地分为两个阶段。1992年签署了俄中政府间第一份文化领域的合作协议——可以作为第一阶段的参照点。第一阶段持续到21世纪初，以2000年创立政府间人文合作委员会结束。

第二阶段从21世纪初开始持续至今。2005年以前的俄中文化交

---

① 丛鹏：《战略视角下的中俄关系》，时事出版社2011年版，第320页。

流明显具有综合性和系统性。2005 年，俄中领导人约定实行实践中未曾有过类似现象的大规模的国际文化交流，采取双边行动，旨在使两大邻国的舆论界全面综合地了解相互的艺术、文化、经济、政治和社会环境。2006 年和 2007 年分别举办的中国的俄罗斯国家年和俄罗斯的中国国家年活动就是这样的行动。

在中华人民共和国举办俄罗斯国家年活动是双边关系中的突出事件。俄罗斯年在中国的首批活动激起了中国社会团体的热情，发起了一些新的提议补充到已经批准的文化活动中。

俄中媒体组织了北京—圣彼得堡—莫斯科汽车拉力赛。几家为俄罗斯年服务的俄罗斯网站和中国的网站也创办起来。在大学生、中学生和新闻记者之间举办了各种比赛。召开了一些学术会议、论坛和进行经济、科技、信息以及政治合作的专家会谈。活动在北京、上海、哈尔滨、天津、大连、广州、承德、重庆、呼和浩特和中国其他一些大城市举行。在两国历史上，俄罗斯信息中心首次开始工作，成为了【119】两国媒体协作的良好平台，包括使用当代信息技术。

俄罗斯的中国年（2007 年）是在实现两国领导人提出的继续发展双边文化对话的任务和落实 2001 年 7 月 16 日签订的《俄中睦邻友好合作条约》方面所作出的又一重大贡献。

俄罗斯在中国年期间正式举办了二百多项活动：中国政府已批准列入计划的展览会、音乐会节目、马戏和戏剧演出、放映电影、创新大赛，以及专家论坛和会议。这项计划在很多方面仿佛是中国的俄罗斯年的定向反射。但俄罗斯的中国年不仅限于计划内的活动。按照区域合作，由于兄弟般的关系，实际上举办了四百多项大大小小的活动。

很有典型意义的是，我们两国开展文化交往的双边经验后来被用在了其他领域。特别是，在中国举办俄罗斯年的成功是后来在保加利亚、法国和其他一些国家举办俄罗斯年的前提。同样，中国在印度和其他国家举办中国文化年时，也采用了在俄罗斯举办中国年时组织与完成活动所积累的经验。

成功举办国家年活动之后，俄中人文交流继续进行。2009—2010年完成了两项新的大型项目：2009年在俄罗斯举办了汉语年活动，2010年是中国的俄语年。在这些有教学作用的大型规划中，大量的活动促进了俄罗斯人的汉语学习和中国人对俄语的研究，并加强了人们对于两国文学的兴趣。

在中国，开设俄语课程的地方不仅包括国立高等学校和中学，还有在北京、上海、哈尔滨和中国其他城市的主要高校开办的五家俄语中心。在俄罗斯，除了高校和中学，依靠中国政府的财政支持，在俄罗斯联邦境内开办的17家孔子学院也教授汉语课程。

【120】

中国的俄语年2009年3月27日在北京开幕，2009年10月13日闭幕，这期间在中国的22个省、自治区和直辖市举办了活动。在教育、文化、传媒、电影、出版和其他领域总共举办了二百六十多项活动。组织了比赛、联欢节、讨论会、展览会、音乐周和文化周，等等。由于一些地区和友好城市也参与了这一过程，活动的总数就更多了。活动也遍及了俄罗斯所有的大城市，从莫斯科和俄罗斯欧洲部分开始到远东和西伯利亚结束。

像俄中互派儿童到对方国家疗养和康复这种人文交流方式，正是这一时期在两国的文化合作中最终建立起来的。从 2001 年开始，每年都实际交换中学生到两国的保健机构疗养。这种实践活动从边境地区逐渐转向全国范围，后来，俄中一些合作部门，包括俄罗斯联邦内务部和中华人民共和国公安部也开始使用这种做法。

21 世纪最近十年又一个有重要意义的规划是 2012 年中国举办俄罗斯旅游年和 2013 年俄罗斯举办中国旅游年活动。尽管表面上和以前的大规模活动类似，但举办旅游年活动为文化合作补充了经济成分。这些活动又创造了一种获得国家间合作的独特经验的机会，因为这种经验促进了经济关系的发展。

俄中友好协会——民间外交的总指挥员

民间外交在俄中关系中过去总起着并将继续在吸引广大社会阶层发展双边关系中起重要作用，民间外交过去总是现在仍然是俄中两国和人民之间旨在加强睦邻友好合作的对外政策的重要组成部分。【121】

现在的俄中关系正经历着其历史上最好的时期，完全有理由说，俄中友好协会和中俄友好协会——我们两国民间外交的首批组织，在俄中关系的形成、恢复和发展中占据了重要位置，因为它们增强并巩固了双边关系的社会基础。

1949 年 10 月 5 日，中华人民共和国宣布成立之后第五天，就成立了中苏友好协会，它开展的一系列活动及其与 1957 年 10 月 29 日成立的苏中友好协会在中华人民共和国成立最初十年的合作，不仅使我们两国人民的关系更加密切，而且是为了我们两国的顺利发展和人民幸福而真正愿意开展社会交往和联系的令人信服的证明。

2012 年 10 月 29 日，庆祝了俄中友好协会成立 55 周年纪念日，这是俄罗斯与外国人民的第一个友好协会。协会在其存在的历史长河中，一天也没有停止过自己的工作。在艰苦的 20 世纪 60—70 年代，该协会为了让苏联舆论界保持对中国人民的好感并尊重其悠久的历史和文化做了很多工作。俄罗斯人永远相信，这一艰难的时期一定会被克服。在几乎二十年的动乱岁月里，苏中友好协会举办了三百多项不同的活动，纪念中国历史和两国双边历史上的著名事件以及中国文化和文学中的杰出活动家。这些活动能帮助苏联人民保持对中国人民的尊重和善意，这是在为反抗日本侵略和国民革命取得胜利而斗争的艰苦岁月里，在睦邻合作的历史经验基础上形成的。

万幸的是，20 年的疏远成为了历史。但我们记得民间有一种说法："如果不忘记过去，过去就能指导未来。"同样，我们记得并予以高度评价的是，苏联不存在之后，1992 年，苏中友好协会变更为俄【122】中友好协会以后，没有了官方机构和国家的财政支持，我们的中国伙伴——中国人民对外友好协会和中俄友好协会——在这艰难的岁月里支持了我们，依靠俄罗斯科学院远东研究所的学者、资深人士和很多忠诚于与中国和中国人民的友谊以及合作事业的热心人的集体努力，我们继续发展着我们的合作。

俄中友好协会给自己提出了扩大民众基础和积极开展活动的任务。为了保障睦邻友好思想的传承，为了让这些思想成为广大人民群众的信念并传递给青年，协会活动的主要方向包括在俄罗斯传播有关中国的客观信息，关于中国现代化的巨大成就、中国的历史与文化、我们两国和人民友谊与合作的各种传统以及俄中战略协作伙伴关系对于俄罗斯的腾飞与顺利发展的意义。

协会中央管理委员会和地区分会的活动都旨在解决这一重要任务，活动在圣彼得堡、滨海边疆区、哈巴罗夫斯克边疆区和阿尔泰边疆区、萨哈（雅库特）共和国、卡累利阿共和国、犹太自治州、赤塔州、伊尔库茨克州、新西伯利亚州和阿穆尔州以及叶卡捷琳堡、托木斯克、下诺夫哥罗德、梁赞、卡卢加、伊万诺沃和俄罗斯的其他城市积极展开。我们的工作在与我们的中国伙伴——中国人民对外友好协会和中俄友好协会的紧密合作中以及中俄友好协会主席、著名国务与社会活动家陈昊苏的积极参与下顺利进行。

俄中友好协会过去一直并仍然继续担当每年举办活动和文艺演出的发起人，如庆祝中华人民共和国成立的周年纪念日和中国历史、俄中关系史上的重要事件，纪念民族解放运动和革命运动中的杰出活动家以及中国从古至今文学与艺术的著名代表。

2009 年，在俄中友好协会的倡议下，莫斯科各社会组织的代表隆重召开了纪念中华人民共和国成立 60 周年、俄中外交关系建立 60 周年和中俄友好协会成立 60 周年的会议。以中国人民对外友好协会和中俄友好协会主席陈昊苏为首的代表团和一千多名莫斯科市民以及来到莫斯科的客人参加了这一盛大的活动。参加代表团的有三十多位【123】为中俄友谊作出过贡献的资深人士，包括中华人民共和国第一代领导人的后代和亲属：毛泽东的女儿——李敏，刘少奇的女儿和儿子——刘爱琴和刘源，胡耀邦的儿子——胡德平，陈云的儿子——陈元，和中国其他著名的社会人士代表。以李辉为首的中华人民共和国驻俄罗斯使馆工作人员也参加了隆重的纪念会。

一系列周年纪念活动的结果是两个协会的代表在莫斯科签署了《俄中友好协会和中俄友好协会联合声明》。这是友好组织之间交往历史上的第一份总结 60 年合作成果的文件。

同样，应中国人民对外友好协会和中俄友好协会的邀请，以俄中友好协会主席为首的俄中友好协会代表团，作为唯一被中国官方邀请参加庆祝活动的俄罗斯代表团参加了在中国举行的周年庆祝活动，代表团中有俄中友好协会名誉主席 С.Л.齐赫文斯基院士——1949 年 10 月中华人民共和国成立的亲历者，俄罗斯联邦委员会议员、俄罗斯前驻华大使 И.А.罗加乔夫和圣彼得堡市俄中友好协会主席 Н.А.斯佩什涅夫教授以及俄罗斯社会组织的其他著名代表。

代表团被邀请参加国家级的招待会，参加了天安门广场上的庆祝活动。时任中国政协全国委员会主席贾庆林在人民大会堂"金色大厅"举行的、庆祝中俄建立外交关系 60 周年和中俄友好协会成立 60 周年招待会上作了发言。他在贺词中对中俄友好协会和俄中友好协会的活动给予了高度评价，称它们是促进中俄关系发展的积极参与者和重要推动力。

2011 年，俄罗斯和中国多地隆重庆祝《俄中睦邻友好合作条约》签署 10 周年。时任中华人民共和国主席胡锦涛对俄罗斯进行国事访问前夕，根据俄中友好协会的倡议，莫斯科社会人士隆重集会并邀请中国的同行和中华人民共和国驻俄罗斯使馆工作人员组成代表团参加。俄中友好协会主席也应邀在会上作了题为《俄中战略伙伴关系以及友好与共同发展的可靠基础》的报告。

【124】

128

这些周年纪念活动结束之后，俄中友好协会更广泛地开展了信息方面的活动，旨在使俄罗斯的舆论界更好地理解，要创造适宜俄罗斯腾飞和现代化的外部条件，必须稳定地发展与中国的睦邻关系，加强友好交往，深化相互理解和信任，积极促进共同发展政策的落实，使我们的交流具有真正的全民性，不仅有政治家和官方人士参加，还需要两国广大公民的参与。

2011 年，根据俄中友好协会的倡议，在莫斯科和地区分会都举办了庆祝中华人民共和国成立 62 周年的活动，中华人民共和国驻俄罗斯大使李辉在莫斯科举行的隆重会议上作了题为《今日的中国和中俄关系》的报告。2012 年，协会再次发起倡议，举行庆祝中华人民共和国成立 63 周年的各种活动。

近些年来，俄中友好协会举办了各项活动纪念辛亥革命 100 周年、中国伟大的民主革命家孙中山诞辰 140 周年和 1919 年五四运动 90 周年。中华人民共和国驻俄罗斯使馆代表和媒体还参加了协会举办的纪念中国共产党成立 90 周年的"圆桌会议"，该会议获得了很大的社会反响。

俄中友好协会还举办了一系列与中国国务以及社会活动家的逝世日期有关的周年纪念活动：如刘少奇、周恩来、宋庆龄、邓小平、胡耀邦、杨尚昆、元帅朱德、陈云、彭德怀、陈毅和李富春、蔡畅以及李立三。应协会邀请来莫斯科参加活动的有上述中国杰出活动家的亲属：陈昊苏、邓蓉、刘爱琴、胡德平、陈元、杨绍明和李英男。

协会还举行了一些俄文版书籍的首发式，如《我的父亲毛泽东》《我的父亲刘少奇》《我的父亲朱德》和《我的伯父周恩来》，并邀请了毛泽东的女儿李敏、刘少奇的女儿刘爱琴和周恩来的侄女周秉德参加首发式。

【125】　　协会也举办了不少活动纪念俄罗斯的汉学家和为俄中关系的发展作出过巨大贡献的俄罗斯著名活动家。在中华人民共和国驻俄罗斯大使馆的参与下举行了纪念 20 世纪上半叶俄罗斯著名汉学家 В.М.阿列克谢耶夫院士和俄罗斯汉学研究的创始人之一 Н.Я.比丘林诞辰 235 周年以及 В.К.布留赫尔元帅诞辰 120 周年的活动，后者为中国国民革命军的改编和建设以及为著名的北伐制订计划作出了杰出贡献，北伐是中国人民取得国民革命胜利伟大事业的重要里程碑。

还有一系列纪念中国杰出的文化与文学活动家以及艺术家的活动：如世界著名京剧大师梅兰芳、现代中国文学的奠基人鲁迅和中国作家巴金、中国古代哲学家孔子和诗人李白与杜甫、音乐家聂耳以及有创造力的中国现代知识分子的著名代表曹靖华、戈宝权和高莽。

俄中友好协会举办的所有活动（二百多项）都是为了让俄罗斯的社会团体不仅能更好地知晓和理解当代中国的生活与成就以及它悠久的历史与文化，而且还要知道那些曾经并正在为两国双边关系的形成与发展作出个人巨大贡献的人物的名字。

为了俄中两国和人民间更好地相互理解，2007 年在莫斯科出版了俄中友好协会名誉主席 С.Л.齐赫文斯基院士的著作《中国人对俄罗斯的印象》。2012 年，由 20 位不同年龄和职业的俄罗斯人撰写的《俄罗斯友人看中国》一书，根据俄中友好协会的倡议，在中国国际研究基金会的资助下出版。2012 年 7 月隆重举行了该书的首发式。

俄中友好协会成立 55 周年和中俄友好协会成立 60 周年纪念日前

夕，Г.В.库利科娃的《俄罗斯——中国。民间外交》一书出版了，该书讲述了 1949—2011 年间俄中社会的交往。

当我们谈论那些热衷俄中友好的人们写的书时，不能不指出最深湛最重要最独特的一本，它为我们两国和人民间的文化合作作出了宝贵贡献。2010 年，俄罗斯科学院"东方文献"出版公司出版了最新的六卷本《中国思想文化》大百科全书。 **【126】**

这本大百科全书不仅在俄罗斯而且在世界汉学中都是独一无二的，100 位汉学研究者写作了 15 年。该书主编 М.Л.季塔连科与两位副主编 А.И.科布泽夫和 А.Е.卢基扬诺夫被授予荣誉称号——获得国家和国际汉学发展优秀成果奖及编写基础学术百科全书国家奖。

在 2011 年 6 月 12 日"俄罗斯日"这一天，时任俄罗斯联邦总统梅德韦杰夫向他们颁发了这些高级别的奖项。在代表获奖者所作的致辞中强调："六卷本大百科全书《中国思想文化》的面世表达了对我们邻国伟大文化的深深敬意和浓厚兴趣……这是献给俄罗斯年和中国年的礼物……"

*　　　*　　　*

2015 年 5 月，中华人民共和国主席访问莫斯科成为了俄中关系发展中新的重要里程碑。2015 年 5 月 8 日签署的《俄罗斯联邦与中华人民共和国关于深化全面战略协作伙伴关系、倡导合作共赢的联合声明》中指出：

俄罗斯和中国视继续深化双边关系为本国外交优先方向，将在 2001 年 7 月 16 日签署的《中华人民共和国和俄罗斯联邦睦邻友好合作条约》和双方达成的战略共识基础上，不断巩固全面战略协作伙伴关系，在维护各自主权、领土完整、安全，防止外来干涉、自主选择发展道路，保持历史、文化、道德价值观等核心关切上巩固相互支持和协助。①

【127】

双方将采取协调一致、有针对性的举措，在以下领域发掘两国务实合作潜力：

·保持双边经贸合作稳定发展势头，在扩大双边贸易额的同时逐步改善双边贸易结构，积极培育新的增长点。

·进一步扩大投资合作规模，加快推进高铁等交通基础设施建设、能源、矿产、林业、加工制造业和服务业等领域的重大投资合作项目。

·继续推动在双边贸易、相互投资、信贷领域中使用本币结算，扩大在贸易和项目融资、支付服务领域的合作。

·巩固中俄全面能源合作伙伴关系。进一步深化石油领域全面合作，按计划推进中俄东线天然气管道建设，确保按时建成投产。积极推进并争取尽快完成中俄西线天然气项目谈判，加强燃

---

① Совместное заявление Российской Федерации и Китайской Народной Респу-блики об углублении всеобъемлющего партнерства и стратегического взаимодействия и о продвижении взаимовыгодного сотрудничества,8 мая 2015 г.URL:http://www.kremlin.ru/supplement/4969.

料和能源资源勘探开发等合作，务实推进煤炭、电力、可再生能源等领域合作项目，推动能源装备研发生产的技术交流与生产合作，加强在和平利用核能领域的战略合作。

·在落实《2013—2017 年中俄航天合作大纲》方面密切合作，特别是火箭发动机、电子元器件、卫星导航、对地观测、月球研 【128】究和开发及深空探测等优先方向。

·推进远程宽体客机、重型直升机等民用航空制造领域重点项目合作。加强通信与信息技术领域的交流与合作。

·建立有效的创新合作机制，在共同实现中俄科学家高科技研发成果产业化领域确定有前景的项目。确保中国成功担任第六届俄罗斯国际创新工业展主宾国。

·有规划地扩大农业、渔业合作，支持相互投资创办农业种植、畜牧养殖、水产品养殖及加工、农产品加工和贸易、农业技术设备生产等现代化企业，在动植物检疫方面加强合作。

·深化中国长江中上游地区和俄罗斯伏尔加河沿岸联邦区合作，并参照其经验建立中国东北地区与俄罗斯远东地区地方合作理事会，继续办好每年的中俄博览会，加强区域性合作的规划统筹，提高实效。

·推动中国东北地区与俄罗斯远东及东西伯利亚地区合作。俄方欢迎中方参与俄罗斯远东跨越式开发区项目。

·加快同江—下列宁斯阔耶口岸铁路桥、黑河—布拉戈维申斯克口岸公路桥等跨境交通基础设施建设，在使用俄远东港口等 【129】交通基础设施发展中俄陆海联运方面加强合作。

·深化在合理利用和保护跨界水资源、跨界水域防洪减灾、改善跨界水体水质、保护跨界重点自然保护区、维护生态多样性等领域的协作。

·中俄国界是稳定、睦邻、合作、互助的纽带，将充分发挥中俄边界联合委员会和其他机制的独特潜力，进一步深化边境问题全面协作，包括在计划时限内完成第一次国界联合检查、规范双方在边界水体中的活动和打击跨境犯罪。

·巩固和深化中俄人文合作成果，继续办好中俄青年友好交流年框架内的各项活动，扩大两国青年交流规模，开始筹办中俄媒体交流年。①

这样的政策无疑很有效。77% 的被调查者称中国为俄罗斯联邦的友好国家，而在 2006 年的比例只有 48%。持不同意见的人数急剧下降：从 30% 降至 9%。2015 年 4 月 25—26 日，"舆论"基金会对俄罗斯联邦 43 个地区 100 个居民点的 1500 人所做的问询结果证明了这一点。这次调查是在中国领导人访问俄罗斯之前进行的。中国军人 5 月 9 日参加了红场上庆祝伟大卫国战争胜利 70 周年的阅兵，这被视为两国人民友谊的新象征。②

【130】

因此，今天的俄中关系正在持续稳定地发展。这需要双方以实用

---

① Совместное заявление Российской Федерации и Китайской Народной Респу-блики об углублении всеобъемлющего партнерства и стратегического взаимодействия и о продвижении взаимовыгодного сотрудничества,8 мая 2015 г.URL:http://www.kremlin.ru/supplement/4969.

② http://russian.people.com.cn/n/2015/0509/c31521-8889647.html.

为基础，并就事论事地理解，各方都有自身需要考虑的国家利益。重要的只是，别让有关"立场一致"和"战略合作"这些干巴巴的说辞成为习惯而不以实际行动来巩固它。

正如 2015 年 5 月，中华人民共和国主席习近平总结与普京的会谈时所宣布的，"在新型国际关系的形成过程中，中国和俄罗斯积累了成功的经验。在联合国成立 70 周年之际，作为联合国安理会常任理事国的中国和俄罗斯坚决维护联合国的权利，遵守国际法的主要规范，拥护构建以合作共赢为基础的新型国际关系"①。

在构建世界新秩序的共同事业中，中国向俄罗斯伸出了友谊与援助之手："我们应该把本国利益同各国共同利益结合起来，努力扩大各方共同利益汇合点，树立'双赢、多赢、共赢'新理念，坚持同舟共济、权责共担，携手应对日益增多的全球性问题"②。

俄罗斯和中国基于两国建立和发展新型国家关系的成功经验，本着维护和平、推进合作和共同开创未来的原则，呼吁世界各国：

　　·尊重各国主权和领土完整，尊重彼此核心利益和重大关切，尊重各国人民自主选择的社会制度和发展道路，反对颠覆合法政权的行径。

　　·恪守联合国宪章、和平共处五项原则及其他国际法和国际【131】关系基本准则，认真履行国际条约，将倡导和平发展和合作共赢

---

① http://www.kremlin.ru/events/president/transcripts/49433.

② *Си Цзиньпин*.Помнить историю,открывать будущее.«Российская газета»,6 мая 2015 г.Цит. по:http://www.rg.ru/2015/05/06/knr-site.html.

理念、推进世界多极化以及促进国际关系民主化和法治化作为外交政策的基本方向。

·通过政治外交途径解决国家间分歧和争端，反对零和博弈、赢者通吃的冷战思维和行径，反对使用武力或以武力相威胁，反对实行单方面制裁和威胁实行制裁。

·尊重文化差异和文明多样性，推动不同文明建设性协作。倡导不同文明相互丰富，反对排他性。

·共同纪念联合国成立 70 周年。加强联合国在国际事务中的核心作用，加强安理会履行对维护国际和平与安全、维护会员国共同利益的权力，将联合国作为保障不同社会政治制度、文化传统和发展道路国家和睦共处、建立更加公正、合作共赢的多极世界秩序的核心机制。

·始终不渝地捍卫国际关系中安全不可分割的原则。单方面在全球范围内发展和部署反导系统不利于国际局势的稳定，可能损害全球战略稳定和国际安全。应通过所有相关国家共同采取政治外交努力，防止弹道导弹和导弹技术扩散，不能试图靠牺牲其他国家的安全来保障本国和本国家集团的安全。

【132】　　·确保外空安全与和平利用，采取措施防止外空军备竞赛，努力推动日内瓦裁军谈判会议尽快启动谈判，以便以中俄提出的《防止在外空放置武器、对外空物体使用或威胁使用武力条约》草案为基础，签署具有法律约束力的国际协定。中俄重申反对在外空部署武器，呼吁所有空间大国遵守这一政策。

·双方将继续在联合国和平利用外层空间委员会框架下就

"外空活动长期可持续性"等议题大力加强协调与合作，包括外空行动的安全性以及保障和平利用外空的方式和手段等。

·继续坚持《联合国气候变化框架公约》原则和宗旨，包括"共同但有区别的责任"原则、公平原则和各自能力原则，努力加强在全球气候变化问题上的国际合作，共同致力于在 2015 年巴黎《联合国气候变化框架公约》第二十一次缔约方会议暨《京都议定书》第十一次会议上达成符合各国利益、能有效、公平地解决气候变化问题的成果。

·在相互尊重、平等互利的基础上，共同努力建立和平、安全、开放、合作的信息空间。制定普遍、有效的网络空间国家行为规范，反对利用信息通信技术干涉他国内政，破坏其政治、经济和社会稳定。讨论中俄等国今年向联大提交的信息安全国际行 【133】 为准则更新案文，以便尽早就此达成国际共识。①

在构建世界新秩序的过程中，俄罗斯与中国从相互谅解到协作与合作——我们眼看着俄中关系走过了这样的路程。这独一无二的经验可以也应当被当代其他参与国际关系的国家所获取。

俄罗斯外交部长拉夫罗夫重新强调了这一点："这里说的新型国际关系实质上是一种 21 世纪的合作模式"，同时补充道："俄罗斯和

---

① Совместное заявление Российской Федерации и Китайской Народной Рес-публики об углублении всеобъемлющего партнерства и стратегического взаимо-действия и о продвижении взаимовыгодного сотрудничества.8 мая 2015 г.URL:http://www.kremlin.ru/supplement/4969.

中国在当代重要问题上保持相符和相似的观点，坚决拥护依据国际法构建新的世界多极体制，尊重各民族的特点以及他们独立选择发展道路的权利。"①

---

① *С.Лавров.* Уроки истории и новые рубежи.«Российская газета».23 августа 2015 г.

全球治理体系中的俄罗斯与中国

中俄参与全球治理体制改革的比较分析

　　近几十年来，中国在和平发展、协同发展和寻求共赢战略基础上迅速崛起，成为举世瞩目的一个最重要的因素。中国领导人也在不懈地强调指出中国发展的和平宗旨。中国从深刻的经济改革着手，使得该国跻身于世界主要大国之列，现在，中国对于世界政治进程的影响越来越大。亚太地区成为中国的威望和影响最为显著的一个地区。

　　2012 年 11 月召开的中国共产党第十八次代表大会和 2013 年 3 月召开的第十二届全国人民代表大会第一次会议确定的方针证明了中国在解决全球问题方面愿意积极发挥自身作用的愿望。时任中华人民共和国主席胡锦涛在中国共产党第十八次代表大会上的报告中指出，为了"推动国际体系朝着公正合理的方向发展","发挥负责任大国作用，共同应对全球性挑战",① 中国将会更加积极地参与国际事务。2012 年 11 月，习近平在其讲话中提出了实现"中华民族伟大复兴"、实现世纪中国梦的目标。②

【135】 中国最高领导人根据中共十八大决议提出了整个中华民族的目标——争取实现"中华民族伟大复兴"、实现中国梦。为了实现这些使命，中国在同大国、邻国以及发展中国家三个层面不仅积极地推进多边外交，而且积极地推进双边交往，竭力开展建设性对话，防止直接对抗的发生，同时发展包括经济上相互依存和共赢关系在内的各种关系。

当今国际关系的一个特点是中国综合国力的增强及其国际影响力的提高。由于致力于加强和巩固自身在国际社会的地位，所以俄罗斯不得不接受包括中国"和平崛起"这一因素在内的当今各方面力量平衡的新的现实。

在中国，通常将"和平崛起"理解成把中国更积极地定位为一个能通过非暴力手段（通过有效的经济发展和充满活力的对外政策）获得全球地位的国家。中国的"和平崛起"还意味着实现中国的和平统一，以及在国际关系多极化原则基础上，在国际议事日程的主要方面获取与美国平等的权利。

---

① *Ху Цзиньтао.*Твердо продвигаться вперед по пути социализма с китайской спецификой и бороться за полное построение среднезажиточного общества.Доклад на XVIII Всекитайском съезде Коммунистической партии Китая 8 ноября 2012г.URL:http://www.cntv.ru/2012/11/19/ARTI1353295607045239.shtml.

② http://ru.theorychina.org/xsqy_2477/201409/t20140915_312515.shtml.

"和平崛起"这一概念还包含了中国对世界命运和发展的重大责任，这一重大责任将表现为中国准备在经济全球化和世界多极化进程中发挥更加积极的作用。"和平崛起"意味着中国外交的质的变化，中国外交应当是遵循"行动—结果"原则，来取代原先的"挑战—应战"反应模式。

中国学者门洪华在其《中国：大国崛起》一书中述及了"和平崛起"这一概念。门洪华认为，中国传统战略文化的明确特点是其在保持军事潜力前提下的防御性，力求不战而胜，或者借助于武力遏制战争。"和平崛起"这一概念是以现实主义、伦理道德以及渴求合作为基础的中国战略文化的集中表述。现实主义推崇国家利益高于一切，而道德立场则以国际关系的民主化为指针，以世界政治和经济新秩序的建立以及对待安全问题的新的合作态度为目标。【136】

2002 年 11 月召开的中国共产党第十六次代表大会第一次正式提出了中国"和平崛起"这一概念，并且在 2003 年 10 月中共十六届三中全会文件中对这一概念作了系统的阐述。中国的强盛和崛起是一项长期的战略，这一论题作为"中国威胁论"和"中国崩溃论"的反命题出现在中国领导人和主要分析家的讲话中。

在 2003 年 4 月的博鳌亚洲论坛上，在中国代表团的报告中，这一论点第一次得到了全面的科学阐释。就在同一年时任中国国务院总理温家宝访问美国期间，这一论点在高级国务层面得到了阐述。后来，时任中共中央总书记胡锦涛在自己的讲话中也提出了这一论点，他指出，中国将坚定不移地坚持和平崛起的方针，坚持对外政策独立自主的方针。在 2004 年 4 月的海南博鳌亚洲论坛年会上，胡锦涛再

一次述及中国和平崛起的问题，他强调指出，中国将坚定不移地坚持
走和平发展的道路。

中国领导人和学者们经常强调，中国全球性作用的提升，是应当
在关注别国利益，在合作和共同发展、尊重别国文明并且同这些文明
开展积极对话的基础上和平地进行和实现的。在当今形势下，正在这
样推进中国要强大的思想，即不能使中国及其文明与别国及其他文明
对立起来。

关于中国改变对外政策的立场问题，中国领导人始终强调，中国
将不会谋求霸权，中国将会坚持独立自主的外交政策，而不会成为任
何国家的附庸。中国正致力于最大限度地利用经济全球化机遇，从全
人类文明的成果中学习并借鉴有益的东西，摒弃意识形态的成见和刻
板的公式。

【137】　中国和平发展战略把"以切实的工作批驳西方广泛流传的'中国
威胁'正在一天天加剧的论调"作为自己的重要政治目标之一。这表
现为北京将对其他国家并且首先是亚洲国家开放并扩大自己的市场看
作是自身的一种进步。因此，正如中国专家们指出的那样，这里所谈
的不是中国的扩张，而是"多方面的相互扩展"和中国的和平发展，
而这对于亚洲和整个世界而言则意味着新的发展机遇。当然，这并不
排除为争夺市场和投资而出现冲突和较量的成分和因素。

为了中国成为一个现代化强国不被世界特别是中国的邻国们理解
为是对其安全的一种潜在威胁，中国领导人做了不少工作。通过精心
的、高度专业性合作外交，通过加强北京及其伙伴之间的相互理解，
通过开展大规模的人文交流，而不是局限于各级国务官员之间的活

动，北京加深了与其他国家人民之间的相互信任和相互理解。

中国"大战略"被确定为是现代的国家发展理论与古老的国家理念的结合。很久以来，中国一直在回应地缘政治挑战，这种挑战要求对中国的核心和"亚洲内部"的主要组成部分保持操控。此外，中国致力于保障其辽阔的海上和陆地边界周边的安全。中国战略不可动摇的本质属性在于力求赢得时间实现既定的目标。因此，20世纪90年代初邓小平留下的24字战略时常被援引："冷静观察、稳住阵脚、沉着应付、韬光养晦、善于守拙、决不当头。"后来又增加了"有所作为"。

在这里，韬光养晦不是指隐秘地复仇或者暗地里谋求霸权，而只是旨在通过经济建设实现中国的复兴，在对外政策领域则是实现"多样性中的一致"和"共同繁荣"。这一方针并不意味着对主权、国家统一以及重要的国际问题无所作为。一旦事态激化到临界线，那么，中国也会时刻准备着应对任何事件的转变。

因此，中国专家群体的代表们强调指出，应当既要避免过度的韬光养晦，因为过度的韬光养晦会导致消极被动、边缘化以及演变成被 【138】别国操纵的对象，又要避免过分的活跃，因为过分的活跃又会导致总是诉诸行动，而不掂量自己的实力。从这一视角来看，随着中国综合国力的不断增强，其活跃的程度和规模将会提升。然而，过分的活跃，试图站在一个大国的立场上解决国际问题，渴望在国际舞台上扮演"主导的"或者"领导的"角色，成为"富人俱乐部"的一员，如此种种将会招致不愿意看到的阻挠。

然而，近来，出现了越来越多的征兆，这些征兆表明中国在解决对其至关重要的外交政策和对外经济任务时正在背离"韬光养晦"方针，并且秉持越来越活跃的并且甚至是进攻性的立场和态度。这一新的立场和态度证明了在中国的上层已经形成了这样一种认识，即中国强大的经济和社会文化飞跃使其能发挥新的作用——一个经济实力位居世界第二的现代大国的作用。这给了中国领导人充分的理由，开始对邓小平著名的"不当头"进行微妙的修正。

至于说到中国"崛起战略"的地缘经济方面，那么，几年前宣布的中国"走出去"战略，也就是扩展中国资本在境外投资的方针，正在开始铆足劲。今天，这一方针正致力于达到三个主要目标。

第一，给迅速增长的中国经济提供中国国内严重匮乏的那些种类的能源和原料保障；第二，在中国最好的那些公司的基础上，建立数十个中国的跨国公司，这些跨国公司最好能够在国际舞台上跟美国以及世界上其他主要大国的类似巨头顺利地展开竞争；并且，最终，第三，通过"吞并"的方式在全世界拥有知名的品牌，借助于它们的帮助将会进一步提升中国的出口，不过，中国的出口原本就已经达到了很高的额度，这一数额几乎可以跟中国的国内生产总值的数额相提并论。所有这三项任务彼此关联，并且它们的成功解决将会使中国对世界经济拥有越来越重要的影响。

中国正在争取在世界建立有利于其自身以及其他不属于"黄金十【139】亿"的国家发展的新的政治和经济秩序。在中国解决这一任务时，在双边、区域以及全球层面同俄罗斯开展全面的合作，对于中国而言至关重要。中国和俄罗斯有着相似的利益和目标。中国的和平崛起给俄罗斯开辟了新的机遇，但是，在中俄双边关系领域、区域一体化进程中以及国际政治领域也带来了新的挑战。

中俄全球合作的可能的方面，是由当今国际形势的客观特点决定的，这些客观特点与中俄双方的利益是一致的，同时与中俄双方在这样或者那样的程度上协同各自在这些方面的行动的愿望是相吻合的。

因此，可以认为，中俄全球合作的一个基础是中俄两国都赞同的一个信念，即深信必须保障和平，因为这是我们两国经济复兴、综合国力增强以及为我们两国共同发展创造必要条件的一个主要前提条件。在这种情况下，中国和俄罗斯的利益是一致的，因为无论是对俄罗斯还是对于中国，世界上一直存在着对这两个国家在变得比今天更加强大之后可能有所作为的担忧。

这也同样引起了其他一些国际政治参与者的警觉和抵制，并且促使俄罗斯联邦和中华人民共和国为了捍卫各自的国家利益及两国的共同利益而相互协作。

中俄参与全球治理，伴随着彼此之间的积极合作——这是国际政治的一个重要因素，并且是当今国际关系体系一个不可分割的组成部分。为了分析这种参与的比较经验，根据国际上确定的表述，在这里，全球治理被理解成"将各国政府、多边国家机构以及社会联合起来实现共同目标的共同管理过程。这一共同管理保障着战略方向并领导着集体力量去解决全球任务"①。

---

① *Джеймс М.Ботон и Колин И.Брэдфорд мл.*Глобальное управление:новые участ-ники,новые правила.Почему модель XX века нуждается в модернизации.Финансы & развитие,декабрь 2007.C.11.

【140】　　按照比较广泛的意义来说，全球治理体系包含了参与集体行动和参与解决国际层面问题的所有的制度、机制、进程、伙伴关系和机构。①

　　在概念层面和学说层面，无论是俄罗斯联邦，还是中华人民共和国，都认同全球治理机制在解决国际安全和发展的关键任务过程中的重要性。比如，在俄罗斯联邦的外交政策理念中就指出，全球性挑战和威胁需要国际社会作出适当反应，在联合国的中心协调作用下共同努力，同时必须重视安全、保障稳定发展以及捍卫人权等问题的客观相互关系。②

　　在俄罗斯科学院远东所的学者们参与完成的集体学术著作《全球治理：机遇与风险》中，对这一观点做出了全面、科学的论证，对于地区层面和国家层面的全球治理的新的现实做出了分析（包括对中国的政策的分析）。③

　　耐人寻味的是，在中共十八大报告中，强调指出了推进全球治理机制改革的意义，强调指出了在构建"和谐世界"的背景下促进整个世界的和平和经济发展。

　　中国的专家和学者们也指出，中国同大国关系战略的未来必要方向是参与构建"和谐世界"和全球治理。鉴于此，在比较"全球治理"与"和谐世界"这两个概念时，研究人员们列出了"和谐世界"这一

---

① Global Governance 2025:At a Critical Juncture.– [S.l.],Dec.2010,Цит.по:Грант,Чарльз. Россия,Китай и проблемы глобального управления.М.,2012.С.9.

② Концепция внешней политики Российской Федерации.URL:http://www.mid.ru/bdomp/ns-osndoc.nsf/e2f289bea62097f9c325787a0034c255/c32577ca0017434944257b160051bf7f.

③ См.:Глобальное управление:возможности и риски.М.:ИМЭМО РАН.2015.

概念的以下特点。

第一，构建"和谐世界"战略强调相互尊重、平等、共同实现国际关系民主化。

第二，构建"和谐世界"战略致力于"相互合作、相互取长补短，共同推进经济全球化以顺应经济稳定共同发展"。

第三，构建"和谐世界"战略倡导"相互交流、求同存异、尊重 【141】世界多样性、共同促进人类文明进步发展"。

第四，构建"和谐世界"战略倡导"相互信任、努力合作、仅使用和平手段而禁止采用军事手段来解决国际争端、保持安全领域的和平稳定"。

第五，构建"和谐世界"战略致力于"互助、合作、共同看护好我们的地球家园，以便在保护好周围环境的前提下让人类生存下去"。

近年来，一些西方国家学者提出了对于全球治理的不同立场，但是，其每一种立场都可以予以批评，关于这一问题的一致意见是不存在的。在俄罗斯学者们看来，中国形成了统一的概念，这一概念在不断地发展着，并且在中国国内和世界上得到了积极宣传。

中国构建"和谐世界"的理念与全球治理的理念相互关联，与新的全球协调思想、国际关系新价值观和新逻辑相互关联，并且与当今国际体制的客观的制度变化相互关联。

构建"和谐世界"的理念倡导具有不同价值观的各国人民、各个国家以及国际社会努力争取实现和谐，寻求共识，和平发展，尽管存在着差异。上述理念可以运用于全球治理之中，不仅如此，而且这一理念就其有效性而言可以超越西方世界所提出的所有模式。①

上海国际研究院院长杨泽民指出，加强现有的国际机制，对于把真正的全球治理原则转化为实践至关重要。但是，与此相关的一个挑战是国际社会所达成的共识不足，而这些共识恰恰是形成理念、制定规则并在解决与此相关的问题时采取立场所必需的：

【142】   第一，大国常常不愿意跟比较逊色的玩家相互协作，这就使得达成共识和形成合力成为一件困难的事情。第二，在国家主体和非国家主体中间，所谓的"网络管理"进步很慢，因为大多数的国家管理人员出于自我觉悟和制度的惯性而一如既往地认定集中的、形式上的制度更好。

第三个挑战与努力在区域层面上解决全球层面的共同活动任务相关。很多因全球治理建设走进死胡同而感到沮丧的国家和地区，越来越频繁地转向区域一体化和次区域一体化。②

按照查尔斯·格兰特提出的分类，北京和莫斯科对待参与全球治理体制的立场至少在以下五个方面是一致的：

第一，两国都认为全球治理是一个西方概念，西方国家出于对自身利益的考虑而使用这一概念。在中俄两国看来，现有的国际准则和规则反映了力量对比，也就是为强国的利益服务的。因此，俄罗斯和中国参与国际组织的活动，目的是捍卫其各自的国家利益。

---

① *Карпиевич Н.В.,Колпакова Т.В.*Сравнительный анализ китайской концепции «гармоничного мира» и западных концепций глобального управления.Россия и Китай:проблемы стратегического взаимодействия.Выпуск 12.Чита,2012.С.12–13.

② http://www.warandpeace.ru/ru/commentaries/view/76238/.

第二，俄罗斯和中国都坚决拥护多极世界理念和不干涉主权国家内部事务原则。

第三，俄罗斯和中国最为推崇的全球治理方式是外交"音乐会"：按照 1814 年的维也纳会议模式，大国代表为了解决问题而举行非正式会晤。大国"音乐会"没有以任何方式规定超国家的规格，也就是说没有以任何方式规定各国必须将部分主权转让给国际机制。

第四，俄罗斯和中国积极地利用区域组织来加强自身在邻国和国际舞台上的地位。两国都加入了上海合作组织，上海合作组织的其他成员国有哈萨克斯坦、吉尔吉斯斯坦、塔吉克斯坦和乌兹别克斯坦。中国加入了"东盟 +3"（三国成员包括中华人民共和国、日本和韩国）、东盟地区论坛以及东亚峰会等机制。俄罗斯则同白俄罗斯和哈萨克斯 【143】 坦组成了关税同盟以及集体安全条约组织。可以将所有这些机构组织成区域国家"音乐会"，作为强国的俄罗斯和中国会在这些"音乐会"中扮演主导角色。

第五，无论在俄罗斯，还是在中国，在两种共同趋向——对于跟全球机制进行合作持肯定态度的相对自由主义的趋向和更民族主义的、其代表们对于这种合作持猜疑态度的趋向——的拥护者们之间都出现了斗争和争论。在中俄两国，"自由主义者们"对于经济政策的制定都具有一定的影响力，而在整个国家政权机关中（包括外交部门和军事部门）占据优势的则是民族主义者。[①]

尽管存在着这些共同特点，但是，俄罗斯和中国对待全球治理问

---

① *Грант, Чарльз.*Россия,Китай и проблемы глобального управления.М.,2012.С.17–22.

题的态度仍然存在着差异。造成这一状况的原因之一是两国经济的性质不同：对于中国而言，工业产品出口具有重要的意义，因此，坚持保障市场开放的国际规则对于中国是有利的。但是，在俄罗斯的出口中，占据优势的是石油和天然气，而对于石油和天然气而言，并不存在国际贸易规范。

另一个原因具有历史性。中国的战略潜力逊于美国和俄罗斯，因而，中国不愿意用军备和安全领域的任何规则束缚住自己。就实力而言，俄罗斯逊色于原先的苏联，但是，俄罗斯一如既往地拥有令人恐惧的核武库，将安全领域的国际机制和规则看作是自己的后苏联遗产以及保持自身地位的一种工具。

由于这些因素，中国不会过于集中精力参与安全领域的全球治理，但是会参加经济和人文性质的国际合作，因为中国认为这符合其利益。而俄罗斯则相反，准备维持安全领域的国际准则，但是，对于经济方面的全球治理问题不会表现出特别的积极性。查尔斯·格兰特认为，俄罗斯与中国不同，俄罗斯并没有因派遣了卓越的专家们进入【144】国际经济组织而获得荣耀。此外，在多数这样的机构中，俄罗斯行为做事都比较静默和消极，很少提出倡议，尽管在关于能源问题方面俄罗斯始终精力充沛地参与讨论。①

对中国和俄罗斯参与全球治理机制的更加翔实的分析和比较研究表明，无论是俄罗斯，还是中国，都认为联合国是全球治理体系的一个中心环节。两国都拥护联合国安理会改革，都坚持联合国安理会的

---

① *Грант, Чарльз.* Россия,Китай и проблемы глобального управления.М.,2012.С.26–27.

决议在调解冲突和维护和平方面拥有至高权威这一思想。

部分中国专家主张对联合国进行根本的改革并扩大联合国安理会理事国数量，包括用发展中的大国来扩展联合国安理会常任理事国数量。而另一部分中国专家则相反，呼吁在扩展这一机构时必须非常的审慎。

中国领导人本身也主张对联合国进行改革，但是，对于联合国任何深刻的变革都持足够审慎的态度。一个客观事实是，现在，多数联合国规划和计划都有利于中国的和平"崛起"。在联合国安理会五个常任理事国架构中形成了可靠的中国—俄罗斯"结"，这个"结"成为中国很多全球性和区域性倡议的一个补充保障。

对于俄罗斯而言，这种分担客观上是有益的。中国在联合国的"崛起"无论与俄罗斯在联合国框架范围内还是在世界各个区域内的目标和任务都不矛盾。[1]

至于参与跟保护周围环境相关的全球治理机制，那么，无论是俄罗斯还是中国都支持应对气候变化的国际协定。作为《联合国气候变化框架公约》和《京都议定书》的参与者，俄罗斯和中国有义务采取措施同气候变化进行斗争。不仅如此，《中国应对气候变化国家方案》在许多方面比国际条约框架提供了更为雄心勃勃的任务。[2]

可以确定，在对待诸如国际货币基金组织这样重要的全球财经治 【145】

---

① *Лузянин С.*КНР в ООН:путь к глобальному управлению.http://www.mgimo.ru/news/experts/document246838.phtml.

② *Шелепов А.В.*Китай и глобальное управление.Вестник международных организаций,2012.№ 4(39).C.102.

理体系的要素方面，俄罗斯与中国的立场和态度也是相似的。

中俄两国政府的金融机关都认为国际货币基金组织是一个最重要的机构，这一机构不仅有助于经济政策的选择，而且促进了国家之间经济交往的开展。但是，俄罗斯和中国对于国际货币基金组织所通过的决议的影响程度以及在国际货币基金组织中的份额，都与这两个国家在世界经济中所处的地位不相称。因此，无论是俄罗斯联邦还是中华人民共和国都主张对 2010 年国际货币基金组织的份额和管理进行改革。

其中，这次改革打算采取如下一些措施：

——将国际货币基金组织的总份额增加一倍，从大约 2384 亿特别提款权增至大约 4768 亿特别提款权（按照现在的汇率约为 7200 亿美元）；

——将超过 6% 的国际货币基金组织的份额从代表性过高的成员国转移重新分配给代表性不足的国家；

——将超过 6% 的国际货币基金组织的份额转移重新分配给有活力的新兴市场国家和发展中国家；

——对国际货币基金组织的份额从本质上重新结构化，其结果是中国将成为国际货币基金组织份额排名第三的成员国，并且四个新兴市场国家和发展中国家（巴西、印度、中国和俄罗斯）将跻身于国际货币基金组织的十大股东之列。①

然而，到目前为止，莫斯科和北京都没有理由对这一改革推行的

_____

① http://www.imf.org/external/np/exr/facts/rus/quotasr.pdf.

情况表示满意。不仅第 14 轮改革应当于 2014 年 1 月完成，而且以新的国际货币基金组织股东份额计算公式为依据的第 15 轮改革也应当于 2014 年 1 月完成。

2010 年 12 月 15 日，国际货币基金组织理事会批准了第 14 轮决议，并且责成所有的股东于 2012 年年中完成对这一决议的批准。拥有国际货币基金组织 76% 投票权、包括俄罗斯和中国在内的一系列国家都完成了这件事情。而拥有国际货币基金组织 16.6% 投票权的美国，却没有完成对这一决议的批准，并且拖延了改革。俄罗斯、中国以及它们在发展中国家中的志同道合者们越来越坚持不懈地提出一个问题：国际货币基金组织的改革在哪里？而且越来越高声地宣布：不改革，我们就再也不会按照原先的份额支持国际货币基金组织的信贷资金了。① 【146】

金砖国家在《乌法宣言》中极其明确地宣告："我们对美国一如既往地未能批准国际货币基金组织 2010 年改革方案深感失望，这持续损害了国际货币基金组织的可信度、合法性和有效性。这妨碍了在份额和投票权方面做出有利于新兴市场国家和发展中国家的调整，而这些改革是包括美国在内的绝大多数国际货币基金组织成员国在 2010 年就同意的。我们期待美国能够遵守承诺，在 2015 年 9 月中旬之前按照国际货币基金组织已达成的协议批准 2010 年改革方案。同时，我们准备采取临时措施，使配额资源的规模和选票的分配接近"第十四次配额总审议"框架内商定的水平。"②

---

① http://ria.ru/interview/20131224/986101139.html#ixzz2oTCA852P.

② Уфимская декларация БРИКС.С.11.http://static.kremlin.ru/media/events/files/ru/YukPLgicg4mqAQIy7JRB1HgePZrMP2w5.pdf.

2016 年 1 月，在长久的拖延之后，国际货币基金组织改革方案终于开始生效。

国际货币基金组织改革的主题历来是二十国集团的议事日程。在这一问题以及其他关于全球金融体系架构的形成和运作、应对全球金融和经济危机的后果等问题上，俄罗斯和中国多年来一直在协调努力。

2015 年 5 月，中俄两国元首莫斯科会晤指出，双方将在二十国集团（G20）框架下加强协调，共同推动 G20 在促进世界经济增长、维护国际金融稳定、完善全球经济治理、建设开放型世界经济等方面发挥更重要的作用。中俄主张尽快落实国际货币基金组织改革方案，进一步提高 G20 信誉，展现 G20 能力。①

【147】 在对外政策方面全球治理的经济工具包括：促进国际贸易，利用经济制裁，利用外债和直接境外投资，建立区域经济贸易集团和机制，管理国际金融流量，提供经济和人道主义援助，操纵国际金融机构的活动，利用本国企业的商业扩展以便有利于本国外交。②

只有像中国和俄罗斯这样在国际和区域贸易中占据重要地位的经济大国，才有能力运用这些工具。因此，把中国和俄罗斯加入像世界贸易组织那样的全球治理经济贸易机构的经验进行比较，是特别有意

---

① Совместное заявление Российской Федерации и Китайской Народной Респу-блики об углублении всеобъемлющего партнерства и стратегического взаимодействия и о продвижении взаимовыгодного сотрудничества.8 мая 2015 г.,http://www.kremlin.ru/ supplement/4969.

② Братерский М.Примериваясь к механизмам глобального управления,http://russiancouncil. ru/inner/?id_4=1950#top.

思的。

在这方面，中国加入世界贸易组织的战略和战术是非常有意义的（并且对于俄罗斯来说也是可资借鉴的）。总的来说，应当承认中国加入世界贸易组织的经验是富有创造性的和非常成功的。

在开始启动加入世界贸易组织进程的时候，北京根据世界贸易组织框架范围内生效的协定，一方面承认发展中国家的经济向市场经济过渡的性质，赋予发展中国家和发达国家同样的一整套利益和优势；另一方面，又强迫发达国家向发展中国家提供经济、技术工艺、教育、程序等多方面援助，以减少后者融入世界市场经济的痛苦。

依据发展中国家的地位和协定中相应的条文，中国作为世界贸易组织的一个成员方不仅原则上获得了新的权益，而且以转型的方式保留了作为一个世界经济体原先的一系列具体权益。其中，可以列举出如下几点：

三至五年过渡期的权益，以便能够逐步地开放国内市场、降低进口关税、继续并搞活整个市场改革；

全权参与世界贸易组织框架范围内生效的各种协定，这有利于增加出口以及用其他对外经济手段和方式走出国门；【148】

作为一个发展中国家可以对本国农业实施额度为产值的8.5%的补贴权；

对整个不用于出口的国内生产（在跟世界贸易组织达成的协定框架范围内）实施补贴权；

保持本国贸易体制权，包括本国政府制定和调整主要产品价格的权利；

在对外国资本开放服务领域时保留限制的权利；

对涉及中国自然资源保护的 80 多种商品征收出口关税；

对进出口产品进行质量检验的权利；

对于涉及国家安全以及由于国家安全这一因素而不应当对外国资本开放的国民经济部门（国防工业、出版业、影视业等）实施保护并相应地使其退出市场竞争领域的权利。①

中国的专家和学者在对中国加入世界贸易组织的方法相对于俄罗斯加入世界贸易组织的方法的优点和长处进行分析之后，向自己的俄罗斯同行们提出了以下建议（这些建议部分地被俄罗斯谈判代表们采纳利用，部分地，很遗憾，没有被采纳利用）：

一个转型经济国家在加入世界贸易组织之前，应当有一个足够长的时期对其经济结构和本国经济主体进行基本的准备，以便使它们能够适应国际市场竞争性企业环境。这一时期究竟有多长，在很大的程度上取决于这个国家所达到的经济和技术发展水平，取决于其无论是整个经济还是经济各个部门及其地方分支机构的市场基础设施状况。

【149】　　一个国家在加入世界贸易组织时，应当根据对其人口和资源

---

① *Ван Ин.*Присоединение Китая к Всемирной торговой организации:условия и последствия.Аналитические доклады Научно-координационного совета по международ-ным исследованиям МГИМО(У)МИД России.Выпуск 1(16),февраль 2007 г.С.20–21.

潜力、经济特定部门的市场成熟程度的清醒而通盘的评估，应当考虑到伴随着本国经济在全球化背景下融入世界经济而同时产生的很多其他因素，只承担那些确实符合其社会经济发展实际水平的义务。

对于地区之间经济差异显著的大国而言，作为加入世界贸易组织准备工作的一个环节，中国运用的地方经济开放发展模式毋庸置疑地引起了实际的兴趣，因为这种模式有利于保障痛苦程度最低地、分阶段地、逐步地过渡到市场经济，同时相应地将生产力起步水平不一的各个地区纳入国际劳动分工体系。

正在加入世界贸易组织的国家的领导人，必须清醒地意识到其准备加入世界贸易组织的客观程度在很多方面就是其所达到的对私有财产提供法律保障的程度的导数。

在准备加入世界贸易组织的过程中，必须依据中国的正面经验，开展对本国企业活动的一揽子基本研究，其中包括：搞清楚其各部门孰轻孰重的顺序及其比较优势，评估其出口动机和竞争力实际达到的水平和未来前景水平。这些研究的主要任务之一是建立一个全国性的支持企业活动并且为企业活动确定方针的体系，这一体系的建立须完全适应全球化论断和加入世界贸易组织的代价最小化的任务。

在转型经济国家加入世界贸易组织的条件下，国家对本国商业的支持应当具有综合配套的、多层面的、系统的和制度上的性质。一方面，这种支持对于各种形式的企业活动都是统一的，具体落实到整个国家的安全、出版、诉讼程序、保护自然环境等系

【150】统以及信息资源、交通和通信的基础设施等等。另一方面，这种支持又应当是有选择性的，是应当根据经济的领域和具体部门、企业的类型和规模及其相对优势的特点、出口经营目标已经达到的程度和未来前景、综合市场竞争力的水平等等而有严格区分的。

假如本国一个具体部门的产品的竞争力未能达到国际上的平均水平，那么，在这种情况下，在该部门现代化的一定时期里，国家的支持政策完全可以运用某些没有明显地同世界贸易组织的规则和准则发生抵触的保护主义元素和成分。

支持本国企业的政策，必须既要重视出口国际市场时具有比较优势的部门的发展方向，又要兼顾在对外贸易中具有很高的附加值的工业产品成品的比重在升高这一全球趋势。因此，必须促进和千方百计地鼓励资本从采掘工业部门流向加工部门以及技术和科学集约部门。

假如没有国家对包括科学和教育领域在内的非市场领域的发展提供保障和支持，那么，这个国家有效地加入世界贸易组织并且与之相应地支持本国的商业都是不可能的。[1]

全球治理要想有成效，就必须是综合性的、充满活力的，并且能够涵盖国家和部门的界限和利益。全球治理应当是通过采取"软实力"

---

[1] *Ван Ин*.Присоединение Китая к Всемирной торговой организации:условия и последствия.Аналитические доклады Научно-координационного совета по международным исследованиям МГИМО(У)МИД России.Выпуск 1(16),февраль 2007 г.С.41–43.

的办法，而不是通过采取"硬实力"的办法来进行。全球治理应当是民主的治理，而非刚愎自用的治理；全球治理应当在开放的政治而非官僚过程的框架内行事；与其说全球治理具有专业性，倒不如说全球治理更具整体性。①

新版的俄罗斯对外政策思想特别重视运用"软实力"和国际发展 【151】
援助机制来实现俄罗斯外交战略的目标和任务。不过，尽管如此，目前，俄罗斯仍然是国际政治这幅写实画中的一具新面孔（无论是从经验方面来讲，还是从自身参与的规模上来讲）。下面仅看几个数据：2010 年国际发展援助全世界支出总额超过了 1300 亿美元。支出额度处于领先地位的是美国（300 亿美元）和欧盟国家（700 亿美元）。这一领域新的积极的玩家是中国（25 亿美元）、印度（10 亿美元）、土耳其（10 亿美元）等国。

可资比较的是：俄罗斯每年用于国际发展援助的花费达到了 5 亿美元，这大约是俄罗斯国内生产总值的 0.035%。但是，如果俄罗斯随着其他发达国家履行联合国的建议并且达到每年向国际发展援助拨款费用占其国内生产总值的 0.7% 的水平的话，那么，俄罗斯每年用于这些项目的金额应该达到 110 亿美元。②

在这种情形下，俄罗斯应当不要去试图在用于国际发展援助的支出额度上追赶处于领先地位的国家（包括中国在内），而是最有效地

---

① *Джеймс М.Ботон и Колин И.Брэдфорд мл.Глобальное управление:новые участ-ники,новые правила.Почему модель XX века нуждается в модернизации.Финансы & развитие,декабрь 2007.C.11.*

② *AgataWierzbowska,-Miazga,MarcinKaczmarski.Russia'sdevelopmentassistance.OSW Commentary,issue62,10.10.2011.Đp.2,4.*

发挥自身的潜能，在构建国际发展援助体系时要兼顾国际经验和自身有竞争力的优势（在后苏联空间的经济和政治影响力以及与同胞们的经济和政治联系，加强俄语地区的文化和人道主义联系等等）。

中国国际发展援助的经验值得非常认真的研究。比如，国际问题专家们对中国经验的以下一些方面提出了批评：

· 中国对发展的援助破坏了已经形成的国际发展援助的原则。

· 贷款提供给了非民主政体。

· 受援国的债务增加了。

· 中国公司多半使用自己的劳动力。

同时，也引述一些"赞成"中国国际发展援助模式的颇具说服力的论据：

· 促进受援国的发展带来了实实在在的成果（国内生产总值增长了，对外贸易发展了，国家预算收入增多了，贸易条件改善了，贫困减少了）。

【152】 · 如果没有中国的贷款，那么，一系列国家就会处于极其恶劣的境地，那样的话，就会加剧对全球稳定的威胁。

· 给受援国的稳定发展奠定了基础（传授技术，并且首先是农业技术，发展工业，发展自由经济区）。

· 建设基础设施，增加源自世界其他国家的对不发达国家的投资额度。

·中国同受援国分享自身的加速经济发展的经验。

还有一个极其重要的情况是：中国在国际发展援助领域的活动给世界银行、国际货币基金组织以及传统的贷款提供者们创造了一个并存的可选择性，这导致了一系列国家纷纷转向"没有条件"的中国贷款，从而降低了传统的贷款提供者们和国际机制提出必须推行自由化和民主化要求的机会，还导致了中国在发展中国家集团中的威望提升以及中国在国际机制中的影响力增强。[①]

在全球治理体系去集中化的情况下，全球治理体系的地区层面得到了加强，全球治理体系的地区层面是多中心模式的基础，而多中心模式体现为世界的多样化、世界的非同一性以及世界的多样性。新的经济增长和政治威望提升的中心越来越频繁地和充满自信地承担起本地区事务的责任。

为了加强和巩固全球治理体系，中俄两国政策的重点是扩大并深化同邻国的双边相互协作，在诸如金砖国家那样的区域性国际机制框架下扩展合作。

金砖国家集团不断增强的作用是显著的，金砖国家框架下在全球治理的财经机制方面所通过的决议的意义也是显著的。比如，在2013 年 3 月金砖国家德班峰会上，根据俄罗斯和中国的倡议通过了

---

① *Попова Л.В.*Китайская помощь развитию и ее влияние на систему глобального управления.Эволюция международной торговой системы:проблемы и перспективы,С.-Петербург,11–12 октября 2012 г.

关于建立金砖国家开发银行的政治决议。

目前，落实这一规模宏大的方案的工作正在展开。关于法定资本
【153】 额度问题已经谈妥，关于通过决议的原则，也已经达成共识；关于参
加国之间的份额分配问题以及总部所在地点问题的谈判正在进行。关
于外汇储备金额度（1000 亿美元）问题以及关于通过决议的一致同
意原则问题都已经达成了一致意见。正在进行关于在任何一个金砖国
家成员国请求支持时这一外汇公库生效启动机制问题的谈判：怎样的
国家预算赤字数据和收支差额数据必须引起重视？贷款的最长期限和
最短期限应当多长？利率有多高？等等。①

因而，俄罗斯和中国积累了丰富的和毫不夸张地说独一无二的参
与全球治理机制的经验。这种经验具有彼此丰富和相互补充的性质，
为俄中两国在这一领域的相互协作和共同努力奠定了基础。至于对俄
罗斯和中国进一步参与全球治理体系的情况作预测，那么，首先可以
预见的是国际社会将会加大对中国的吁求，吁求中国在全球治理中加
强其作用。

罗伊国际政策研究所执行主任迈克·弗利洛夫强调指出："假如
中国愿意有助于国际体系治理，那么，中国就应当在国际体系加强和
巩固的过程中发挥作用。我冒昧地提一个建议：中国和其他新兴大国
必须在传统的经济利益和安全利益与它们应当遵循的更加广泛的绝对
命令之间寻求新的平衡。一个古老的原则仍在起作用：机遇越大，责
任就越大。"②

---

① http://ria.ru/interview/20131224/986101139.html#ixzz2oTCA852P.

② http://www.warandpeace.ru/ru/commentaries/view/76238/.

查尔斯·格兰特更加明确地指出，呼吁中国成为一个"负责任股东"——这一著名吁求的意义在于，中国应当从简单地融入国际机制转向真正地领会国际准则，并进而制定新的一致性，在这新的一致性框架下中国的活动将会立足于价值指针之上，而不是立足于合乎逻辑的利润和耗费的核算之上。这一结论也完全适用于俄罗斯。①

虽然俄罗斯、中国以及金砖国家集团的其他国家认为"负责任股东"这一概念是一个片面的、亲西方的概念，但是，可以预见今后中国和俄罗斯将会积极地参与全球治理机制，加强经验交流，加强两国在全球治理机制职能发挥以及全球治理机制改革领域的协作。【154】

还可以有较大把握地预测，随着自身综合国力的增强，中国将会对全球国际安全机制和体制发挥越来越重要的作用，而俄罗斯，随着更加积极地融入世界经济交往体系，将会成为一个全球金融和经济贸易领域治理机制的积极参与者。

俄印中三国组合与金砖国家对话体系中的俄罗斯和中国 【155】

俄罗斯发展同中国以及同印度的双边关系，仍然被一如既往地列入"国家的"不变的首要任务，这是俄罗斯联邦东方政策的组成部分。在俄罗斯的对外政策构想中，不仅突出了俄中双边关系和俄印双边关系的重要作用，而且突出了俄印中三国组合合作的意义，正如文件中

---

① http://www.warandpeace.ru/ru/commentaries/view/76238/.

宣称的那样，俄印中三国组合是一个"有效的和互利的对外政策与经济合作"的重要机制。

对于三个国家中的每一个国家今天在国际舞台上的地位的分析，证明了进一步深化密切协作和伙伴关系的长期的基本动因仍然存在，并且仍然在起作用。这就是力求保障进一步推进建立在多中心主义、集体外交、维护国际法和联合国中心作用等原则基础之上的新的、公正的、合理的国际架构。这就是不接受单边的武力和强制政策，这一点获得了一个新的证据：那就是三个国家中的每一个国家都表示反对美国绕开联合国和国际法对叙利亚实施军事打击的计划。这就是对于共同努力完全摆脱世界经济危机的关注和兴趣，其中包括借助于三个国家积极参与二十国集团和金砖国家集团时所采取的措施。这就是国内社会经济建设的任务和目标的相似和互补，对于三方计划和双边计划来说，这里蕴含着巨大的（尽管目前尚未完全启用的）潜力。

对于俄印中三国组合的发展而言，存在着有利的条件，这就是"三国组合"中所有的三个双边关系都得到了良好的发展。在俄罗斯【156】与中国之间，继续发展着全面战略协作伙伴关系。2013 年 3 月俄中峰会（此前不久开始行使职权的新任中华人民共和国主席习近平选择莫斯科作为他首次境外访问的地点）结束之后，双方强调指出，它们的关系"已达到前所未有的高水平，为大国间和谐共处树立了典范，在当今国际关系中为促进地区乃至世界和平与安全发挥着重要的稳定作用"。2013 年 9 月，中华人民共和国主席与俄罗斯联邦总统在 G20 峰会框架范围内的会晤于圣彼得堡成功举行。关于此次会晤的成果，如同 3 月峰会，签署了一系列重要的经济协定。

2013 年秋天，印度总理曼莫汉·辛格对俄罗斯的正式访问给俄印双边"特殊的战略伙伴"关系①的发展注入了新的动力，俄印双边关系的特点在于：历史上，俄印两国关系从未因为任何大的冲突和对抗而暗淡过。原先的不足——双方的经贸联系规模比较小——正在得到克服。外交、国防领域的积极对话正在进行，经济、科技和人文合作等很多方面的积极对话正在展开。

在中印关系中，进一步积极发展两国关系的方针得到了坚定不移的遵循，与此同时，中印两国积极地并行不悖地努力探寻相互都能接受的解决历史遗留问题的方案，对于这一事实，我们表示由衷的欢迎。与这些问题相关的一些困难不能妨碍这一基本方针。

我们也不会忘记俄印中三国组合中的部门对话，在俄印中三国组合中，除了院校"小道"之外，众所周知，其他的对话平台——农业、医疗卫生、应对非常事件和突发情况等系统在继续发挥作用。外交领

① 关于这一时期印俄双边关系称谓的翻译，我国国内有不同的译法，我国台湾地区译为"特别和特殊战略伙伴关系"，大陆地区则译为"特殊而尊荣的战略伙伴关系""特殊的战略伙伴关系""特别而重要的战略伙伴关系"，这一称谓的俄文为"особоприви легированноестратегическоепартнерство"，其中的"особо"一词是"特别""特殊"的意思，而"привилегированное"一词则可译为"享有特权的""特别优待的"，"особо"一词为副词，"привилегированное"一词为形容词，两个词放在一起译为"特别特殊的"有同义重复之嫌；译为"特别和特殊的"则又将"особо"这一副词按照形容词来翻译了，本来它是修饰后面的形容词"привилегированное"，现在却跟这一形容词并列了，实际上为错译；译为"特别而重要的""特殊而尊荣的"似乎也不精准，因为"привилегированное"一词既没有"尊荣的"意思，也没有"重要的"意思。鉴于"привилегированное"一词有"享有特权的""特别优待的"意思，而"особо"一词也是"特别""特殊"的意思，而"特别""特殊"本身就内含了"享有特权的""特别优待的"等意思，因而，笔者主张将这一称谓译为"特殊的战略伙伴关系"，干净利落，又不违背其原意。——译者注

域的磋商机制也在发挥作用。

在俄印中三国组合中，区域架构的作用也是巨大的。首先，这里讲的是推进在亚太地区建立一个公开的、透明的安全体系的思想，这一安全体系应当是对所有的国家都是平等的，并且不包含任何的"分界线"。其次，在调解伊朗和朝鲜半岛核问题方面共同努力，这一点受到了高度重视。在应对这些复杂问题时，各方认定必须严格遵守核不扩散原则，各国具有在国际原子能机构监督下开发用于和平目的的原子能的权利，以及为了实现这些目标采取谈判及和平对话的方式。最后，打击恐怖主义，确保包括阿富汗在内的中亚和南亚地区的稳定和安全，被认为是俄印中三国组合传统上公认的任务。调解好阿富汗，在阿富汗周边地区营造和平局势，这一点在国际安全援助部队即将撤军之际显得尤为迫切——这是俄印中三国组合的每一个国家的政要们都极为忧虑的一件事情，是促使三个国家在这个方面开展合作的一个动因。

【157】

俄印中三方协作的机构是闻名于世的俄印中三国组合，这一组合已经存在了十多年。三国对话议程远远超出了三国关系范围，涉及当今一些特别重要而迫切的问题。"三国组合"的合作是本世纪构建一个更民主的新世界的重要因素。

需要特别指出跟西方大国打交道的和平的、非对抗的立场和态度。俄印中三国组合的国家反对动用武力或以武力相威胁的政策，表明热衷于对话机制、"软实力"手段以及不同文明之间开展对话等方法，进而为消除不平衡度和减少国际进程中的涡流作出贡献。这一点极其重要，因为有时与单边政策的复发相关的不稳定现象还没有从国际生活中消除。

三国的协作在俄印中三国组合框架下多个双边关系不断提升的性质中得到了良好的反映：俄罗斯与印度之间建立了特殊的战略伙伴关系，俄罗斯与中国之间形成了前所未有的全面战略协作伙伴关系，印度与中国成功地建立了战略伙伴关系。

令人充满希望的是：在一系列具体方面，在解决国际和地区安全问题，在遭遇非常事件和突发情况时的协作，以及在医疗卫生、发展农业、解决生态问题、能源、交通运输等方面的合作已经形成并正在进行。

换句话说，合作范围非常宽广，产生了新的机遇，扩展国际政治领域的协作具有巨大的潜力。早在 2004 年 12 月印俄德里峰会期间所【158】通过的文件中，就指出了三方在包括与恐怖主义作斗争等问题在内的国际机制上开展合作的重要意义。这一议题的意义随后不断地得到了证实。

从 2005 年三国外交部长首次符拉迪沃斯托克会晤通过的联合公报开始，重要的全球议程问题并且特别是区域议程问题始终存在于共同文件中。三方对话关注的焦点是世界的主要趋势和挑战，亚太地区、中亚和阿富汗地区的局势，以及"热点"地区的状况。

美国领导人宣布的"重返亚太"方针，在很大的程度上反映了其对中国变得强盛的反应。与此同时，某些势力出于自私自利的目的，企图利用中印两国经济增长的高速度以及相应的中印两国人民民族自尊心的增强和爱国主义情感的提升，还有历史遗留下来的、目前还没有得到解决的两国关系和两国人民关系中的一些问题，以及彼此之间的不信任感、不可调和的竞争心理来做文章，这些企图让人高度警觉。俄罗斯真诚地希望看到无论是中国还是印度都成为繁荣昌盛的国家。我们赞同印度总理辛格的睿智见解：亚太地区是如此之大，以至于所有的人都有足够的空间。

美国"重返亚太"客观上具有两个方面。其中的一方面可能是：最强大国家跻身于亚太地区，潜在地能够成为一个实际的稳定因素。但是，不能不看到另一方面（很遗憾，这一方面显现得越来越清晰）。这里指的是这个"重返"实际上意味着军事力量的扩充、已经长了青苔的冷战时期的同盟政策的复苏、被描述成"可控骚乱"的地区和全球紧张局势的诱发。

在这一背景下，无论是对于整个世界还是对于局部的亚太地区，为逐步地建设一个建立在坚定地遵守国际法、平等、相互尊重、互【159】利、平等合作基础之上的多中心的、公正的、民主的世界秩序而采取有针对性的行动的意义在不断增强。在这里，各国协调一致的行动以及各国采取的集体性的解决办法的重要性在日益提升。

G20、俄印中三国组合、金砖国家、上海合作组织、欧亚经济联盟等新型机构的出现是时代的特征。俄印中三国组合国家遵循不结盟原则，树立了建立新型合作的典范。三个国家是重要的、独立自主的国际政治主体，它们对全球发展的关键问题以及很多地区性问题持相似的观点。因此，俄印中三国组合拥有加强国际和地区稳定的巨大潜力。

针对亚太地区而言，这一潜力显得特别重要。中国和印度是公认的国际和区域经济发展的领跑者，积极参与亚太地区的国际活动。

俄罗斯于 2012 年担任了亚太经济合作组织轮值主席国，成为亚太经济合作组织的"管家"，它再次宣布打算大规模地融入区域一体化进程。正如普京总统强调指出的那样，俄罗斯联邦"从历史上和地缘上都是亚太地区的一个不可分割的部分"，它将"全方位地挺进亚太空间"看作是西伯利亚地区和远东地区发展的最重要的保障，是自身整个"成功的未来"的保障。① 在此，俄罗斯总统指出，与中国和印度保持良好的关系一如既往地是俄罗斯联邦对外政策的坚定不移的优先方向。

俄印中三国组合在国际问题上的相互协作，首先是在三个国家的外交部门之间进行的，众所周知，三个国家的外交部门不仅安排了三国外长层面的对话，而且安排了司局长层面的对话。

2012 年 4 月，在莫斯科举行了俄印中三国组合第十一次外长会晤。此次会晤讨论了广泛的国际问题：从多极化趋势不可逆转和必须（在维护联合国中心地位的前提下）遵守国际法准则，到必须集体地、只能通过和平的方式调解地区冲突。再次强调了同大规模杀伤性武器扩散、恐怖主义、跨国有组织犯罪、非法毒品交易作斗争的迫切性。 【160】

鉴于此，指出如下这一情况是适宜的：即在 2011—2012 年俄印中三国都有代表在联合国安理会，印度在联合国安理会里同中国和俄罗斯一道发挥了自身的积极而富有建设性的作用。莫斯科会晤又一次重

① Владивосток-2012:российская повестка для форума АТЭС.5 сентября 2012 г.Статья Владимира Путина,размещенная в азиатском издании ведущей американской деловой газеты «Уолл-стрит джорнэл».http:www.kremlin.ru/news/16390.

申了对联合国和安理会进行全面改革的必要性，使其更具代表性。俄罗斯和中国再一次强调指出了印度在国际关系中的重要性，并且表示支持印度在联合国发挥相应作用的愿望。

俄印中三国抱着高度负责任的态度关注伊朗核问题和朝鲜核导弹问题的形势发展，支持通过对话方式解决问题。俄印中三国认为，通过包括网络外交和发展诸如东南亚国家联盟、东盟地区论坛、南亚区域合作联盟这类机构之间的相互协作等在内的办法，在亚太地区建立一个有效的安全架构是一项重要的任务。

莫斯科三国外长会晤再次强调了这一点，对于全球经济问题给予了高度重视。比如，三国外长都强调要保持"发展经济国家"的主导作用，表达了对南北之间经济发展差距的忧虑，重申了二十国集团作为世界经济合作的主要论坛的作用。莫斯科通过的联合公报强调了在对国际金融机构进行改革的过程中保障发达国家与发展中国家之间投票权公平分配原则的重要性。

联合公报 29 条中有 5 条内容是讲阿富汗局势的。俄罗斯、印度和中国重申将一如既往地致力于阿富汗的和平、稳定、独立和繁荣。在这一问题上的关键立场有以下几点：

第一，三个国家中的每一个国家都坚持认为，在保障阿富汗的未来的进程中，在促进阿富汗的和平与稳定的进程中，发挥中心协调作用的应当是联合国。俄印中三国不止一次地宣告并表示愿意在联合国框架下以及包括诸如阿富汗地区经济合作会议、"伊斯坦布尔进程"【161】以及上海合作组织等在内的其他国际论坛和地区倡议内就阿富汗问题保持密切协作。

170

　　第二，近两三年以来，由于阿富汗的前景问题而导致不确定因素和惊慌不安加剧，这是因宣布从阿富汗撤出国际安全援助部队和已经开始的撤军行动引发的。这发生在当年所宣布的同塔利班作斗争的军事任务还远远没有完成之际。俄印中三国一致认为，由于国际安全援助部队是根据联合国安理会决议的授权进驻阿富汗的，所以国际安全援助部队撤出阿富汗也应当根据联合国安理会的决议来进行，并且一定要根据阿富汗实际的安全状况以及阿富汗本国的安全部队承担保障本国和平与安宁的责任的能力来进行。

　　第三，俄印中三国中的每一个国家都认为，阿富汗民族和解进程应当由阿富汗人主导，由阿富汗人所有，这已经载入了2010年7月20日通过的《喀布尔会议公报》和2011年12月5日发布的《波恩会议结论》以及其他国际文件中。阿富汗应当由阿富汗人自己治理——这就是关于阿富汗的未来的共识。

　　第四，俄印中三国认为，雷厉风行地抵制、打击阿富汗毒品生产和走私是阿富汗问题的一个最为重要的方面。

　　这就是俄印中三方就阿富汗问题协调各自行动的相互协作的思想基础。当然了，尽管包括俄印中三国组合国家在内的国际社会作出了巨大的努力，但是，实际的调解工作进行得很困难。在这些情况下，俄印中三国组合国家同喀布尔发展双边关系。俄印中三国就解决阿富汗问题所作出的努力在上海合作组织这一平台上得到了落实，2012年阿富汗获得了上海合作组织观察员国的地位。

　　在当前形势下，协调俄印中三国在近东问题上的行动变得极为迫切，其中包括诸如叙利亚局势等在今天比较重要的那些问题。在联合国就叙利亚问题进行投票表决的过程中，印度在一系列情况下都坚持了不同于俄罗斯和中国的立场，这不是秘密。不过，尽管如此，无论

【162】是在俄印中三国组合平台上，还是在与金砖国家的协作中，俄印中三国还是成功地就叙利亚问题达成了一致的认识。

在莫斯科三国外长第 11 次会晤结束后的联合公报中，三国外长强调指出了俄印中三国坚持叙利亚的主权、独立、统一和领土完整的原则，并坚定要求和平解决叙利亚危机。三国外长表示要支持联合国/阿盟联合特使的努力，包括他关于在叙利亚部署联合国观察员使团的建议。这种一致的立场还体现在 2012 年 3 月通过的金砖国家《德里宣言》中，在这份宣言的下方是俄罗斯、中国和印度三国领导人以及其他国家领导人的签名。这种一致的立场在 2012 年 9 月纽约联合国大会期间举行的金砖国家外长会晤中再次得到了证实：包括拉夫罗夫、杨洁篪和克里希纳在内的金砖国家外长通过了一个关于叙利亚问题的特别声明，在这份声明中外长们再次呼吁冲突各方同时停火并开始广泛的民族对话。

俄印中三国的立场对于调解根深蒂固的阿以冲突也具有重要的意义。俄印中三国，同国际社会其他负责任的成员一道，强调指出为了彻底地解决问题各方之间开展直接谈判具有重要意义，其中包括呼吁巴勒斯坦人和以色列人重新建立相互信任并恢复谈判，同时避免采取单边行动，特别是在被占领的巴勒斯坦领土上建立定居点的行动。

俄印中对待中东和北非局势的共同立场是，一致认为改革在这里不应当被用来作为拖延解决持续了很久的冲突的借口。

俄印中在国际政治问题上的协作是俄印中三国组合的一项重要任

务，这种协作展示了自身的诉求和效率。这种协作被公认为构建现代世界和走向多极化的有效因素。

2012 年 4 月，印度外长克里希纳突出强调了俄印中三国组合"在探寻变化世界的全球挑战的应对措施事业中"发挥了重要作用，而他的中国同行杨洁篪则强调指出俄印中三国组合这一机制"是对谋求和平的愿望的时代回声，反映了三个国家互利的、不威胁任何第三方的合作的重要意义"①②。俄罗斯完全赞同这些评价。

【163】

在这些情况下，俄印中三国专家互相交流各自的见解，探寻三方彼此都能接受的在国际舞台上的共同步骤和行动，具有特别重要的意义。三方专家对话作为俄印中三国组合合作的学术伴生工具，不仅能对俄印中三国组合的发展进程提供非常重要的实际帮助，而且可以促进俄印中三国所代表的当今世界三大世界文明之间的对话。

2015 年 2 月，俄印中三国组合的国家外长在北京举行了第十三次会晤。会后，中国外交部长王毅指出："13 年来，中俄印三国外长会晤机制不断发展，并且主要地促进了三个因素。第一，这一机制促

---

① Выступление и ответы министра иностранных дел России С.В.Лаврова на вопросы СМИ в ходе совместной пресс-конференции по итогам 11-й встречи министров иностранных дел России,Индии и Китая.М.,13 апреля 2012г.URL:http://www.mid.ru/bdomp/ns_rasia.nsf/3 a0108443c964002432569e7004199c0/c32577ca00174586442579df00411c64! OpenDocument.
② 译者查找了相关资料，发现此处杨洁篪的原话是："中俄印合作机制既因应了谋和平、促合作、求发展的时代呼声，也凸显了新兴国家开展互利、共赢、不针对第三方合作的重要意义。"之所以俄文原文与杨洁篪的原话有较大的差异，原因在于这篇文章的俄罗斯作者对于杨洁篪的原话作了不准确的解读，或者相关的俄文文件本身就对杨洁篪的原话作了不准确的解读，以至于这篇文章的俄罗斯作者也跟着对杨洁篪的原话作了不准确的解读。此处依据俄文原文翻译，而没有依照杨洁篪的原话。——译者注

进了彼此互为战略伙伴的三个国家的良好的双边关系……第二，会晤机制促进了三个国家的外交理念相似，在主要的重大国际和地区问题上的立场一致或接近……第三，这一机制促进了三个国家的利益和诉求的交融，这些利益和诉求不仅促使了三个国家的发展，而且促使了三个国家人民的发展，是加强三方合作的推动力。"①②

三方协作证实了自身的生命力，具有巨大的潜力，对于新的发展创造了良好的基础和条件。在我们看来，进一步推动三方协作是重要而迫切的，因为三方协作促进了当今世界民主因素的壮大，有利于保持地区稳定，推动了实际合作的扩展，从而有利于三个国家中的每一个国家的社会经济发展。

【164】 俄罗斯和中国认为继续推进俄印中三国组合的协作具有特别重要的意义。双方认为，这种外交合作机制有助于加强三国在国际和地区事务中的地位，并就迫切的国际和地区问题达成共同的立场。③

可以有根据地将俄印中三国组合对于颇具威望且今天仍在生效的金砖国家联合组织——"新兴市场经济"国家集团的形成所产生的显

---

① http://russian.news.cn/china/2015-02/03/c_133965674.htm.

② 译者查找了相关资料，发现此处王毅的原话是："13 年来，中俄印三国外长会晤机制不断发展，得益于三国双边关系良好，外交理念相似，利益诉求交融。"之所以俄文原文与王毅的原话有较大的差异，原因在于这篇文章的俄罗斯作者对于王毅的原话作了完全相反的解读，或者相关的俄文文件本身就对王毅的原话作了完全相反的解读，以至于这篇文章的俄罗斯作者也跟着对王毅的原话作了完全相反的解读。此处依据俄文原文翻译，而没有依照王毅的原话。——译者注

③ Совместное заявление Российской Федерации и Китайской Народной Республики об углублении всеобъемлющего партнерства и стратегического взаимодействия и о продвижении взаимовыгодного сотрудничества.8 мая 2015 г.URL:http://www.kremlin.ru/supplement/4969.

著影响归结为表现出俄印中三国组合重要性的、很好的例证，巴西和南非连同俄印中三国组合都是金砖国家集团的成员国。俄印中三国组合的理念和组织经验在金砖五国集团平台上得到了事实上的重要运用：我们只需提一下俄印中三国组合制定的不结盟、不对抗、不针对第三方国家的"三不"原则就足以说明问题了，"三不"原则非常适合金砖国家的要求。

金砖国家成员国都拥有伟大的文明，具有世世代代道德传统凝结的巨大文化潜力。这为遏制席卷全球的某些势力在全面西化、移植西方大众文化标准的旗帜下主导的暴力和非道德浪潮又创造了一个规模宏大的相互协作领域。金砖国家相互之间的友好的、互补性的对话，是新型国家关系的典范，驳斥了"文明冲突"不可避免的预言。

越来越多的国家得出这样的结论：即强加于他们的别国的原则给其社会政治稳定造成了严重的威胁。他们开始在各种颠覆组织活动的道路上设置屏障，这些颠覆组织在推销已经破产了的"颜色革命"思想。近来，俄罗斯社会对于部分青年精神空虚状况的忧虑明显加剧，对于道德信念沦丧和教育水平滑坡的危险的忧虑明显加剧。有一个信念越来越强烈，那就是：再也不能这样活下去！国家领导人、议会以及社会各界人士都在认真地思索这一问题。

中国共产党第十八次全国代表大会提出了发展"中华民族高尚的传统道德"的任务，并且得出了一个明确的结论："不应当照搬西方政治制度模式。"在伊斯兰国家中，反对被描述为自由和"人权"表现的人人为所欲为的行为准则的斗争，有时会采取极端的形式。 【165】

当中国和金砖国家的其他成员国所取得的成就及其经济的效率不

再跟自由民主主义模式等同起来的时候，政治价值和社会经济价值的标准就会发生变化。

全球政治、经济、人文治理体系的健全问题，以及全球安全保障领域的协调问题，与目前经济领域和公共安全保障领域的危机密切相关。至于国际安全领域现状的主要特点，可以列出以下几点：

第一，不稳定和不确定的因素和规模在加剧。

第二，当年，通过联合国、安理会、欧洲安全与合作会议以及裁军领域的条约体系等，苏联是促进维护以国际法调节平衡与遏制的制度化体系的一个强大因素，而在苏联不复存在和两极体系解体之后，稳定的基础在今天被严重破坏，或者被单方面地宣布为无效，所有这些加剧了不确定因素。

第三，联合国和安理会的作用被严重弱化，国际法也不知不觉地被粗暴地动用武力或者以武力相威胁的政策和单边非正义行动所代替。安理会职能体系要求依靠亚洲、非洲、欧洲和拉丁美洲有影响的新兴大国来完善和扩充其成员的代表性。

第四，根据西方模式和规则建立的国际财经体系——国际货币基金组织正在遭受严重的信任危机。国际经济和政治秩序处于逐步恶化的状态。西方主要国家不能实现稳定并消除国际涡流、遏止停滞趋势。原先整个的制度化的财经体系被用来为"黄金十亿"国家提供服务，而世界上多数国家则被排除在这种服务之外，这些国家都没有加入被美国及其盟国操控的军事政治集团。正是这些大国的货币系统构成了国际经济关系的基础，这造就了特权和巨大优势，这些特权和巨大优势使得"黄金十亿"国家神话般地发财致富并剥削不享受这些特

【166】

权的 60 亿世界人口。

第五，西方国家凭借自己的经济和军事实力，鄙视世界上其他国家，粗暴地干涉发展中国家内部事务，将自己的政治、经济和其他方面的要求以及文明价值观强加于发展中国家。企图借助于全球化和西化来统一世界，统一其他各民族的文化，从而保障不公正的世界秩序存续下去。为了使发展中国家失去对国际关系调整施加某种影响和作用的最小可能性，西方国家把世界引向混乱，西方国家指望借助于武力能够控制混乱。

无论怎样，都不得不承认，消费社会发展范式是人类在同周围环境和谐协作的基础上以及国家之间和谐关系基础上文明的、稳定的、持续的发展的一个主要障碍。反自然的"消费模式"导致了人与人之间的关系被损害，周围环境遭污染，我们的地球变成了垃圾场。

诸如上海合作组织、俄印中三国组合和金砖国家这类在发展和安全保障重要利益的共性基础上建立起来的机构和整个一系列类似的新的未定形联合体的出现，以及对自身文明和种族同一性的捍卫，是发展中国家对危机挑战的一种应对，也是发展中国家对高度发达的大国的军事、经济和文化强制政策挑战的一种应对。

因此，可以有充分根据地断言，金砖国家的建立是 21 世纪初最为重要的地缘政治事件之一。金砖国家之所以能够在短期内成为国际政治的一个重要因素，是因为它反映了世界向着建立一个多中心国际关系体系发展、向着建立一个无论是大国的利益还是小国的利益都受到关注的新型国际秩序发展的客观趋势。将来，金砖国家会成为一个新的全球治理体系并且首先是财经领域中的关键因素之一。

【167】　　金砖国家在国际舞台上具有影响力的基础是其成员国的经济实力不断增强以及其成员国的活动是全球经济发展的主要动力之一，还有其成员国人口众多和自然资源丰富。

　　金砖国家是成员国（巴西、俄罗斯、印度、中国以及南非）之间加强对话和发展合作的一个平台，金砖国家成员国总计占了世界陆地的 30%、世界人口的 43%、国内生产总值占了世界总量的 21%，商品贸易额占了世界总量的 17.3%，服务贸易额占了世界总量的 12.7%，农业生产占了世界总量的 45%。这一平台的目的是在世界多极化、全球化、彼此相互联系的背景下促进安全、繁荣和发展。金砖国家代表了亚洲、非洲、欧洲和拉丁美洲，这决定了它们的合作的洲际维度，并且赋予了金砖国家这一机制特别的价值和重要意义。①

　　如果金砖国家这一"平台"能够在经济、政治、人文和军事等领域创造出互利、平等、非对抗、彼此竞赛的关系模式，那么，金砖国家就能获得积极的发展，并且将会拥有不断增强的影响力。

　　金砖国家不是国家等级制，而是伟大文明的名副其实的、平等的代表之间的对话机构，这些文明相互尊重彼此的利益，在相互影响、彼此协作、相互重视彼此的利益的基础上构建相互关系，或者，像我们的中国朋友们所说的那样，在实现共赢的基础上构建相互关系。

　　作为促进新的全球治理规则和文明准则形成因素的金砖国家，还有一个重要特点，那就是这一体系多方面地联合并构建了几种伟大的世界文明——中华文明、印度文明、欧亚俄罗斯文明、非洲文明和拉

---

① Стратегия экономического партнерства БРИКС.С.3-4.Цит по:http://static.kremlin.ru/media/events/files/ru/KT0SBHnIZjOpIuAj2AOXCnszNQA8u7HL.pdf.

丁美洲文明的积极对话。这种互动的文明结构可以成为文化互补的一个因素，可以成为遏制和抵御"黄金十亿"国家推行的文化扩张和全盘西化政策的强大"软实力"。

金砖国家对于全球治理体系主要有哪些影响呢？首先，这里指的不是成立新的军事政治集团或者建立与某个组织确立了对抗目标的同盟，而是指形成新的世界体系哲学并将它推广到国际关系中去，以及国际经济、政治和文明关系的和谐。 【168】

在解决贫穷、饥饿、教育、医疗卫生、自然资源的节约利用等问题以及为内容丰富的对话、合作、相互影响、文化互补解决建立平台的问题方面，金砖国家能够提出符合时代精神的共同发展和全球协作的理念。

因此，金砖国家将会把精力集中于合理经营发展上，集中于工业、农业、环境保护领域的现代化和创新上，集中于文化、教育以及这些领域多种形式的交流发展上，集中于现代医疗卫生体系能更好地惠及每个人。金砖国家各成员国及其执政精英面临着一个极其重要的任务：即增进相互了解，搭建一个相互理解、开展人文交流、相互学习、彼此促进发展的最广阔的平台。

在国际财经领域，金砖国家始终不渝地并且越来越坚持不懈地致力于改革陈旧的国际金融经济架构，因为它无视新兴市场经济国家和发展中国家不断增长的经济分量；金砖国家主张建立一个新的、更加公正的、可靠的、稳定的、有助于世界各国及其相互之间交流可持续发展的金融体系。该方向很有可能仍将是金砖国家长期合作的重要的优先方向。

在国际关系中，金砖国家促进多中心世界架构体系的形成，反对单极政治体系，反对武力强制和侵犯别国主权的政策，主张坚定地维护公认的国际法、联合国宪章、安理会决议的原则和准则，主张完善安理会机构、提高安理会在保障公正的世界秩序和整体安全方面的效能和代表性。

【169】 在人文领域，金砖国家致力于发展和深化不同文明之间的对话，确立个人的社会责任，为维护人权提供条件保障，并且高度重视完善人与人之间的道德关系，始终不渝地致力于发展和完善人文因素在社会内部和国际关系中的作用。

至于国际财经架构的改革问题，金砖国家制定了一整套合理的倡议和具体的建议，这些倡议和建议考虑到了各参与国的利益。金砖国家各国政府依据本国专家团队提供的颇具权威的研究成果，积极地坚持客观地认识危机的原因及其给国际经济和各个国家所造成的后果。

这一机制的战略的特点是金砖国家成员国准备同经济发达国家在诸如 G20、八国集团、亚太经合组织、独联体等机构内密切协作解决国际问题。在这方面，金砖国家赞赏二十国集团作为今天国际经济合作的一个重要机制致力于缓解或消除各种"过度的全球不平衡"的努力，其中包括调整国家债务额度、经济不平衡、预算赤字、居民收入、贸易平衡、投资环境等问题以及促进投资流量问题。

正如著名的德国政治学家 A. 拉尔指出的那样："在 G20 框架下，俄罗斯是建立新型多极世界秩序的一个重要主体。俄罗斯同欧盟、中国、印度一道成为与美国平等的政治一极……为了维护多极世界架构的理念，俄罗斯需要中国的支持，反之亦然。只有合力，它们才能够保障八国集团转型为二十国集团，并且修改正在生效的华盛顿自由国际贸易协定，在国际贸易中使用与美元并存的其他货币，并改革世界贸易组织。"①

我们这些国家在各个不同的国际金融组织中的协作实践提出了这样一个问题：即金砖国家在考虑自身利益的同时，在 G20 内就国际财经机构的关键活动制定下一步的联合倡议和决议的过程中合作的可能性和潜力的问题。俄罗斯金砖国家问题研究国家委员会的专家们在创造性讨论的过程中提出了如下一些建议：【170】

1. 为了改革全球储备体系，金砖国家应当加强协调各成员国在修改主要货币在各国货币储备结构中的比例这一方面的行动。在这方面，推动将金砖国家各国货币和国债列入它们在其他国家中的国际储备的措施会起到重要的作用。在金砖国家本币国际化进程中，克服金砖国家本币汇率震荡风险的共同措施能够发挥有益的作用。

2. 扩大贸易业务和投资业务中彼此之间的本币结算和本币借贷，乃是国际金融经济治理改革的一个有效步骤。

3. 在金砖国家框架下就国际金融机构管理体系改革——首先是在份额和投票权分配方面的改革，以及国际货币基金组织和世界银行管理机构的改革与增加国际金融机构资源等方面，就采取

---

① Рар А.Россия и новый мировой порядок.Янтарный мост.Международный журнал,2013.№4(12).URL:http://www.amberbridge.org/userfiles/file/amberjournal/issue12/rus/13_4_RU4.pdf.

共同行动并提出有分量的倡议的必要性，要达成相当稳定的相互理解。

4. 努力实现这样一个想法是恰当的，即必须运用根据各国在世界经济中的地位变化情况自动修改国际货币基金组织的份额的系统。

5. 金砖国家开发银行的建立和金砖国家货币储备的安排，是金砖国家在加强它们在国际金融机构中的影响力和提高其本币在国际结算中的作用方面进行经济协作的一个重大步骤。

6. 金砖国家是国际储备的重要持有者，这使得它们在经济上和道义上都有权要求提高自身在监督体系中的作用，这种监督不仅针对重要国家的财经政策，而且特别针对储备货币发行国的财经政策。在这方面，印度相关理念引起了浓厚的实际兴趣：必须在国际金融机构内建立迫使发达国家考虑关于对它们本国的金融部门进行改革的建议的机制。

【171】

7. 作为一个重要的经济体，俄罗斯联邦对于参加亚洲开发银行很感兴趣，因为在亚洲开发银行里俄罗斯联邦将可以有效地推进有利于发展的合作。我们感谢我们的伙伴国——金砖国家积极支持俄罗斯加入亚洲开发银行的愿望。

从金砖国家形成之初，金砖国家各成员国为了提高它们共同发展的效率而在经济与社会各个领域的协作就成为了这一联合体的基本目标和任务之一。在当时还是"金砖四国"的第一份正式文件——2008年5月关于中国、俄罗斯、印度、巴西四国外交部长在叶卡捷琳堡会晤的联合公报中——阐述了这一合作作为南南协作的典范意义："南南合作是国际社会在发展领域努力的重要组成部分。"

根据随后大量的金砖国家正式文件（它们包括五次峰会和大量的各种部委首脑会晤的材料），经济领域的合作是在两个主要方面进行的：

第一，在为了保障包括新兴市场国家和发展中国家在内的世界经济主体享有与它们不断增长的经济实力和影响力相应的投票权，而在改组国际财经架构问题上形成并坚持共同的立场方面。

第二，在运用金砖国家之间各种形式合作（多边合作、双边合作）的丰富潜力方面。金砖五国在彼此协作时，期望充分地动用自身经济的相对优势和互补性资源，将这一因素变成金砖国家集团每一个国家发展和进步的补充推进器。2013 年 3 月在德班通过的《德班宣言》的前几条中有一条谈及了这一点。金砖国家首脑们在文件中强调指出："我们承诺为促进共同发展打造更强有力的伙伴关系。"

【172】

颇能说明问题的是，金砖国家中的经济"重量级运动员"——中国的领导人多次强调指出了金砖国家成员国之间开展经济合作的可能性。早在 2009 年叶卡捷琳堡首次金砖国家峰会上中华人民共和国主席就特别指出了利用经济互补性的任务。被中国专家归为这种互补性因素（同时也是相对优势）的，包括中国的加工工业、俄罗斯的能源工业、巴西的矿产工业和印度的信息技术。

时至今日，金砖国家中具体领域的专业合作，或者，按照通常的说法，金砖国家中具体领域的部门合作，大约是在 20 个方面起步的（在德班峰会之前是不少于 16 个方面，在《德班宣言》中又拟定了 9

个方面）。建立了谈判平台，在这些平台上各方的立场得以统一，各方的行动得以一致，最终的目的是要形成并随后落实共同方案。在重要的平台中包含了那些与经济问题直接相关的平台。在金砖国家框架下，在经济、社会生活和金融领域合作方面，在一年时间里，举行了十多场重要论坛和会晤。

从决议规模这一视角来看，比较突出的是在南非举行的第五次金砖国家峰会以及 2013 年 9 月在圣彼得堡举行的 G20 峰会期间"金砖五国"首脑非正式会晤。在南非通过的《德班宣言》中，有 15 条阐述了经济和金融方面的合作问题，这 15 条既涉及在世界经济中的共同行动，又涉及在彼此相互关系中的共同行动。在这里，引起特别关注的是那些与进一步推动建立金砖国家开发银行相关的条文，以及与建立金砖国家外汇储备库的打算相关的条文，金砖国家外汇储备库的启动资金额为 1000 亿美元，在紧急情况下，比如可能引发又一轮全球危机浪潮的情况下，金砖国家成员国可以动用金砖国家外汇储备库。

【173】关于全球经济议程，峰会参与国再次重申了支持世界经济增长和加强金融稳定的愿望，主张有效地推进国际金融机构改革，以便使它们更具代表性并且在更大的程度上反映发展中国家不断增长的作用，支持建立一个公开、透明的多边贸易体系。

在德班与《德班宣言》同时通过的《行动计划》包含了整个一系列关于经济和社会生活问题的具体措施、论坛和会晤。其中的一系列已经举办，其他的正处于落实的阶段。

比如,2013 年 8 月，在南非首次举行了金砖国家工商理事会。"金砖五国"的工商界代表怀着对合作作出贡献的莫大期望，讨论了可能的相互协作议程。被认为具有发展前景的领域是基础设施、矿藏开采和选矿、能源、制药业和农业的开发。在所提出来的建议中，有一些重要的具体的建议——关于给具有合作关系的企业家们提供签证方面帮助的建议，关于定期保障提供信息（建立金砖国家工商信息港）的建议，关于统一技术标准的建议，以及一系列其他建议。2012年，举行了金砖国家工商论坛，来自"金砖五国"的大约600家公司和企业的代表参加了此次论坛。所有这一切都是"金砖五国"之间共同发展经济联系方面的重要步骤。

值得专门提及的是，金砖国家中经济规模最大的国家——中国的领导人对于"金砖五国"的合作持非常积极的态度。在确立了新一代国家领导人的中国共产党第十八次代表大会（次年新任中共中央总书记习近平当选为中华人民共和国主席）决议中，参与金砖国家联合体被专门作为中华人民共和国对外政策的优先方向之一。而且，中国的最高层重申了自金砖四国／金砖五国平台搭建之初中国领导人就不止一次地阐述过的战略——"加强金砖国家伙伴关系"战略"有利于共同推进和谐世界的构建"①。

对于中国官方文件和专家学者们所发表著述的分析表明，中国在金砖国家中的主要利益与北京为了实现自身的系统性国际目标而在"金砖五国"合作的道路上竭力希望加以利用的那些资源潜力相关。【174】以金砖国家作为支点，中国推进了"公正的国际架构"的建设，加强

---

① http://russian.china.org.cn/news/txt/2912_03/30/content_25031116.html.

了"非西方的发展模式",提高了自身"在发展中世界的威望",并且获得了推动全球治理(其中包括经济治理)的巨大可能,还从与金砖国家其他成员国的经济合作中获得了利益。最后一点,在金砖国家内,对于中国而言,客观上具有吸引力的是保障这些目标得以实现的形式本身——这就是推行"积极的而又不负不必要责任的政策"(即"不出头"原则)。

总的来说,中国领导人将金砖国家这一机制看作是在与其他重要的玩家并且首先是美国及西方国家对话时增强自己实力的一个条件,是提高自身全球竞争力的一个契机,是寻找应对系统性挑战的最佳对策的希望所在。这些挑战与获得世界能源资源和原料的可能性相关,与保障本国货币权益相关。最终是在未来的多中心"和谐"世界中占据"应有的地位"的心愿。或者,用中国新任领导人声明中的话来说,就是实现中国梦和中华民族伟大复兴。

中国赋予了与"金砖五国"集团成员国的双边关系特别重要的意义。无论怎样,这些双边关系具有被各方巩固的战略伙伴关系的地位。双边贸易在增长——中国是金砖国家集团其他成员国的主要贸易伙伴国。正如已经指出的那样,北京表示对金砖国家框架内多边经济项目感兴趣。

换句话说,正如今天的事态所表明的那样,无论是中国,还是金砖国家集团其他成员国,都在着手规模非常宏大的工程,在这项工程中重要的经济和社会领域的务实合作占有重要的地位。

这件事情非常不容易。未必能很快就取得成果。很显然,就特殊利益达成一致意见需要付出有针对性的和巨大的努力。但是,促进金砖国家集团每一个成员国的社会经济发展，推动它们在全球经济和政治版图上的地位提升，会不断证明这些努力是正确的，这乃是潜在的成功。

金砖国家对话结构的出现是在全球财经结构发生系统性危机和深 【175】刻的转型以及在构建更民主与公正的国际关系体系的趋势加强的背景下的标志性现象之一。

正是包括上述五国在内的经济迅速发展的国家集团，坚持要对陈旧过时的和不适应当代要求的世界财经架构进行改革。金砖国家的优先方向包括：修改全球经济管理体系，改革国际货币基金组织、世界银行以及其他国际经济机构，实现加速金砖国家集团成员国经济现代化的任务，提高这些国家居民的生活水平，向着弱化对全球美元体系的依赖的方向平稳推进，加强经济和政治安全以及维护主权。

显而易见的是，金砖国家不谋求任何对抗目的，它们没有建立一个新的封闭经济集团或者针对第三方国家的政治联盟的意图。相反，在国际社会遭遇各种新的挑战和威胁的情况下，金砖国家坚持一个强烈的信念：即只有在整个国际社会立足于相互尊重彼此利益、平等、不干涉内部事务以及共赢原则基础上协同努力，才有可能解决刻不容缓的国际问题。

金砖国家的战略在于同美国、欧盟、日本、独联体国家、东南亚国家联盟国家以及亚洲、非洲和拉丁美洲的其他发展中国家、国际组织保持密切的联系。在这方面，有一点是很能说明问题的，即2011年4月的金砖国家三亚峰会结束后，金砖国家全体成员国在所通过的宣言中，对于二十国集团"作为国际经济合作主要论坛"在全球经济管理中发挥出更大作用所付出的努力表示一致支持。

金砖国家现象以及金砖国家在国际事务中不断增强的作用，是立足于共同的经济和文明—文化基础之上的。正是金砖国家成为使世界经济摆脱危机的主要火车头之一，在传统的主导国家的经济陷入增速急剧降低和停滞的背景下彰显了高速度发展。

【176】　近年来，金砖国家的经济发生了重大的结构性变化，中产阶级的人数在增多，城市化在推进，它们的内需将会继续增长，文化、科学、教育等领域将会极大地发展，在外部国际形势不稳定的情况下这在总体上保障了必需的"安全垫"。金砖国家拥有世界上最大的资源潜力，拥有庞大的劳动力储备，正越来越明确地采取优先发展高技术工艺领域以及进行创新规划的方针。

金砖国家的文明和文化潜力在疾速增强。中国、印度和巴西在其长期规划中将重中之重放在了发展教育、科学和文化上。金砖国家现代化规划的面向社会的方针，使得它们的政治体制具有稳定性。因此，金砖国家被看作是国际金融组织，对于巨额投资而言乃是颇为诱人的平台，就不是偶然的了。

金砖国家成为构建多中心世界的一个举足轻重的因素。金砖国家论坛向国际社会提供了一个建设性的稳定世界经济、促进国际关系和谐和民主化的行动纲领。

这些努力开始有了自己的成果。在 2009 年 7 月举行的国际货币基金组织理事会关于改革这一国际金融机构的会议上，金砖国家提出了关于将发达国家的 7% 的份额转移给发展中国家重新分配的联合倡议。在 2010 年 4 月金砖国家巴西峰会上通过的联合声明中，提出了必须对布雷顿森林机构进行重大改革、做出有利于新兴市场国家和发展中国家的重大修改的问题，以便使它们在世界经济中的决策权与分量相匹配。

在这些或那些国际组织或措施框架内，金砖国家集团成员国的立场达成一致逐渐成为现实。金砖国家并没有置身于重大国际问题之外而冷眼旁观。巩固世界和平方面的巨大的正面的潜力蕴含在金砖国家协作关系的深化中，并且首先是深化在联合国安理会中的协作关系。【177】金砖国家成员国坚持认为，国际社会应当摒弃冷战思维，合力应对当代日益加剧的严峻挑战，主要通过政治和外交途径解决国际冲突。

在第六十三届联合国大会上，金砖国家合作伙伴支持关于外层空间活动中的透明度和加强信任、防止核武器在外层空间扩散的决议草案以及信息安全领域的决议草案，并赞同联合国的一个决议：《取缔某些助长当代形式的种族主义、种族歧视、仇外心理和与之有关的不容忍行为的做法》。

金砖国家是伟大文明价值的载体，金砖国家巨大的文明潜力，为遏制暴力和非道德主义浪潮创造了一个规模宏大的协作领域，而暴力和非道德主义往往打着西化和移植西方大众文化标准的旗号推进自己的活动。金砖国家树立了不同文明互补、友好对话的现实典范，而不是挑起"文明冲突"。

在一定的意义上，可以将 2015 年 7 月 9 日在乌法举行的金砖国家首脑第七次峰会称为是具有划时代意义的峰会，这次峰会的主题是"金砖国家伙伴关系——全球发展的强有力因素"。他们讨论了国际议程中共同关心的问题，以及进一步加强和拓展金砖国家之间协作的重要优先领域，强调指出了加强金砖国家团结与合作的重要性，并决定在开放、团结、平等、相互谅解、包容与合作共赢基础上，进一步增强金砖国家战略伙伴关系。金砖国家同意，为了本国人民和国际社会的福祉，协调应对新挑战，维护和平与安全，推动可持续发展，消除贫困、不平等和失业，并重申愿意进一步增强金砖国家在国际事务中的作用。

【178】 峰会参加者们重申了通过全面、透明和有效的多边手段解决全球问题的必要性，强调了联合国在寻找这些全球问题的共同解决方案中所发挥的核心作用，表示愿意在《联合国宪章》的宗旨和原则的基础上促进建立一个公正、平等的国际秩序，尽可能充分发挥联合国作为公开而坦诚的讨论中心以及全球政策协调中心的潜力，以避免战争和冲突，并促进人类的进步与发展。①

乌法峰会的标志是通过了诸如《金砖国家经济伙伴战略》这样重要的文件。《金砖国家经济伙伴战略》确定了如下一些目标：

· 扩展市场准入机会，促进市场之间联系的发展；

· 促进相互之间的贸易和投资，为投资者和企业家们在金砖国家各成员国创造良好的环境；

· 为了提高商品和服务在金砖国家之间贸易中的份额，以及获取高额的附加值，必须扩展贸易和投资合作，推动贸易和投资合作的多样化；

---

① Уфимская декларация БРИКС.С.3–4.URL:http://static.kremlin.ru/media/events/files/ru/YukP Lgicg4mqAQIy7JRB1HgePZrMP2w5.pdf.

190

·深化对宏观经济政策的协调，增加对外部经济冲击的抵御能力；

·为了消除贫困、解决失业问题和增强社会吸引力，应努力保障内包式经济增长；

·通过金砖国家虚拟秘书处和用于交流经济信息的金砖国家平台，以及其他协同一致的平台来推动信息交流；

·以创建知识经济为目的，通过加速以最新技术和技能发展为基础的创新经济发展，为保障更具质量的增长而团结努力；

·加强同未加入金砖国家集团的国家以及国际组织和论坛的进一步协作与合作。①

构成《金砖国家经济伙伴战略》基础的是以下原则：　　【179】

·完全尊重各成员国的主权；

·奉行国际法原则，认同联合国在解决和平、安全与发展问题方面的中心作用；

·重视各成员国的国家利益、优先方向、增长速度和发展战略；

·开放、交流信息并在达成一致意见的基础上通过决议；

·遵循多边贸易体制的规则和原则，世贸组织是多边贸易体制的载体；

---

① Стратегия экономического партнерства БРИКС.С.6.URL:http://static.kremlin.ru/media/events/files/ru/KT0SBHnIZjOpIuAj2AOXCnszNQA8u7HL.pdf.

·认同世界财经体系的多中心主义；

·在业务环境发展方面更加积极地推动先进的实践交流；

·根据国家政策和优先方向，保障投资环境的透明和预见性；

·支持稳定发展，支持稳步的、保持平衡的、内包式增长，支持金融稳定，支持为了保障社会经济发展和保护环境采取平衡措施；

·坚持同其他国家开展互利合作；

·不接受违背公认的国际关系准则的单边经济制裁。[1]

金砖国家领导人指示采取切实行动，有效落实《金砖国家经济伙伴战略》，强调指出了新开发银行、金砖国家银行间合作机制、金砖国家工商理事会、金砖国家工商论坛和金砖国家智库理事会在落实《金砖国家经济伙伴战略》中的重要作用，还指示研讨制订 2020 年前金砖国家经贸和投资合作路线图的前景。

乌法峰会参加者们重申了必须在主要问题上以全面、综合和系统【180】协作的方式加强政策沟通、设施联通、贸易畅通和民心相通，同时，应在互利合作原则基础上，积极合力加强金砖国家之间的政策磋商和协调。[2]

---

[1] Стратегия экономического партнерства БРИКС.С.7–8.URL:http://static.kremlin.ru/media/events/files/ru/KT0SBHnIZjOpIuAj2AOXCnszNQA8u7HL.pdf.

[2] Уфимская декларация БРИКС.С.38.URL:http://static.kremlin.ru/media/events/files/ru/YukPLgicg4mqAQIy7JRB1HgePZrMP2w5.pdf.

乌法的贡献极大地推动了金砖国家在财经领域的合作。在乌法峰
会上，通过了关于建立新开发银行和金砖国家外汇储备库的重要决
议。金砖国家金融合作的范围包括：

·为了调动资源用于基础设施领域的项目，为了金砖国家、
其他新兴市场国家以及发展中国家的稳定发展，同时也为了弥补
多边的和区域的金融机构在支持全球增长和发展方面现有努力的
不足，建立新开发银行；

·为了有助于强化全球金融安全网络和弥补现有的国际货币
和金融机制的不足，建立金砖国家外汇储备库；

·交流关于二十国集团议程重要问题的意见和看法，其中包
括为了将世界经济中次生负面影响降到最低程度而采取的措施，
以及为了保障创造并增加就业机会、刺激投资和发展基础设施、
完善金融体系以及在税收问题上进行合作而采取的行动，等等；

·推动国际金融机构改革，其中包括国际货币基金组织和世
界银行的改革；

·讨论共同关心的一些新问题，这些新问题包括支付体系领
域的合作，其中涵盖了对支付体系的监管，以及金融数据交换标
准等。①

金砖国家同意在基础设施和稳定发展方面参与同金砖国家新开发 【181】

---

① Стратегия экономического партнерства БРИКС.С.24—25.URL:http://static.kremlin.ru/media/events/files/ru/KT0SBHnIZjOpIuAj2AOXCnszNQA8u7HL.pdf.

银行的如下方式的协作：

　　·就提供贷款服务、开展货币业务和发放债券等问题签订
协议；

　　·共同的项目拨款计划；

　　·交流关于有潜力的项目的信息以及监督项目落实的机制的
信息；

　　·义务保障的担保和反担保，其中包括各方发行的有价
证券；

　　·投资基金用于作为各方优先方向的经济部门和工业领域的
项目投资；

　　·通过磋商、会议、圆桌会议等形式交流经验和知识；

　　·定期举行各方与新开发银行之间的对话和会晤。

　　金砖国家这一对话机制的工商理事会正在日益积极地参与金砖国家的工作。在提交给乌法峰会的第二份金砖国家工商理事会年度报告中，包含了如下一些重要建议：

　　·为经商创造良好的条件，包括深化信息交流、提高贸易和
投资领域的国家立法透明度、建立各国调解商务纠纷中心；

【182】　　·向用本币进行贸易核算过渡，包括建立双边货币互换
机制；

　　·推动发展商务旅行，包括相互对商人实行免签机制或者简

化其签证手续；

·促进贸易发展，包括在将促进贸易发展协定纳入世界贸易组织协定方面的合作，在金砖国家海关机构中就促进贸易发展问题组织讨论，并签订关于相互承认全权商务代表的协定；

·技术调节领域的合作，包括关于统一国家立法问题的谈判，以及在技术调节领域国家机构的合作；

·在发展基础设施方面的合作，包括对促进经济增长、有利于提高生活水平和加强环境保护的综合发展项目的投资，以及在现有的区域实体一体化倡议内的合作；

·投资领域的合作，包括促进相互投资、推动共同倡议以及开展共同研究；

·通过向金砖国家领导人提出每年峰会框架内的以及关于国家开发银行的建议的方式加强发挥金砖国家工商理事会的专家咨询作用；

·认同金砖国家工商理事会提出的关于国家开发银行的建议。

在《科技与创新合作谅解备忘录》中，金砖国家领导人确定了制定金砖国家研究和创新倡议的如下一些方向，该倡议将包括：

·在重大科研基础设施框架内开展合作，包括确定是否有可能实现特别重大的科研项目，以便在关键领域取得《科技与创新合作谅解备忘录》中预定的科技突破；

【183】 　·就金砖国家已经开展的大型国家项目加强协调；

　·制定并落实金砖国家框架计划，为科研、技术商业化和创新领域的多边联合研究项目筹资，这些项目需要科技部和科技中心、发展机构以及赞助科研项目的国家和地区基金的支持；

　·建立科研合作与创新平台。

这些活动将根据《金砖国家科技创新工作计划》加以实施，该计划将在下次金砖国家科技与创新部长会议上通过。①

金砖国家领导人表示愿意加强在促进国际发展方面的伙伴关系，并且开始通过对话、合作以及交流金砖国家共同关心的促进国际发展问题的经验来进行协作。他们欢迎举行金砖国家主管促进国际发展事务的高级官员会晤计划。②金砖国家在南北对话中发挥着越来越重要的作用，同时坚持主权不受侵害的国际关系民主化和各国人民享有自决权；金砖国家在完善没有强制和歧视性经济制裁的多极国际政治架构方面发挥着越来越重要的作用。我们这几个国家的人民群众把金砖国家看作是一个新的、更加公正的全球关系模式，这一模式应当是在超越了传统的东西分水岭和南北分水岭的基础上建构起来的。

在应当分析研究的新的合作领域中，金砖国家"乌法行动计划"

---

① Уфимская декларация БРИКС.С.44.URL:http://static.kremlin.ru/media/events/files/ru/YukPL gicg4mqAQIy7JRB1HgePZrMP2w5.pdf.

② Уфимская декларация БРИКС.С.48.URL:http://static.kremlin.ru/media/events/files/ru/YukPL gicg4mqAQIy7JRB1HgePZrMP2w5.pdf.

指出要就维和问题开展对话和建立金砖国家地区委员会，以及大众媒 　【184】
体工作人员之间要进行合作与经验交流。①

上述事实使我们有充分的理由将金砖国家看作是一个正在形成之
中的新的全球治理机制。其灵活的授权允许世界上最具活力的经济体
去研究比在联合国安理会中所遇到的问题要广泛得多的一系列问题，
并找到应对许多经济和生态挑战的对策。金砖国家的决议产生了倍增
的效果，因为参与其中的主要国家能够将金砖国家通过的决议原汁原
味地传达给主要的国际机构。

同时，金砖国家曾经是现在依然是一个完全非正式的联合体，并
且现在还谈不上金砖国家的扩员问题。② 但是，金砖国家作为正在形
成中的世界秩序的一个新优质要素的力量正在于此。

也正因为如此，俄罗斯联邦总统普京在乌法峰会结束后指出：
"要在成员国数量较多的情况下达成共识——尤其是因为客观原因，
这些邻国相互之间存在着很多的问题，而且各种关系的历史内幕并不
总是很简单——这也恰恰是所通过决议的力量所在，假如我们为了寻
求妥协相互做了大量复杂而细致的长久工作之后，达成了共同决议。
假如这种共同决议存在的话，那这就是稳定的保障。"③

---

① Уфимский план действий БРИКС.URL:http://static.kremlin.ru/media/events/files/ru/nhvrxET
　　yA9nyoTf9aaII3zXHOIawEy1y.pdf.

② Пресс-конференция министра иностранных дел России С.В.Лаврова «на полях»
　　саммитов БРИКС и ШОС.Уфа,9 июля 2015 г.URL:http://archive.mid.ru/brp_4.nsf/0/94B3FF
　　D7279721CA43257E7D00449B30.

③ Пресс-конференция Владимира Путина по итогам саммитов БРИКС и ШОС.URL:http://
　　kremlin.ru/events/president/news/49909.

【185】   *   *   *

　　金砖国家这一对话机制将会在多大程度上使各领域利益协商形式
和务实合作形式实现制度化，可以据此来判断这一对话机制的未来前
景。可以乐意地指出，金砖国家首脑的定期会晤，以及部长、工商界
代表、科学和文化活动家层面的多层次协作平台的建立都证明了，所
有相关各方都表示愿意深化合作并提高合作的效率。

　　与此同时，必须意识到，金砖国家是一个新的、复杂的、还远没
有定型的协作平台。金砖国家各成员国的利益及其在国际事务中所谋
求的目标并非在所有的方面都一致。在金砖国家各成员国相互关系
中，仍然继续存在着相当严重的矛盾。然而，面对共同的挑战，这并
没有妨碍在利益一致领域的合作，这一点很重要。各方都具有睿智和
经验，能使产生的各种问题和困难通过协商的办法得到解决。

　　俄罗斯将毅然决然地同我们金砖国家的朋友们和伙伴们一起，在
严格遵守国际法以及公正、平等、对所有人而言都共同安全的原则基
础上，坚持构建新世界秩序的道路。

【186】　**上海合作组织：欧亚和亚太地区的安全与合作前景**

　　上海合作组织成立的时间虽然不长，但近年来，上海合作组织的
活动已经成为国际政治中的一个显著现象。这种情况是客观的。当
2001 年中国、俄罗斯以及从前苏联中亚地区的三个年轻国家——哈

萨克斯坦、吉尔吉斯斯坦和塔吉克斯坦宣布成立上海合作组织时，指的是出现了这样一个机构，仅从领土视角来看它占据了从波罗的海到太平洋岸边的广袤空间。今天，上海合作组织的六个成员国（乌兹别克斯坦很快就加入了最初的五国机制，于是该组织也就变成了六国机制）和包括印度在内的四个观察员国的总潜力是世界土地面积的四分之一、约占世界人口的一半、总产值超过了世界总量的 12%，而且最后一个数字还在稳步增长。

从上海合作组织的前身——"上海五国"会晤机制开始，安全问题就一直是该组织的职能基础，这不是秘密。在从 1996 年到 2001 年这一时期，该组织从解决边界调解、在边境地区加强军事信任措施和裁减武装力量等一系列技术问题起步，在推进和深化成员国之间的睦邻友好关系、巩固地区安全和稳定方面发挥了重要的积极作用。

这一阶段另一重要的理念上的成就，是在六国内部关系的实践中形成并加强了"上海精神"原则。其基本内容是互信、互利、平等、协商、尊重多样文明、谋求共同发展等概念，这一基本内容在边境问题以及其他地区安全问题的协作过程中经受了检验。

正是在这一理念基础上通过了将"上海五国"会晤机制升格为更高组织层次的一致决议，更高的组织层次将会促进更有效的合作，包括保障安全、应对新的挑战和威胁等问题。

"上海五国"（后来的"上海五国"会晤机制），被改组为上海合作组织，一个具有所有必要标志物的全方位国际组织。根据 2002 年 6 月在圣彼得堡峰会上通过的《上海合作组织宪章》，上海合作组织框架内合作的基本方向包括： 【187】

·维护地区和平，加强地区安全与信任；

·就共同关心的国际问题，包括在国际组织和国际论坛上寻求共识；

·研究并采取措施，共同打击恐怖主义、分裂主义和极端主义，打击非法贩卖毒品、武器和其他跨国犯罪活动，以及非法移民；

·就裁军和军控问题协同努力。

在《上海合作组织成立宣言》中，上海合作组织的宗旨包括："共同致力于维护和保障地区的和平、安全与稳定；建立民主、公正、合理的国际政治经济新秩序。"该文件指出，上海合作组织"尤其重视并尽一切必要努力保障地区安全"。因此，确定了其工作方向，其中包括为了"打击恐怖主义、分裂主义和极端主义"而紧密协作，"包括建立地区反恐怖机构"①。

在保障地区稳定和安全方面，上海合作组织宣告了一系列其他方向。其中包括：

·促进上海合作组织框架内国家之间的合作，包括为了加强安全而采取的措施；

·在地区和国际事务中进行协调和合作，以便在涉及上海合作组织利益的问题上达成共识；

---

① Декларация о создании Шанхайской организации сотрудничества.2001-6-15.URL:http://www.sectsco.org/ru/shop.asp?id=83.

·推动在上海合作组织框架内建立预防地区冲突的机制。

此外，上海合作组织是一个开放的机构，表示愿意"同邻国以及 【188】
区域外的国家和机构在保障本地区安全和稳定方面紧密协作"。至少，
在 2002 年 11 月通过的《上海合作组织与其他国际组织和国家相互关
系临时方案》中所宣告的正是这种立场。

在研究地区稳定问题时也可以研究上海合作组织活动的另一个主
要方面——促进作为成员国社会经济综合增长与发展的杠杆的经济合
作。正如 2002 年通过的《上海合作组织宪章》中强调的那样，上海
合作组织"促进地区经济、社会、文化的全面均衡发展，不断提高各
成员国人民的生活水平，改善生活条件"[1]。

这里指的是多边经济合作，其中包括推进重大地区项目，这样可
以有助于解决本地区各国并且首先是中亚地区年轻国家的很多社会问
题。要知道，这类问题目前还不少，并且往往正是社会不稳定构成了
地区极端主义势力滋生的土壤，这不是秘密。

需要指出的是，《上海合作组织宪章》重申的"发展多领域合作，
维护和加强地区和平、安全与稳定"[2] 问题至关重要的思想如一根红
线贯穿于上海合作组织后来所有的主要文件之中。比如，《上海合作
组织五周年宣言》中就指出："过去几年，上海合作组织为稳定和持

---

[1]　Хартия Шанхайской организации сотрудничества.2002-6-7.URL:http://www.sectsco.org/ru/
shop.asp?id=83.

[2]　Хартия Шанхайской организации сотрудничества.2002-6-7.URL:http://www.sectsco.org/ru/
shop.asp?id=83.

续发展奠定了坚实基础，已得到国际社会的广泛认同……展开安全领域的密切合作，中心任务是打击恐怖主义、分裂主义、极端主义和非法贩运毒品，应对非传统威胁和挑战。"该文件确认，这一活动"推动了地区合作迈入新的历史时期，对于在地区、在上海合作组织的整个空间维护和平与稳定，以及建设开放与合作的环境具有重要意义"①。

【189】

如果谈及"上海精神"的原则，那么，正如地区局势的发展所表明的那样，有理由认为"上海精神"的原则给当代国际关系理论和实践作出了名副其实的贡献。就实质而言，世界显现出一个新型、非对抗的国际关系模式的轮廓。遵循这一模式将会在很大的程度上促进国际社会成功地寻求有效的国际关系民主化的道路，将推动一个摒弃了冷战思维、超越意识形态差异的公正秩序的建立。

应当在国际政治的全球发展趋势及其地区特点的背景下，合乎逻辑地研究上海合作组织在安全领域的宗旨、任务和活动。随着上海合作组织的发展，全球秩序问题和地区秩序问题都越来越融入上海合作组织关于安全问题的议事日程之中。愿意"加强战略稳定"和"不扩散大规模杀伤性武器方面的国际规章"，"为建立新型全球安全机构作出积极的贡献"②，推动"在诸如维护和增强联合国的作用……促进国际军控进程等方面的协调和合作"，"就这些问题举行定期磋商"③等表

---

① Декларация пятилетия Шанхайской организации сотрудничества.2006-6-15.URL:http://wwwsectsco.org/ru/shop.asp?id=108.

② http://www.sectsco.org/ru/index.asp.

③ http://www.sectsco.org/ru/index.asp.

述成为上海合作组织文件中常见的内容。

尽管如此，还是有理由认为，从地区层面对上海合作组织在安全领域的活动进行衡量，仍继续保持着其一直存在的主要意义，而且，鉴于上海合作组织成员国和观察员国的组成，它首先关系到中亚和南亚地区，还关系到毗连地区。在这里，有一点是显而易见的，即根据辩证关系规律，一方面，地区局势的趋势和特点是上海合作组织活动的动因；另一方面，随着内部的发展，上海合作组织本身也越来越成为对这里正在发生的进程施加影响的因素。

根据上海合作组织文件中所包含的总的评价，中亚地区的局势整 【190】
体上是稳定的。与此同时，有一点很清楚，即这种局势是一系列战略的、政治的、社会的因素和利益的总结果，因而，这种局势相当复杂，还根本不能免除各种挑战和威胁使其稳定获得保障。而且，这分为两个主要方面。

首先，众所周知的是，按照历史标准来衡量，中亚地区存在年轻的独立国家成长进程中客观的社会经济困难，因为中亚是一个内部极端主义和宗教激进主义势力潜藏、有时现实中又很活跃的地区。中亚地区的贫穷、被迫移民、国家间和精英间某些悬而未决的问题，都是这些势力手中的"可燃物"再生的沃土。

接下来要探讨的是，在中亚地区可以感受到某些源自地区外部的势力并且首先是美国的作用和影响。不能不得出这样的结论：即这些势力谋求对本地区的进程实行控制，并且保障其能够渗透进这一地区富饶的能源潜力，因而，往往总是起着严重的破坏作用。实际上，这会演变成为人所共知的"颜色革命"剧本，演变成为推翻现有的各国政体，演变成为出口西方的标准和价值观，而这些标准和价值观却总是与当地的政治传统和地区稳定的实际利益相悖。

一系列西方国家把上海合作组织活动的自然扩展和活跃（我们要强调的是在地理空间本身框架内的扩展和活跃）看作是上海合作组织对于这些国家被非常广义地理解的国家利益的侵占。只要提及一下美国提出的"大中亚"主张就足够了，这一主张被很多专家看作是一种公然的觊觎，而且与上海合作组织恰恰相反，这种主张企图将中亚地区及其毗连的地区，包括南亚和中东，都变成受美国战略影响和作用的地区。

地区之外势力控制中亚地区、里海沿岸地区和高加索地区的企图的主要赌注在于这些地区有能源资源和它们的交通运输大动脉。可以理解的是，这种控制的最好手段是建设相应的军事基础设施。这就是【191】为什么美国和一系列北约国家在中亚的军事基地会引起纷繁复杂的反应，2001 年这些基地出现在中亚地区与阿富汗的反恐战争有关。

很自然，上海合作组织不能不看到，对于美国而言，打击塔利班和毒品交易的任务正越来越退居第二位，让位于不仅控制资源，而且未来会控制中国和俄罗斯的后方地区这一宗旨。早在 2005 年，上海合作组织阿斯塔纳峰会上就提出了关于美国军事存在的问题不是偶然的，结果是美国空军的军事基地从乌兹别克斯坦撤了出来。

当下和未来对于地区安全的威胁和挑战，迫切需要提出一个不寻常的问题。众所周知，根据上海合作组织创办国的定义，上海合作组织的军事构成只是地区反恐中心和打击恐怖主义威胁的联合演习。但是，如果评估本地区以及本地区周围的局势，包括伊拉克、伊朗、阿富汗周围的局势，注意到潜在的争夺本地区资源的斗争，那么，上海合作组织的一些专家得出了比较广泛的结论，其中包括关于应当更加重视军事和国防领域的合作的结论。这里指的，如同上海合作组织的主要文件中强调指出的那样，不是针对某个第三方国家。这里指的是提高在一旦发生负面趋势和危险挑战危急尖锐化之际相应的反应能力。

上海合作组织非常清楚问题的另一面：不吸收本地区之外的国家和机构参与，要实现创造稳定和安全的环境的目标将会是一项非常繁难的任务。在谈及提高上海合作组织在保障地区安全方面的作用时，应当突出一个今天人所共知的方面。实践证明：无论是在一个国家框架内，还是在一个单独的地区框架内，要解决比如打击国际恐怖主义的问题，都是不能获得成功的。因此，在中亚的反恐斗争问题上，上海合作组织原则上不拒绝同美国保持协作的可能性，但是，不接受对上海合作组织成员国内部事务的干涉，包括采用出口"颜色革命"的办法。

应当承认，中亚地区以及中亚周围地区所有主要的"玩家"首先坚持的是其自身的利益，如果这些利益与契约者的意向相吻合，那很好。假如谈及差别，那么，这些差别散见于本地区每一个主要国家主体外交方针的优先方向中，散见于能够在一定的情况下使具体制定联合应对新挑战的共同方针变得复杂的优先方向中。【192】

对于中国而言，现在的首要任务是打击伊斯兰极端主义，伊斯兰极端主义给中国西北的稳定和领土完整造成了威胁。中国（俄罗斯以及中亚国家也一样）担忧美国打着民主的旗号往中亚国家输出"颜色革命"的图谋，并且因为在中亚地区保存着西方国家的军事基础设施而不痛快。中国的政治学家们承认，对于中国而言，中亚的主要意义在于经济领域，其中包括保障其能源安全的任务。因此，今天，中国在中亚地区的特别兴趣是积极壮大与上海合作组织伙伴国的多边和双边经济合作，特别是石油天然气和水电领域的合作。

俄罗斯的主要利益与安全问题相关：需要截断中亚地区的恐怖分子与其同伙们，包括北高加索地区的同伙们之间的毒品通道和联系渠道。对于俄罗斯而言，重要的是维护自身在中亚地区传统的政治和经济影响，并限制本地区之外不友好势力在中亚地区的影响。对于俄罗斯而言，进一步发展同本地区国家之间在石油天然气领域的合作也是绝对重要的：凭借早在苏联时期形成的基础设施联系（现有的管道系统），俄罗斯将会继续成为中亚地区碳氢化合物的重要进口国。在此，早就稳定下来的合作体系，尽管在向现代实用主义的市场轨道过渡，但是，一如既往地仍旧被证明在经济上是有成效的，并且符合伙伴国的利益。

当然，中亚国家自身的利益具有自己的特点。在这一领域，有时存在着变动不定的因素，存在着想利用比较重要的地区玩家之间的利益冲突的企图。正如一些当地的政治学家公开表示的那样，中亚国家显而易见的好处和机遇直接源自这一地区的地缘战略重要性。这些态度并不总是与本地区稳定的宗旨相符，更遑论这些国家相互关系中还存在着一些复杂的因素（只需提及一下阿斯塔纳与塔什干之间为争夺地区领袖地位而展开的竞争就足以说明问题了）。

【193】 今天，上海合作组织的活动所遇到的困难由于上述列举的问题而

没有得到解决，这是又一次提醒：上海合作组织发展的良好前景绝不是自动有保障的。我们认为，上海合作组织与集安条约组织和欧亚经济联盟的协作问题也属于复杂的问题。独联体国家同时参加这些组织给它们在上海合作组织里的立场打上了一定的烙印，而这并不总能得到中国伙伴的完全理解。

不过，尽管优先方向存在差别，但是，存在着可以相互妥协的基础，因为在战略方面，在本地区建立正常的市场——民主空间的宗旨，符合俄罗斯、中国以及中亚地区国家的利益，并且，有可能，甚至符合美国的利益。而且各方都承认对抗政策对于每一个伙伴国而言都是没有成效的。但是，很显然，妥协只有在稳定的环境和各方都保持善意、不允许它们在国家间关系中搞政治或经济强制（很遗憾，美国正践行着这种强制）的条件下才有可能。

在这种语境下，应当说，上海合作组织存在着共识：为了保障坚固的安全，必须竭尽一切可能地利用双边、多边基础以及联盟之间基础上的国际合作潜力。

所有相关国家，首先是南亚和中东地区国家，包括印度、阿富汗、伊朗、巴基斯坦以及蒙古，参与安全体系可以成为免除极端主义、恐怖主义以及与它们相伴随的其他非传统威胁影响的可靠保障的重要因素。但是，为此，中亚地区应当成为所有相关国家之间在消除新的安全威胁方面的协作机制的试验场，而不是西方国家、俄罗斯和中国利益冲突的场地。

还应当注意到一个更加宏大的任务：建立一个"稳定弧线"与"不稳定弧线"相对立，"不稳定弧线"从欧洲延伸至东南亚。上海合作组织，只要进一步扩展其潜力，就完全能够成为这种"稳定弧线"的一个组成部分和连接欧洲安全体系与亚太地区安全体系的一个环节，**【194】**这里的欧洲安全体系和亚太地区安全体系指的是欧盟和东南亚国家联盟。这方面进程的发展，是向着整个欧亚大陆空间一体化安全体系方向的推进。

上海合作组织框架内的战略合作，包括全球层面和地区层面，不仅是保障亚洲地区安宁和稳定的一个重要因素，而且是保障整个世界安宁和稳定的一个重要因素。与华盛顿的一些政治家的说法相反，这种合作并不谋求针对第三方国家的对抗性目的。上海合作组织正在逐渐成为一个强大的国际力量中心，完全符合俄罗斯、中国和印度一贯捍卫的多极世界的理念。

上海合作组织不仅开展集体协作，而且发展上合组织、集体形式的双边互动，以及上海合作组织成员国和观察员国其他形式合作的发展，都对地区安全具有重要意义。这其中指的是中俄关系顺利发展的积极作用。两国的协作和两国就自己的全球战略与地区战略达成一致意见，以及中俄两国与上海合作组织其他成员国和观察员国的双边对话，推动了整个"上海集团"框架内的合作范围从双边层面进一步扩展到多边平台，对于探寻保障中亚地区及其毗连地区坚固而持久的稳定的途径产生了有利的影响。

如果说上海合作组织的总体活动能力及其实现保障地区安全任务的效率，很大程度上取决于中俄合作的水平以及中俄与地区其他国家双边合作的性质，那不是夸大其词。正如2008年5月，俄罗斯联邦总统和中华人民共和国主席签署的中俄联合声明中强调的那样："双方重申，将进一步巩固上海合作组织的团结，双方认为，为了寻求相互都能接受的解决当代迫切问题的方案，在开放和不针对第三国原则基础上，深化上海合作组织与所有相关国家、国际组织和论坛的对话是重要的。"①

　　俄罗斯和中国的根本利益以及两国在国际政治关键问题上的观点 　【195】
和立场接近和一致，为两国战略伙伴关系，包括在上海合作组织框架
内的伙伴关系的进一步发展奠定了坚实的基础。正是在总结中俄合作
经验的基础上，形成了上述的"上海精神"原则。这种合作以相互尊
重、互利、相互重视对方的利益、不干涉内部事务、尊重所选择的发
展道路、谋求共同发展为基础，就实质而言，这种合作的性质和实践
是当今世界新的、去意识形态化的国家关系模式，其经验融入了上海
合作组织的思想—实践体系中。

　　实际上，这些也可以适用于俄罗斯与印度的合作，无论是俄罗斯
还是印度都公正地认为俄罗斯与印度的合作是独一无二的长期而坚固
的关系的范例，这种关系不存在历史阴影。印度和俄罗斯共同担忧
国际法遵守、多极世界建构——在维护联合国中心作用的前提下在应
对实施全球和地区任务的集体立场基础上构建多极世界等问题，两国
在伊拉克、阿富汗、伊朗等问题上立场一致或接近，打击国际恐怖主
义，所有这些都为两国的积极合作培育了沃土。俄罗斯欣然地注意

---

① Совместная декларация Российской Федерации и Китайской Народной Ре-спублики
по основным международным вопросам.Принята Президентом России Дмитрием
Медведевым и Председателем КНР Ху Цзиньтао в Пекине 23 мая 2008 года.URL:http://
archive.kremlin.ru/events/articles/2008/05/201196/201220.shtml.

到，印度高度评价了俄罗斯关于禁止在克什米尔地区开展跨境恐怖主义活动的立场，欣然地注意到印度在使印度与巴基斯坦之间的关系正常化并发展印巴关系方面所付出的努力，以及印度希望在使阿富汗及其周围地区局势正常化方面作出贡献的愿望。

两国在这些和其他问题上的合作是维护地区和平和安全的一个重要因素。早在上海合作组织成立之初的几年，莫斯科就坚定地正面理解了印度对于上海合作组织的兴趣，并且于 2005 年欣然接受了德里加入上海合作组织的活动。

在印俄关系和中俄关系及其对地区安全的影响不断发展的背景下，不能不注意到俄罗斯—印度—中国三边关系平台这一因素。中【196】亚、阿富汗地区局势问题不容置疑地出现在三国外长定期会晤议事日程中，并且，毋庸置疑地将会在成立的三国外交部之间磋商机制的工作中占据一个主要地位。

为了完善上海合作组织的活动、提高上海合作组织在实现《上海合作组织宪章》中规定的那些任务，包括保障地区安全等方面的活动能力，在如下几个方面取得成效是重要的：

1. 立足于中亚地区及其毗连地区国际政治形势的现实，扩大上海合作组织平台的政治合作；

2. 深化上海合作组织成员国在切实保障地区安全领域的合作（地区反恐机构的水平）；

3. 上海合作组织与观察员国的合作；

4. 发展社会经济领域的合作；

5. 进一步发展上海合作组织框架内的双边互利关系，解决存在的问题；探寻上海合作组织平台与"俄罗斯—印度—中国"三国机制平台有效协作的机会。

活动的其他方面也是重要的。保障安全是一个综合性的复杂问题，这一问题的解决取决于很多因素。上海合作组织的活动囊括了《上海合作组织宪章》所规定的各个领域，不仅有政治领域，而且有经济、人文、国防领域，因此，研究制定活动总战略、并且是在集体基础上研究制定活动总战略的任务被提到了上海合作组织的议事日程上。每一个成员国都应当注意并感受到因为自己是上海合作组织的成员国而获得的具体好处，同时也应当注意到伙伴国敏感的民族尊严。否则，成为上海合作组织成员国就失去了意义，而上海合作组织的前景也会变得扑朔迷离。

在上海合作组织成立若干年之后，上海合作组织开始着手实施其成立的宗旨——在共同发展原则基础上构建一个世界上最大的新型地区合作体系。在此，其活动的主要优先方向一如既往地仍旧是保障中亚地区的政治稳定，加强中亚地区的安全，扩大中亚地区的经济合作。

上海合作组织的成立及其活动不仅能够对上海合作组织完全平等 【197】的成员国产生积极的影响，而且能够对其他国家并且首先是观察员国产生积极的影响。这是由下面这个因素决定的：即上海合作组织可以成为国家间层面、地区层面以及地区间层面在共同的安全和经济共同发展问题上建设性合作经验的典范和源泉。

从在欧亚大陆和亚太地区的广阔空间建立一个地区安全体系的视角来看，上海合作组织的经验是有益的，因为上海合作组织彰显了大国（俄罗斯和中国）和中等（中亚国家）国家之间在充分关注后者利益的前提下平等、协商交往的罕见范例，这对于亚洲具有迫切的重要意义，因为在亚洲大、中、小国家相邻，对于解决有争议的边境问题也具有迫切的重要意义，亚洲大陆存在很多有争议的边境问题。

无论是对于同中亚国家接触交流而言，还是对于刺激推动与地区每一个国家双边关系的发展来说，上海合作组织都是一个独特的主要的多边和多极论坛，应当继续推进上海合作组织的发展。至于上海合作组织在安全领域的活动，北京维护俄罗斯在这方面的主要作用，并且不谋求保障扩展自身的参与。

在原先的（"上海五国"）平台框架内，曾积极地讨论过跨国合作以及共同打击国际恐怖主义、有组织犯罪和贩毒活动等行动计划。1999 年 8 月，"上海五国"第四次比什凯克峰会参加国通过了联合宣言，宣言确定了成员国协作和合作的战略方向：

·有效打击国际恐怖主义、非法贩卖毒品和麻醉品、走私武器、非法移民以及其他形式的跨国犯罪行径，遏制民族分裂主义和宗教极端主义具有重要意义；

·决不允许利用本国领土从事损害五国中任何一国主权、安全和社会秩序的行径；

【198】 ·支持中亚国家建立无核武器区的努力和哈萨克斯坦共和国倡议的亚洲相互协作和信任措施会议的进程；

· 确认世界多极化进程是大势所趋，有利于国际形势的长期稳定。

上海合作组织作为一个地区组织的影响潜力和吸引力不在于应对各种新挑战和新威胁领域，甚至不在于解决地区经济和能源问题，而在于拥有活动的强大思想基础，这一思想基础无论是对于在美国相对削弱的背景下正在失去普遍意义的自由主义方案，还是对于伊斯兰方案（上海合作组织的部分成员国和观察员国都是伊斯兰国家）都构成了实际竞争。由于全球金融和经济危机，上海合作组织成员国的国家资本主义经济模式可能会成为颇具吸引力的一种经济模式。[①]

讨论在中亚地区和欧亚大陆建立无核武器区（在上海合作组织框架内已经宣布了这件事，并且，在印度和巴基斯坦加入上海合作组织的背景下，这件事具有特别重要的意义）的前景具有重要意义。

无核区的基本功能在于在核战争道路上设置地区障碍、防止核攻击或核讹诈、防止核军备竞赛。无核区的使命在于促进逐步地禁止和销毁核武器、加强核不扩散机制。相应地，无核区规章包含了两种限制：

· 对于无核武器区国家而言，禁止试验、生产和使用核武器；

· 对于非无核武器区国家而言，禁止对无核武器区国家生

---

① *Никитина Ю.А.*ОДКБ и ШОС как модели взаимодействия в сфере региональ-ной безопасности.Индекс безопасности.№ 2(97),Т.17.С.49.

产、部署、使用或者威胁使用核武器。

与《不扩散核武器条约》相比，无核武器区机制更加有效，它有
利于加强核不扩散机制，因为它可以包含补充的限制（禁止生产易裂
变材料、埋藏核废料，等等）。

亚太无核武器区的经验包括 1986 年南太平洋论坛成立的无核武
器区，以及 1991 年签署的《关于朝鲜半岛无核化共同宣言》。假如前
者具有这样的优势，即要求外部大国承担起不对无核武器区国家使用
或者威胁使用核武器的责任，那么，根据《关于朝鲜半岛无核化共同
宣言》，两个朝鲜半岛国家现在承担着相互放弃核再处理设施和铀浓
缩设施的前所未有的义务。

1995 年底，东南亚国家联盟国家签署了《东南亚无核武器区条
约》，条约对于核武器及其运输工具、部署和储存条件做出了明确的
界定，还对成员国出于和平目的使用核能的权利做出了说明。

关于建立东北亚无核武器区问题的讨论特别有意思，东北亚集中
了包括美国、中国和俄罗斯在内的核大国的安全利益。近年来，次区
域国家的政治家、学者和专家们讨论了这种区域概念的各种变体。两
个朝鲜半岛国家、日本以及中国台湾地区参与讨论制定的、最为翔实
而全面的东北亚无核武器区方案包括了以下一些限制规定：

· 禁止无核武器区国家拥有、试验和生产核武器；

· 禁止在无核武器区区域内部署核武器；

· 核大国承担不对无核武器区国家使用和威胁使用核武器的

责任；

　　·禁止在无核武器区区域内埋藏核废料；

　　·禁止生产和进口易裂变材料。

还应当重视蒙古国（上海合作组织观察员国）所采取的相应的政治和外交行动。比如，2014 年 3 月 10 日，蒙古国外交部长鲁布桑旺丹·包勒德与联合国安理会常任理事国——美国、中国、法国、俄罗斯、英国大使举行了会晤。他代表蒙古国对于 2012 年 9 月《关于承认蒙古无核国家地位宣言》的签署表示感谢，在该宣言中"核五国"承担了禁止任何破坏蒙古无核国家地位的行径的责任。 【200】

在"阿富汗威胁"背景下地区安全机制的协作前景

　　由于美国和其他国际武装力量部分地从阿富汗撤军，阿富汗周围地区军事和政治局势尖锐化的可能性非常大，这使得中亚地区现有的地区安全机制协作反击可能的"阿富汗威胁"的任务变得极其迫切。

　　作为地区"经典的"和最成熟的集体安全体系，如果集体安全条约组织在自身的军事、军事政治以及人文潜力框架内，准备采取一系列预防措施来保障自己在中亚地区的责任区的安全，那么，上海合作组织在阿富汗问题上可能发挥的作用目前还不够明确。

　　尽管有一些显而易见的证据表明，上海合作组织参与了关于调解阿富汗周围地区局势的问题，尽管阿富汗已经于 2012 年获得了上海合作组织观察员国的地位，但专家们认为，近些年，上海合作组织实际上还一直未在阿富汗的舞台上出现过，并且影响阿富汗局势的手段有限。当上海合作组织批评国际维和部队在阿富汗的行动没有取得成效时，上海合作组织却没有一个成员国打算将自己的军队派遣到阿富汗去。

于是，上海合作组织成员国在双边基础上同喀布尔建立了自己的政治关系：俄罗斯是出于苏联过往的原因，中国是出于自身对矿产勘探和开采的大规模投资的原因，哈萨克斯坦是出于自身对阿富汗的人道主义援助和粮食供应的原因，乌兹别克斯坦和塔吉克斯坦是出于出口能源以及阿富汗北部省份存在本民族移民的原因。建立统一的武装力量不是上海合作组织成员国的目的，而且，甚至在修复民用基础设施方面的共同行动都不在上海合作组织框架内的讨论中。①

【201】

在这种状况下，最合理的正是建立地区组织——集体安全条约组织和上海合作组织的联合，而不是单独的成员国的联合。虽然因为建立联合，两个组织的组成交叉在很大程度上会降低效率，但是，参与两个组织的联合行动而不是单独国家的联合行动将会有利于提高集体安全条约组织和上海合作组织在国际舞台上的威望。

虽然上海合作组织军事参与地区消除阿富汗威胁的联合行动不大可能，但是，应当注意到，正是上海合作组织，而不是集体安全条约组织，被西方看作是重要的地区玩家。集体安全条约组织被看作是一个尚未实际证明自身效率的组织。上海合作组织参与地区联合将会在国际社会的心目中赋予地区联合非常重要的合法性和意义。

---

① *Ларуэль М.,Пейруз С.*Региональные организации в Центральной Азии:характе-ристики взаимодействий,дилеммы эффективности.С.35–36.

此外，在集体安全条约组织框架内成立的集体快速反应部队开始应对极端主义分子对中亚国家领土的可能偷袭，这有利于彰显集体安全条约组织对于新挑战和新威胁做出反应的实际潜能，这将会给集体安全条约组织的效率赢得更加广泛的国际认同创造前提条件。

集体安全条约组织和上海合作组织在阿富汗问题上联合的主要任务可能是：

·打击毒贩；

·遏制伊斯兰极端主义分子从阿富汗领土上向邻国发动偷袭，破坏中亚地区的稳定；

·强化边境地区监控机制；

·提供技术支持——给在阿富汗领土上建设基础设施提供援助，培训海关、边境、禁毒等部门的工作人员，开展军事技术合作。①

此外，如果集体安全条约组织和上海合作组织联合，那么，这种联合将能够按照早先举行的阿富汗援助国会议模式，给国际社会提交一个就协调各方面的努力开展阿富汗地区冲突之后的调解问题进行专门磋商的方案。举行类似的磋商，将能够给进一步推动相关国家之间就阿富汗调解问题进行对话和磋商创造先例和"成功的历史"。【202】

2015年7月，以通过《上海合作组织至2025年发展战略》为标

---

① *Никитина Ю.А.*ОДКБ и ШОС как модели взаимодействия в сфере региональ-ной безопасности.Индекс безопасности.С.52.

志的上海合作组织乌法峰会成为了该组织真正崭新的发展阶段的开始。这一重要文件指出，以国际法至上、不使用武力或威胁使用武力、尊重领土完整、国家主权和独立、开放、平等与互利合作原则为基础，在地区建立一个共同、综合、包容、透明、安全可靠而不可分割的稳定增长架构的必要性正在被提到首要地位。①

上海合作组织成员国给自己确定了今后一段时期的如下共同目标：

·加强成员国之间的互信和睦邻友好关系；

·加强上海合作组织作为一个有效的全面的地区组织的地位；

·保障地区安全，应对成员国面临的安全威胁和挑战，包括预防和消除紧急情况等问题；

·深化经贸和投资协作以及优先合作领域的共同项目，以便促进各成员国可持续发展，提高各成员国人民的福祉和生活水平；

·扩大文化和人文交流，包括科学与技术、医疗卫生、环境保护和教育领域，促进人员之间的交往；

·根据《上海合作组织宪章》以及上海合作组织其他的法律规范文件，循序渐进地落实上海合作组织开放原则；

【203】　　·提高上海合作组织的国际威望，并且为此加强同联合国及

① Стратегия развития Шанхайской организации сотрудничества до 2025 г.С.4-5.URL:http://static.kremlin.ru/media/events/files/ru/a3YPpGqLvQI4uaMX43l MkrMbFNewBneO.pdf.

其专门机构以及独联体、集体安全条约组织、东南亚国家联盟、经合组织、亚洲相互协作与信任措施会议及其他国际组织和机构的合作；

·加强上海合作组织的体制基础建设，包括提高各成员国常驻秘书处和地区反恐机构代表的作用 。①

为了实现上述目标，上海合作组织的成员国将集中力量完成以下各项任务：

·将上海合作组织的空间建设成和平、稳定发展、经济增长和进步、相互信任、睦邻友好和繁荣的地区；

·完善上海合作组织，使其成为一个不谋求建立拥有超国家管理机构的军事政治联盟或经济一体化联合体的全面的地区组织；

·在上海合作组织内，为贸易和投资协作的可持续发展，为制定和落实共同的基础设施项目，以及为加强上海合作组织工商理事会和银联体参与的务实合作创造良好条件；

·上海合作组织成员国就"丝绸之路经济带"倡议达成共识，将其作为创造良好条件推进上海合作组织空间经济合作的手段之一；

·建立一个不可分割的安全空间，促进与联合国以及其他国

---

① Там же.С.5-6.

际和地区机构在各领域的合作，其中包括在安全领域与传统威胁和新威胁作斗争；

·完善上海合作组织的法律规范基础；

·不断提高上海合作组织内各种协作机制的工作效率；

·加强同上海合作组织观察员国以及上海合作组织对话伙伴国的务实合作。①

【204】　　上海合作组织框架内合作的特点是互信、互利、平等、相互协商、尊重文化的多样化及谋求共同发展。这些被称为"上海精神"的原则今后仍将是上海合作组织成员国之间关系的基础。上海合作组织成员国将会在涉及主权、安全、发展以及其他核心利益问题上相互大力支持。上海合作组织成员国不得参加任何针对上海合作组织成员国的联盟或组织，不得支持任何敌视上海合作组织任何一个成员国的行动。上海合作组织成员国不得在本国领土上从事违背相互尊重国家主权和领土完整原则的活动。②

《上海合作组织至 2025 年发展战略》中指出，上海合作组织将会在联合国发挥中心协调作用的前提下，为构建一个以集体原则和国际法至上以及相互尊重、互不干涉内政、互信、互利、平等和各国间的伙伴关系为基础的民主、公正与合理的世界秩序作出贡献。

因而，上海合作组织成员国尊重每一个国家根据其历史经验和国

---

① 　Там же.С.6-7.

② 　Стратегия развития Шанхайской организации сотрудничества до 2025 г.С.7.URL:http://static.kremlin.ru/media/events/files/ru/a3YPpGqLvQI4uaMX43lMkrMbFNe wBneO.pdf.

情特点选择其政治、经济、社会和文化发展道路的权利，促进不同文明之间的对话，推动和平共处、进步、和谐，遵循不干涉内政、尊重上海合作组织成员国的主权和领土完整等原则，反对未经联合国安理会同意就采取单边压制措施。①

《上海合作组织至2025年发展战略》中有一条内容至关重要，即上海合作组织不接受在解决迫切的国际和地区问题时采取意识形态化和对抗的立场。上海合作组织的活动将继续成为变化的世界中不结盟的多边组织能够有效保障国际安全的典范。上海合作组织对于同世界各国和国际组织加强国际与地区安全、促进社会经济可持续发展，以及扩大文化和人文交流的合作都是开放的。②

【205】

乌法峰会的一个标志是关于印度和巴基斯坦加入上海合作组织的重要决议。在阐释启动这两个国家（众所周知，这两个国家之间的关系异乎寻常）加入上海合作组织程序原因时，俄罗斯外交部长拉夫罗夫强调指出："至于上海合作组织的成员国构成以及即将进行的扩员问题，恰恰相反，我们认为（在这种情况下印度与巴基斯坦之间）协作和交流的平台越多，那么，有助于这两个我们非常愿意与之发展关系的国家克服彼此之间现有分歧的机会就越多。"③

由于印度和巴基斯坦都拥有了自己的核潜力，且目前都未加入国际核不扩散机制，因而，俄罗斯和中国作为《不扩散核武器条约》保

---

① Там же.С.8.

② Там же.С.9.

③ Пресс-конференция министра иностранных дел России С.В.Лаврова «на по-лях» саммитов БРИКС и ШОС.Уфа,9 июля 2015 г.URL:http://archive.mid.ru/brp_4.nsf/0/94B3FF D7279721CA43257E7D00449B30.

障者的作用在增强，上海合作组织作为国际核不扩散机制地区保障者的潜在作用也在增强。

上海合作组织成员国重申，将在裁军、军控、核不扩散、和平利用核能，以及通过政治和外交途径解决核不扩散机制所面临的地区挑战方面进行协作，并支持国际社会所作出的相应努力。上海合作组织成员国将致力于加强防止大规模杀伤性武器扩散机制和军控机制，其中包括严格遵守和强化《不扩散核武器条约》（1968 年），推动《全面禁止核试验条约》（1996 年）生效，以及扩大加入《关于禁止发展、生产、储存和使用化学武器及销毁此种武器的公约》（1993 年）和《禁止细菌（生物）及毒素武器的发展、生产及储存以及销毁这类武器的公约》（1972 年）的国家范围。

【206】

上海合作组织成员国主张《中亚无核武器区条约》安全保障议定书尽快地对各方生效，主张缔结关于给无核武器国家提供安全保障的多边国际条约，支持呼吁所有的核大国放弃在其他国家领土上部署自己的核武器。①

上海合作组织在保障地区安全和稳定方面的优先任务仍将是打击恐怖主义、分离主义、极端主义，遏制非法贩运毒品、武器、弹药和爆炸物、核材料和放射性材料以及其他大规模杀伤性武器组成元件、跨国有组织犯罪，保障国际信息安全，巩固边界安全，共同打击非法移民和贩卖人口、洗钱、经济犯罪和腐败。

上海合作组织成员国将定期交流关于这些问题的情报和信息，共

---

① Стратегия развития Шанхайской организации сотрудничества до 2025 г.С.9-10.URL:http://static.kremlin.ru/media/events/fi les/ru/a3YPpGqLvQI4uaMX43lMk rMbFNewBneO.pdf.

同分析地区局势，并举行专业部门双边和多边教学和科研、实习活动。特别重视完善应对所出现的挑战和威胁的高效反应机制。

上海合作组织成员国将共同遏制极端主义和分离主义思想的扩散，首先是在青年人中间的扩散，联合开展对宗教极端主义、侵略性民族主义、民族和种族狭隘偏执、排外思想、法西斯主义和沙文主义思想的预防工作。为此，上海合作组织成员国将研究制定反极端主义公约。①

正如《上海合作组织至 2025 年发展战略》中指出的那样，经济合作是保障上海合作组织空间稳定的一个重要因素，是上海合作组织实现长期稳定的一个手段。上海合作组织将促进各成员国和谐发展，【207】以便有利于本地区经济平衡增长。上海合作组织成员国将采取一致措施进一步扩大上海合作组织空间的经贸互利合作，其中包括建立良好的投资环境和经商环境、鼓励实业倡议、落实优先合作领域的项目以及推动基础设施建设等途径。②

上海合作组织乌法峰会确定了该组织的中期发展战略，成为全球和地区层面安全和发展两个问题相互联系和相互依存进一步加深这一全球趋势的显而易见的例证。

安全保障不应当建立在与发展问题相隔离的基础之上，并且不应当仅仅立足于保障安全对象远离威胁和不受负面影响，这一认识正越来越成为一种共识。新的生存和安全哲学应当将发展和安全保障结合为一个整体，也就是说，应当通过可持续发展来保障安全。

---

① Там же.С.13.

② Там же.С.16.

正如《上海合作组织至 2025 年发展战略》中指出的那样，随着多中心世界格局的形成、地区层面全球治理水平的提高，以及发展中国家地位的提升，即将到来的十年将会是国际关系急剧变革的时期。全球化和技术进步将会促使国家之间的相互依存进一步加深。国家安全与国家繁荣之间的相互联系将会更加紧密。挑战和威胁的复合特性，要求我们制定集体应对措施，并且促使我们意识到依靠别国的安全来保障自身的安全是不可能的。①

《上海合作组织成员国元首乌法宣言》也重申，必须采取共同措施保障上海合作组织成员国经济社会可持续发展，促进经贸和投资活动，推动高技术经济领域的合作，加强工业各部门现代化，完善交通物流、信息通信和其他基础设施，提高上海合作组织成员国经济竞争力以及人民的生活水平和生活质量。②

【208】

如同其他任何一个国际组织一样，上海合作组织也不是没有问题和矛盾。上海合作组织之所以建立，恰恰是为了在协调政策实现上海合作组织成员国国家利益和谐的过程中消除这些矛盾。"上海合作组织在为相互尊重、平等、建设性对话提供一个平台的同时，为最大限度地消除这些矛盾，为彼此之间相互关系中存在类似矛盾的国家能再拥有一个讨论现有的复杂问题并寻求解决这些复杂问题的必要方案的平台创造必要的环境。"——俄罗斯外交部长拉夫罗夫在上海合作组

---

① Там же.С.3.

② Уфимская декларация глав государств-членов Шанхайской организации со-трудничества.С.9.URL:http://static.kremlin.ru/media/events/files/ru/PyhhPKOjP2Lj5IJmFSa5CWIgaHxRxkA6.pdf.

织和金砖国家乌法峰会期间举行记者招待会时指出。①

比如，《上海合作组织成员国元首乌法宣言》特别强调指出，上海合作组织成员国将就成立上海合作组织发展基金（专门账户）和上海合作组织开发银行继续工作，以便促进本地区贸易和投资联系。上海合作组织框架下讨论这一问题远非第一年，上海合作组织的批评家们将这一问题看作是某种"绊脚石"。

问题的症结何在？不断增长的中国经济实力让上海合作组织的其他成员国产生了忧虑：新的金融机构（况且，恰恰正是中国提议成立的）可能会成为加强占据优势地位的中国影响力的一种工具。

中国方面的逻辑是可以理解的，并且是基于上海合作组织内利用自身竞争优势的自然愿望这一基础：面向出口的中国经济，将需要扩大销售市场。因此，当初中国提出了建立上海合作组织自由贸易区的想法，后来又提出了关于成立上海合作组织发展基金和上海合作组织开发银行的建议，其目的都是为了巩固贸易和经济影响的手段。

为了平衡这一趋势，俄罗斯和哈萨克斯坦也提出了在扩大已经现 【209】存的总部设在阿拉木图的欧亚开发银行潜能的基础上，成立上海合作组织开发银行的建议。这引发了上海合作组织框架内新一轮讨论，并且讨论一直持续至今。

上海合作组织框架内的经贸合作是否可以是不均衡的？——这对于上海合作组织成员国而言乃是一个难题。比如，А.加布耶夫认为，

---

① Пресс-конференция Министра иностранных дел России С.В.Лаврова «на по-лях» саммитов БРИКС и ШОС,Уфа,9 июля 2015 г.URL:http://archive.mid.ru/brp_4.ns f/0/94B3F FD7279721CA43257E7D00449B30.

中国不会同意以逊色于或者甚至等同于俄罗斯的伙伴国地位加入欧亚开发银行，并且在成立上海合作组织开发银行时将不得不同意重要的条件——即中国在资本中占据优势地位，管理机构将设在北京或者上海，相应地，银行工作人员中中国公民将占多数。

根据专家的意见，不应当将外交努力导向去修改这些对于中国而言的基本参数，而应当将外交努力导向在规范的文件条款中反映俄罗斯及其中亚伙伴国的相应利益：将最出色的世界银行、亚洲开发银行、欧洲复兴开发银行以及其他类似机构的成功实践的投资指南列入上海合作组织开发银行的相关规章中，因为它们可以最大限度地考虑到贷款受援国的利益。还应当在文件中注明优惠利率生成的程序，注明在落实项目时必须要有当地的承包单位（并且明确当地公司完成的最低工作量），注明严格遵守生态法，注明技术转让程度，等等。①

还应当在同欧亚和亚太地区一体化进程的发展相关的更加广阔的背景下，分析成立上海合作组织发展基金和上海合作组织开发银行的问题。中华人民共和国主席习近平在上海合作组织成员国元首理事会乌法会议上发表讲话时，指出如下内容不是偶然的：

> "必须在贸易和投资便利化和自由化方面迈出更大步伐。中方愿意同各方加强合作，优先实施已经达成共识的互联互通项目，为项目可行性研究和规划提供资金支持，参与设计和建设的

【210】

---

① *Габуев А.* Приручить дракона. Как использовать финансовые амбиции Китая в ШОС// «Россия в глобальной политике». № 1.2015.C.154-155.

投融资合作。在未来几年，推动形成区域内互联互通格局。"①

这一态度总体上受到了俄罗斯方面的赞成。对于俄罗斯而言，有一点是非常重要的，即俄罗斯不同于像中国和美国那样的经贸"巨头"，目前，俄罗斯所关注的与其说是推进区域贸易自由化，倒不如说是加强区域贸易的透明化和经贸便利化，建设一个符合俄罗斯经济并且特别是俄罗斯经济面向出口的商品生产领域的优先方向和发展水平的公正、稳定而平衡的经贸体系。

因此，俄罗斯采取了坚持欧亚和亚太地区经贸关系透明化和便利化的优先方向的方针，因为正是这样做才会有助于俄罗斯成为区域贸易新规则讨论的积极而有利害关系的参加者。这一方针符合俄罗斯长期的地缘政治利益。

《上海合作组织至2025年发展战略》指出，上海合作组织成员国将采取措施发挥上海合作组织跨境运输潜力，构建地区跨境交通和运输走廊。合作的重要方向是基础设施和物流现代化方面的协作，包括扩大上海合作组织地区国际物流中心网和构建交通干道沿线的产业集群。②

加强透明化和便利化能促进新的多边金融机构的建立，包括亚洲

---

① Стенограмма заседания Совета глав государств-участников Шанхайской организации сотрудничества в расширенном составе.Уфа,10 июля 2015 г.URL:http://www.kremlin.ru/events/president/transcripts/49908.

② Стратегия развития Шанхайской организации сотрудничества до 2025 года.С.18.URL:http://static.kremlin.ru/media/events/fi les/ru/a3YPpGqLvQI4uaMX43lMkrMbFNewBneO.pdf.

基础设施投资银行和丝路基金。

亚洲基础设施投资银行负有成为亚太地区基础设施项目发展的强大金融工具以及对国际货币基金组织和世界银行的举足轻重的补充的使命，亚洲基础设施投资银行的成立客观上回应了新挑战，并且反映了世界经济秩序的变化。自 2010 年起，新兴经济国家积极推动改革西方国家现有的国际金融机构。

所有有利于新的金融玩家的、试图改革这些机构的尝试都因为美国的抵制而以失败告终。中国和其他发展中国家早已经对自身在国际金融机构中偏低的代表性提出了抗议。关于成立亚洲基础设施投资银行的决策证明了北京决意不再等待西方的怜悯，而独立地着手对国际金融关系进行改革。①

俄罗斯和欧亚经济联盟加入实施中国倡议的宏大项目"丝绸之路经济带"也是比较重要的。2014 年 11 月 8 日，中华人民共和国主席习近平宣布中国将拨出 400 亿美元来成立丝路基金，以便在"一带一路"倡议框架内给项目提供资金支持。2014 年 12 月 29 日，丝路基金有限责任公司在北京注册成立，并且从即日起开始正式生效。

丝路基金是中长期发展和投资基金，它给"丝绸之路经济带"和"21 世纪海上丝绸之路"（"一带一路"）沿线的国家和地区提供援助，落实规模宏大的保障扩大本地区交通和通信潜能的项目。正如丝路基金有限责任公司董事长金琦于 2015 年 3 月 12 日所表示的那样，公司的董事会、监事会和高管团队都已经搭建完成。近期公司将会开展实

---

① http://inosmi.ru/op_ed/20150403/227278991.html.

质性业务工作。①

因此，关于成立上海合作组织开发银行的问题融入了欧亚和亚太地区经贸关系发展和一体化进程的大背景之中。上海合作组织秘书长梅津采夫在乌法峰会上演讲时强调指出如下内容不是偶然的："在上海合作组织经济协作的实践中，应当关注一个正在强劲发展的新的一体化机构——欧亚经济联盟的议程，还应当关注中华人民共和国主席习近平先生提出的关于建设'丝绸之路经济带'的规模宏大的倡议。关注最重要的项目——亚洲基础设施投资银行的启动至关重要，上海合作组织所有成员国都是亚洲基础设施投资银行的共同创建国。我们认为，这会有利于搞清楚在形成对待成立上海合作组织开发银行和发展基金问题的态度方面做了很长时间工作的各方的立场。"②

【212】

在上海合作组织乌法峰会期间，中国外交部副部长程国平表示，上海合作组织开发银行将是对已有的国家间金融机构的一个给共同项目拨款的补充工具："可以说，这个上海合作组织新银行、亚洲基础设施投资银行以及金砖国家新开发银行是互补关系，相互促进，并不矛盾。"③

哈萨克斯坦总统努尔苏丹·纳扎尔巴耶夫在乌法峰会上发表讲话时提及建立统一的维护地区合作的体系的潜力，包括使改善亚洲基础

① http://russian.news.cn/economic/2015-03/12/c_134062362.htm.

② Стенограмма заседания Совета глав государств-участников Шанхайской орга-низации сотрудничества в расширенном составе.Уфа,10 июля 2015 г.URL:http://www.kremlin.ru/events/president/transcripts/49908.

③ http://ria.ru/economy/20150710/1125076200.html.

设施投资银行、欧亚开发银行和金砖国家新开发银行框架内投资和金融环境的共同措施步调一致的潜能。这样，欧亚经济联盟和上海合作组织的成员国以及"丝绸之路经济带"复兴项目的驻办人员，在统一的投资工具体系框架内，分析超国家金融机构之间相互关系的潜能才有意义。

根据俄罗斯别尔列克团结基金会分析家们的意见，今天，地区所有国家可能都对协调国际金融机构的活动使其步调一致感兴趣。而就在不久前，欧亚开发银行的非控股股东们对于成立上海合作组织开发银行还持怀疑态度。加入欧亚经济联盟的亚美尼亚和吉尔吉斯斯坦对于在欧亚开发银行的基础上成立上海合作组织的银行表示担心，因为这可能会导致其在欧亚经济联盟中的某些一体化过渡项目的拨款缩减。但是，新的超国家开发银行（不是在别的金融机构基础上成立的，而恰恰是独立的一环）排除了这些风险。现在，重要的是，让"年轻的"金融机构在同其他类似的工具达成共识的条【213】件下发挥其职能。①

上海合作组织乌法峰会表达出上海合作组织成员国元首们想加速上海合作组织发展基金和开发银行成立进程的明显意向，这反映了在建设欧亚大陆全面的地区安全体系的过程中，经济安全的作用在增强。哈萨克斯坦总统努尔苏丹·纳扎尔巴耶夫指出，为了货真价实地启动上海合作组织的经济赛车道，需要继续寻求妥协方案。而吉尔吉斯斯坦总统阿尔马兹别克·阿坦巴耶夫明确地表示："我认为，我们

---

① ЦГИ «Берлек-Единство»:Потенциал Банка развития ШОС в соотношении с другими региональными проектами.URL:http://www.ca-portal.ru/article:20260.

必须责成，而且是严格地责成我们各国政府就成立上海合作组织开发银行和发展基金的问题达成一致并最终确定具体的结果。"①

2015 年 7 月 10 日，俄罗斯总统普京在上海合作组织成员国元首理事会扩大会议上发表讲话时，概括地阐述了对于全面保障地区安全方面上海合作组织发展的"经济向量"的立场：

> "我们认为进一步深化上海合作组织内部经贸协作具有特别重要的意义。显而易见的是，我们可以更有效地合力应对世界经济和金融领域的危机，可以更加容易地克服各种限制和障碍。我们认为，在保障粮食、交通、能源和金融安全方面深化合作很重要。我们愿意为落实两大一体化项目：欧亚经济联盟与'丝绸之路经济带'的对接而紧锣密鼓地工作。"②

普京还建议用具体任务充实上海合作组织能源俱乐部的活动，并且表示欢迎上海合作组织各成员国工商界人士积极参与推动务实合作，欢迎上海合作组织工商理事会在这方面发挥重要作用。他认【214】为，在上海合作组织银联体基础上成立国际项目融资中心的计划极具前景，呼吁更积极地利用已经在地区运作的金融机构的潜能：欧亚开发银行、亚洲基础设施投资银行，以及正在创建的金砖国家新

---

① Стенограмма заседания Совета глав государств-участников Шанхайской орга-низации сотрудничества в расширенном составе.Уфа,10 июля 2015 г.URL:http://www.kremlin.ru/ events/president/transcripts/49908.

② Там же.

开发银行。①

上海合作组织乌法宣言包含了促进上海合作组织部分经贸活动发展的具体规划。宣言指出，上海合作组织成员国将继续加强关税合作、交通、能源、工业、电信、农业、科学和新技术、环境保护和保障居民卫生防疫等领域的多边协作，继续起草《2017 年至 2021 年上海合作组织框架内进一步发展项目活动的清单》的工作。上海合作组织成员国将继续强化为贸易和投资创造良好便利的条件和环境，鼓励运用创新成果和发展中小企业之间的合作。

上海合作组织成员国正积极地开展工作，利用上海合作组织工商理事会和上海合作组织银联体的潜力，落实共同的经济、基础设施和投资项目。上海合作组织成员国强调指出了吸引观察员国和对话伙伴国的政府机构和工商界人士参与项目活动的合理性，以及推行公私合营伙伴关系机制的合理性。②

上海合作组织的成员国由多民族和多宗教的社会构成，他们重视保障内部不同民族和不同宗教之间的和平，关注巩固各民族和各宗教和谐共处的悠久传统，推动不同文明之间的对话，并吸引上海合作组织观察员国和对话伙伴国参与不同文明之间的对话。③

---

① Стенограмма заседания Совета глав государств-участников Шанхайской орга-низации сотрудничества в расширенном составе.Уфа,10 июля 2015 г.URL:http://www.kremlin.ru/events/president/transcripts/49908.

② Уфимская декларация глав государств-членов Шанхайской организации со-трудничества.С.10.URL:http://static.kremlin.ru/media/events/files/ru/PyhhPKOjP2Lj5 IJ mFSa5CWIgaHxRxkA6.pdf.

③ Стратегия развития Шанхайской организации сотрудничества до 2025 г.С.20.URL:http://static.kremlin.ru/media/events/files/ru/a3YPpGqLvQI4uaMX43lMkrMbFNe wBneO.pdf.

上海合作组织在新闻工作方面的一项重要任务，是在上海合作组【215】织成员国的公民们心目中形成关于上海合作组织的正面认识，在国际社会和地区塑造上海合作组织的相应形象，这会成为拉近上海合作组织成员国及其人民之间距离、巩固它们之间的睦邻友好和相互信任的推进器。

上海合作组织成员国将通过大众媒体促进接触和交流，定期补充关于上海合作组织当前工作情况及其所取得的政治、经济和人文成就的具有现实意义的最新材料，并且向国际媒体通报上海合作组织的有关活动情况。①

彻底落实《上海合作组织至2025年发展战略》将有利于加强上海合作组织作为保障地区安全和稳定、促进上海合作组织成员国经济合作和提高上海合作组织成员国人民福祉的团结、高效、多领域国际组织的地位。至2025年，上海合作组织将会巩固自己在全球和地区格局中的地位，为促进建设多中心的、民主的国际关系体系而积极工作。②

完全可能的是，上海合作组织责任区的地区安全的未来将由俄罗斯和中国在上海合作组织里的"角色分配"的战略平衡来决定：在上海合作组织框架内，俄罗斯联邦将主要关注安全问题，而中华人民共和国则主要关注经济发展、贸易和相互投资等问题。这种战略互补将会增强上海合作组织的潜力，促进上海合作组织中长期稳定发展，并巩固上海合作组织整体上作为成长中的世界秩序的一个支柱的地位。

---

① Там же.С.22.

② Там же.С.25.

俄罗斯、中国、区域安全与合作前景

【216】 欧洲、欧亚和亚太地区一体化进程对接的前景

有必要建立一种格局，使与西方伙伴国(欧盟)和东方伙伴国(中国及亚太地区多边贸易和经济实体)进行欧亚一体化的机构和机制相互作用，这种必要性从 2015 年欧亚经济联盟开始工作就变得越来越明显。

把欧亚一体化和欧洲一体化对接，把建设欧亚经济联盟和"丝绸之路经济带"对接是俄罗斯及其欧亚一体化伙伴国的战略方针。该方针明确体现出，构建"联盟间的"关系不仅是保障欧亚一体化在当代竞争世界中存在的必要条件，而且是欧亚经济联盟能在东西方的地区经贸"巨头"中占据应有地位的前提。

现在，后苏联空间西部形成的综合关系是使俄罗斯和欧盟的关系变得复杂的因素。而对于俄罗斯的外交政策来说，欧亚空间一体化进程则是主要的战略重点。另一方面，对于欧盟来说，发展与后苏联空间西部国家的一体化关系也是主要的外交方向之一，即使暂不向这些国家开放成员国资格，欧盟也不打算拒绝这样做。

传统上吸引俄罗斯与欧盟发展关系的中心是经贸问题，首先是能源领域的问题。但是，今天俄罗斯与欧盟在后苏联空间西部地区的矛盾整体上对欧盟和俄罗斯的关系产生了从未有过的影响。造成了一种印象，正是这种综合性矛盾开始从整体上决定俄罗斯与欧盟的关系。因此必须回忆一下，大概从 2000 年中期开始，俄罗斯与欧盟的关系就初步形成了停滞趋势，并因政治成分而恶化。但是，尽管这样，二者关系中的经济指标，首先是贸易、投资和国民的交往仍持续稳定增长。【217】

正如 A.B.伊佐托夫和 Ю.B.米沙尔琴柯所指出，欧盟采取反俄制裁是双方二十多年关系史上前所未有的举措。因乌克兰危机引起的俄罗斯与欧盟关系恶化是俄罗斯与西方制度的关系总体恶化的一部分，因为欧盟在西方制度中起着极其重要的作用。俄罗斯要稳定与西方社会的关系整体上取决于四个层面关系的稳定。

· 第一个层面——俄美关系和俄罗斯与大西洋的关系。美国是主要的西方国家，在西方大部分制度中起着十分重要的作用。

· 第二个层面——俄罗斯与"新欧洲"国家的关系。这种关系层面更具政治性。对于中东欧国家来说，20 世纪下半叶的集体记忆是让他们为难的因素。同样，该地区的国家虽然在地理上与俄罗斯接近，但却在积极加强北约在这一地区的作用，并努力增加北约的军事基础设施。俄罗斯对此也很敏感。

·第三个层面——俄罗斯与欧盟及其主要成员国之间的关系。从本性来说，该层面很大程度上是经济性的，之所以重要是因为与欧盟主要国家的合作对于俄罗斯经济的现代化和质的发展都极其重要。

·第四个层面的关系涉及俄罗斯和位于俄罗斯与欧盟（以及北约）之间的后苏联空间西部地区的国家。这个关系层面的情况现在最复杂，它决定了其他层面关系的恶化。[①]

【218】　　欧盟在很多方面都带着自己对俄罗斯在后苏联空间所实行政策的评价来看待欧亚一体化进程。正如上述作者指出，从2011—2012年，俄罗斯与欧盟在共同接壤空间中的竞争就开始加强了。俄罗斯试图让乌克兰加入欧亚一体化进程引发了欧盟的计划。欧盟在与东部伙伴国签署的联合协议方面抱定了自己的战略目标。俄罗斯与欧盟对其"共同接壤"地区的国家都采取了积极政策，这使其中一些国家面临没有余地的选择：是优先发展与欧盟的关系还是发展与欧亚联合体的关系。这使一些国家的政府在莫斯科和布鲁塞尔之间实行传统的机动战

---

① *Изотов А.В.,Мишальченко Ю.В.*Влияние политических,правовых и экономических процессов на евразийском пространстве на отношения между Россией и Европейским союзом.URL:http://www.eurasialegal.info/index.php?option=com_content&view=article&id=4062%3A-c&catid=1%3Aeurasianintegration&Itemid=1&limitstart=2.

略的机会变得非常小，导致内政问题加剧。乌克兰就是这些进程中情势最紧张的例子。

但是，无论是俄罗斯还是欧盟都明显高估了欧盟与其"东部邻国"之间签署联合协议的重要性。这些协议只是结构上类似欧盟与巴尔干西部国家签订的稳定与联合协议，但不是写的加入欧盟，就像没写来自欧盟的实质性财政支持一样。主要的问题不在于签署和批准这些协议，而在于定性和一致执行这些协议。这有可能很不符合俄罗斯与欧盟"共同接壤"地区的国家中部分政治精英的利益，即使他们发表政治演说，主张快速签订协议。①

2014 年 5 月，俄罗斯、白俄罗斯和哈萨克斯坦在阿斯塔纳签署了《欧亚经济联盟条约》，成立该联盟的主要目的是："为提高居民生活水平，而创造稳定发展成员国经济的条件；努力在联盟内形成统一的商品、服务、资本和劳动力市场；实现全面现代化与合作并提高国民经济在全球经济中的竞争力。"②【219】

伊佐托夫和米沙尔琴柯认为，欧盟所持的立场是，关税同盟框架内的义务排除了其成员与欧盟建立自由贸易区的可能性——和独联体多边自由贸易区不同（在 2011 年 10 月哈萨克斯坦、俄罗斯、白俄罗斯、吉尔吉斯斯坦、塔吉克斯坦、亚美尼亚、摩尔多瓦和乌克兰签署的条约基础上），后者不要求超国家机构的工作。莫斯科认为，如果按照欧盟和欧亚经济联盟之间建立自由贸易区的方式进行，这些阻碍

① Там же.

② Договор о Евразийском экономическом союзе.С.7.URL:http://economy.gov.ru/minec/about/ structure/depsng/agreement-eurasian-economic-union.

可以被清除。

2014 年 6 月 27 日，乌克兰、格鲁吉亚和摩尔多瓦签署了有关与欧盟联合的协议。俄罗斯一方面指出，签署这些协议是主权国家的权利；另一方面又强调，在欧盟与联系国之间建立自由贸易区时，它可以采取措施保护自己的内部市场。比如，俄罗斯可以废除与乌克兰的自由贸易制度，而采用标准的最惠国待遇制度。[①]

此时，如果欧亚经济联盟和欧盟以自由贸易原则和共同调控体系为协作的根据，那莫斯科就看不到欧亚一体化进程和发展与欧盟关系中的矛盾了。

于是，2010 年 11 月，普京（当时任俄罗斯总理）在《德国日报》上发表的文章中提出了俄罗斯与欧盟建设自由贸易区的长期计划，德国政界当时曾有些谨慎地接受了这一计划。包括首相安格拉·默克尔当时也宣布说德国欢迎这种想法，但俄罗斯联邦的海关政策和俄罗斯联邦、白俄罗斯、哈萨克斯坦参加的关税同盟是实现这一方案的阻碍。

【220】"必须提出一些更大更有抱负的任务。其中之一是欧洲和欧亚一体化进程的对接。我相信，这些进程之间没有矛盾"，——2014 年 1 月俄欧峰会结束后，普京在新闻发布会上宣布。他还指出："两个一体化模式都是依照世界贸易组织的规范，在相似的原则上建立的，将会有效地相互补充，促进相互易货的增长。"普京还宣布，俄罗斯建

---

① *Изотов А.В., Мишальченко Ю.В.* Влияние политических, правовых и экономи-ческих процессов на евразийском пространстве на отношения между Россией и Евро-пейским союзом.

议欧盟领导人与欧亚经济联盟建立自由贸易区。[①]

2014 年 10 月，普京在明斯克的最高欧亚经济委员会会议上宣布："8 月份在明斯克这里，'三巨头'国家首脑会见了乌克兰总统和欧盟的代表。基辅和布鲁塞尔方面都留心听取了我们的论据，并通过了决议，决定把《联合协议》的经济联盟推迟到 2015 年 12 月 31 日采用……我们必须团结一致，为了两个一体化项目的对接去说服伙伴国放弃欧洲一体化和欧亚一体化的对抗。"[②]

遗憾的是，无论是后苏联空间的一体化，还是欧盟，目前实际上都不完全符合这些意向。也不能保证将来一定会有。而且，扩大基础设施网，开展跨境运输项目并在公开的区域主义原则上开展电力方面的合作——考虑到后苏联国家介于欧洲和亚洲之间的地理位置——最好能创造一些能为该方案提供更有利的外部环境的条件。这里说的是建造能达到中国和亚太地区其他国家的横贯大陆的交通要道。[③]

俄罗斯和欧盟需要一个新的起点，需要在冷静理解共同价值和利益以及准备推进欧亚一体化与欧洲一体化机制对接的基础上，对相互的伙伴关系与合作有新的认识。

正如 Л.克里什塔波维奇指出的："欧亚一体化和创建欧亚联盟也符合欧盟的利益，因为这排除了后苏联空间的解体，分裂是后苏联空间目前安排不当和发生冲突的主要原因。而这种冲突无疑会使 【221】

---

① http://ria.ru/world/20140128/991833926.html#ixzz3KLViZpCO.

② http://news.kremlin.ru/news/46767.

③ *Стрежнева М.*Евразийская интеграция в контексте партнерства Россия-ЕС.URL:http://russiancouncil.ru/inner/?id_4=1546#top.

欧盟本身无论是在经济还是在社会政治方面都不稳定，因为共同的欧洲空间，无论是欧盟的空间，还是后苏联空间，都可以被比作连通的血管。"①

但愿欧盟建立的共同自由贸易区和由欧亚经济联盟、乌克兰以及其他与欧盟有联系的东部伙伴国组成的关税同盟能综合解决复杂的情势。但是，除了政治意愿，还需要为此付出时间来解决大量纯经济和技术问题。只有三方全都是世界贸易组织成员，或者计划近期内成为该组织成员，才能从客观上促进这一方案的完成。

另外，对于世界贸易组织某些规范的解释，俄罗斯和欧盟的看法常常不一致。俄罗斯的态度大体上更保护关税，而欧盟的态度更自由一些。还有"价值断裂"因素以及欧盟和俄罗斯对于自身双边关系的未来缺乏一致的战略眼光，这都将是阻碍因素。

此外，使建立自由贸易区的前景变得复杂的因素将会是欧盟与欧亚联盟内部发展的问题。俄罗斯、白俄罗斯和哈萨克斯坦确立了欧亚经济联盟规范的制度基础。从自己一方来讲，欧盟已经被吸引到参加建立横跨大西洋自由贸易区的谈判中来了。

欧亚一体化与"丝绸之路经济带"的对接

中国正在积极地努力加固自己在欧亚大陆和中亚地区的存在，最明显的体现就是"丝绸之路经济带"方案。这是当代区域化与全球化

---

① http://politobzor.net/show-37452-evraziyskaya-integraciya-vazhna-i-dlya-evropy.html.

经济趋势最有标志性的创新表现之一。在项目落实过程中，该方案将根本改变欧亚大陆的地缘经济与地缘政治局势。这一宏大方案的理念引起了俄罗斯学术与专家群体的辩论。

"丝绸之路经济带"方案在政治领导层面已经获得俄罗斯的支持。【222】2014 年 2 月，中华人民共和国和俄罗斯联邦领导人在索契会晤时具体讨论了这一主题。2014 年 5 月，普京总统结束对上海的访问后发表联合声明讲道：

> "俄罗斯认为中国建设'丝绸之路经济带'的倡议很重要，对于中方在制定与落实该倡议的过程中准备考虑俄罗斯的利益予以高度评价。双方继续探索'丝绸之路经济带'方案与建立欧亚经济联盟对接的可行方式。为此目标双方打算继续深化两国主管部门之间的合作，包括促进地区交通基础设施互联互通。"①

因此，俄罗斯联邦外交部长拉夫罗夫指出，两国首脑约定增加合作，包括在经济部门和运输部门，还包括有可能通过"丝绸之路经济带"连接欧亚一体化和规划横贯西伯利亚大铁路以及贝加尔—阿穆尔铁路干线来落实合作方案。计划就这一主题开始俄中专家对话以推进两国领导人的约定。②

---

① Совместное заявление Российской Федерации и Китайской Народной Респу-блики о новом этапе отношений всеобъемлющего партнерства и стратегического вза-имодействия.URL:http://news.kremlin.ru/ref_notes/1642.

② Интервью министра иностранных дел России С.В.Лаврова газете «ChinaDaily»15 апреля 2014 г.URL:http://www.mid.ru/brp_4.nsf/0/C0CE36DCDAABF0E444257CBB002 0E494.

在这一对话框架下需要讨论和商定很多与"丝绸之路经济带"有关的、涉及中国和俄罗斯一致利益的问题，并制定努力落实方案的相互协调机制。

"丝绸之路经济带"倡议的主要内容

【223】

众所周知，2013 年 9 月，中华人民共和国主席习近平在哈萨克斯坦提出"丝绸之路经济带"倡议时，定义了以务实合作并为参与国的实际利益落实合作项目为重点的五个内容丰富的倡议。

第一，加强政策沟通。各国可以就经济发展战略和对策进行充分交流，本着求同存异原则，协商制定推进区域合作的规划和措施，在政策和法律上为区域经济融合"开绿灯"。

第二，加强道路联通。完善跨境交通基础设施，逐步形成连接东亚、西亚、南亚并通往欧洲和非洲的交通运输网络。

第三，加强贸易畅通。各方应该就贸易和投资便利化问题进行探讨并做出适当安排，消除贸易壁垒，降低贸易和投资成本，提高区域经济循环速度和质量，完全开启各国在贸易和投资领域的合作潜力。

第四，加强货币流通。实现本币兑换和结算，加强双边和多边金融合作并创办地区金融开发组织，降低流通成本，增强抵御金融风险的能力，提高本地区经济的国际竞争力。

第五，加强民心相通。促进文明间对话，发展民间友好关系。①

---

① http://www.fmprc.gov.cn/rus/zxxx/t1075402.shtml.

由此可以得出结论，"丝绸之路经济带"是一个具有世界意义的新型综合方案。"丝绸之路经济带"的范围不仅限于中亚，因为丝绸之路把环太平洋和欧洲经济圈连在了一起，囊括了整个欧亚大陆。通过扩大向西方的开放，中国希望深化国内中西部地区之间的贸易联系和与中亚、南亚、西亚的经济合作，同时推动欧亚大陆的经济协作，实现地区在能源、矿物产品、旅游、文化、工业和农业方面的资源调配，以及地区国家在生产中的合理分配、相互补充和共同繁荣。

【224】

重要的是，建设"丝绸之路经济带"将以新的合作模式为基础。"丝绸之路经济带"不打算建立区域经济一体化组织，不追求建立强制统一体制为目的，不打算破坏已有的地区体系。由于政策沟通、道路联通、贸易畅通、货币流通和民心相通，将逐渐形成完整的区域合作制度，使欧亚国家间的联系更紧密方便。

尽管，"丝绸之路经济带"这一理念由中国提出，但它不是一项以中国为首的地缘经济计划，而是一个开放的多边区域合作过程，统一的利益和双赢将把很多国家连在一起。①

"丝绸之路经济带"不是一个经济一体化组织，而是一种国际经济体制，这种提法在原则上很重要。国际体制指的是一系列已成形的、通过决议时所包含的原则、规范、规则和程序，体现了某种国际关系领域的参与国一致的观点。②

---

① 《Жэньминь жибао》 онлайн,15 мая 2014 г.URL:http://russian.people.com.cn/95181/8628076. htm.

② Подробнее о международных режимах см.с.266-268.

欧亚经济联盟与“丝绸之路经济带”

俄罗斯和中国的专家们现在讨论的主要问题是：俄罗斯倡议的欧亚一体化和“丝绸之路经济带”方案到底能结合到何种程度。他们既允许可能出现的差异和不一致，也认为面向俄罗斯的欧亚经济联盟和“丝绸之路经济带”的互利协作是有可能的。

【225】　2013 年 10 月初，《人民日报》发表了两篇介绍中国在中亚推行理念的纲领性文章《中国、美国和俄罗斯在中亚的战略有何差别?》和《“丝绸之路经济带”——中国在中亚具有何种竞争优势?》。这些材料讲述了中国的“丝绸之路经济带”项目对于俄罗斯和美国竞争者的优势。

一些俄罗斯专家，如弗拉基米尔·杰尔加乔夫从自己这方面指出，与俄罗斯的欧亚联盟相比，“丝绸之路经济带”拥有相当多的金融资源，遍布约有 30 亿人口的欧亚大陆的东南西北，消费市场极大。俄罗斯的方案只能联合十分之一到十五分之一的居民。[①]

俄罗斯科学院经济研究所所长 P.格林贝格院士认为：“只有在统一的经济空间的相应疆域里，当中没有任何界限，居民人数在两亿到两亿五千万之间，才有可能组织有效的一体化。俄罗斯在这方面的情况不太有利，因为只有一亿四千万人——不伦不类。既不像根据定义应当被列入一体化方案的卢森堡公国，又不像中国，后者不需要扩大

---

① *Дергачев Владимир.* Будет ли Евразийский Союз частью китайского суперпро-екта?URL:http://dergachev.ru/analit/The_Great_Silk_Road/04.html#.U5AOSvl_uJp.

经济规模，因为它自身的规模已经创造了大批量有效生产的基础。"①

但是，揭示欧亚经济联盟与"丝绸之路经济带"的相似性和互补潜力远比指出其差异和不足要重要得多。因此，中华人民共和国驻白俄罗斯共和国特命全权大使崔启明指出：由于今天的地缘经济关系，"丝绸之路经济带"与俄罗斯、白俄罗斯以及苏联的其他国家紧密联系在一起。20 年来，中国与这些传统的朋友和不可替代的伙伴国家，建立了平等互利合作的友好关系。建设经济带和建立欧亚经济联盟的进程不仅互不影响，而且相互补充，这两个过程可以以平行的方式进行。毫无疑问，这将是中国发展和后苏联空间国家的全面战略协作伙伴关系的新的能量和力量之源。②【226】

中国的研究人员钟声也认为，要是能把一些现在已经完成的中俄合作项目，比如油气管道，"重庆—新疆—欧洲"铁路干线，"中国西部—欧洲西部"国际公路，中国参与开发俄罗斯远东和东西伯利亚等等，与建设"丝绸之路经济带"相结合就好了，因为这里面包含着中国和俄罗斯的共同利益。在他看来，建设"丝绸之路经济带"和欧亚经济联盟的过程不仅不相互妨碍，而且互相补充，二者可以同步进行。这无疑将是中俄发展全面战略协作伙伴关系的能量与力量之源。③

---

① *Гринберг Р.С.*Формирование Евразийского союза:шансы и риски.О роли Рос-сийской Федерации в евразийском интеграционном процессе:перспективы разви-тия и углубления экономической интеграции(к «правительственному часу» в рамках 350-го заседания Совета Федерации Федерального Собрания Российской Федерации,26 марта 2014 г.).Аналитический вестник № 6(524).М.,2014.С.20-21.

② http://www.belta.by/ru/person/interview?id=514671.

③ *Чжон Шэн*.Развивать дух Шелкового пути и совместными усилиями совершать великие дела.С.4-5.

2014 年 5 月，普京结束对中国的访问之后发表了《俄中联合声明》，声明中体现了上述立场：

"双方坚信，2015 年 1 月 1 日成立欧亚经济联盟的计划将促进地区稳定并继续深化双边的互利协作。双方强调了亚洲、欧亚空间和欧洲一体化进程互补的重要性。"①

但是，除了要理解中国的项目不是欧亚联盟的替换物，重要的是还要记住这些项目的落实过程有多种方案。复旦大学俄罗斯中亚研究中心主任赵华胜指出，同时参与几个区域经济项目已经成为受欢迎的实践活动。在中亚也将会出现这种情况。该地区的一些国家可以同时参加三个分别以中国、俄罗斯和美国为首的区域项目。

【227】

因此，赵华胜教授指出："欧亚联盟的成功或完全失败都与中国的'丝绸之路经济带'项目无关，它取决于俄罗斯和相关国家的关系。我认为，随着双边经济关系的深化，中国和俄罗斯将一起加入区域经济合作的发展过程。如果没有效果，那两国只能单独地推进自己的思想。"②

促进相互贸易和投资以及简化贸易手续是构建"丝绸之路经济带"最重要的内容之一，因此，中国和关心外部市场扩大的相关国家以及

---

① Совместное заявление Российской Федерации и Китайской Народной Респу-блики о новом этапе отношений всеобъемлющего партнерства и стратегического вза-имодействия.URL:http://news.kremlin.ru/ref_notes/1642.

② Новый Шелковый путь:стратегические интересы России и Китая.URL:http://russiancouncil.ru/inner/?id_4=2883#top.

欧盟之间的贸易制度自由化问题需要单独讨论和仔细研究。

同时，欧亚经济联盟条约规定建立"1994 年关贸总协定所解释的依据国际联盟条约与第三方进行贸易中的商品自由贸易制度是与该条约 102 条所规定的第三方。与第三方建立自由贸易体制的国际联盟条约，可以包含与外贸活动有关的其他规定"①。

不能不同意瓦尔代国际辩论俱乐部撰写分析报告的作者们的观点："对于地区来说，在中国向中亚进行必然而适当的经济推进过程中，欧亚经济联盟成为了民族市场在保持其投资吸引力的条件下受贸易保护的有效手段。欧亚经济联盟与'丝绸之路经济带'的结合极有可能促进联盟的巩固与扩大，因为这将加固成员国的立场，即使在面对最强大的外部的伙伴国时。"②

"丝绸之路经济带"与洲际运输干线 【228】

"丝绸之路经济带"沿线的国家大都拥有广袤的领土，丰富的能源与山地资源和旅游、文化与农业资源，以及独一无二的市场规模和潜力。但是，由于经济和历史原因造成的交通不便，严重遏制了地区的经济发展。因此，发展交通运输并完善交通基础设施是"丝绸之路经济带"框架内的首要任务。

---

① Договор о Евразийском экономическом союзе.C.34-35.

② К Великому океану-3.Создание Центральной Евразии.Экономический пояс Шелкового пути и приоритеты совместного развития евразийских государств.Анали-тический доклад Международного Дискуссионного клуба «Валдай»(краткая версия).2015.C.11.

于是，专家们呼吁实际利用多边合作的运营机制，如上海合作组织。2013 年 11 月末，上海合作组织成员国政府首脑结束在塔什干召开的会议之后，通过了关于进一步开展运输领域合作的联合声明，强调必须尽快签署《政府间国际道路运输便利化协定》①。

还可以利用与俄罗斯有关的现有交通基础设施用于"丝绸之路经济带"建设。比如，横贯大陆的欧亚铁路干线连云港—鹿特丹，从中国经哈萨克斯坦和俄罗斯到达欧盟国家。还有俄罗斯境内往圣彼得堡方向（通向波罗的海和北欧），经过白俄罗斯到达中东欧和西欧。可以经过圣彼得堡和新建的俄罗斯卢加港到达欧洲。卢加港和普利莫尔斯克港的港口设备交付使用之后，就不必通过拉脱维亚过境了。

正如专家指出的，2013 年，俄罗斯境内通行了 141 列集装箱专用列车，运送电脑、液晶显示器、服装、汽车配件和其他商品。中国缩短了送货时间，从沿海路经印度洋和苏伊士运河耗时 45 个昼夜，减少到沿横贯西伯利亚大铁路需要的两周，再到沿横贯大陆的欧亚铁【229】路线只需 10 个昼夜的时间。确实，由于中国西北的气候条件(飓风)，集装箱专用列车常常被迫停运。②

"丝绸之路经济带"和横贯欧亚"发展"带

俄罗斯的学者和专家也在提出并讨论自己的一些思想和理念，很

---

① http://infoshos.ru/ru/?idn=12287.

② *Дергачев Владимир.*Будет ли Евразийский Союз частью китайского суперпро-екта?URL:http://dergachev.ru/analit/The_Great_Silk_Road/04.html#.U5AOSvl_uJp.

多方面与"丝绸之路经济带"相一致。比如，他们认为，应当有综合性的交通要道把欧洲和亚洲连接起来，该要道能对世界经济有新的推动，也许能使世界摆脱经济危机。这是俄罗斯科学院主席团成员、俄罗斯铁路公司总裁弗拉基米尔·雅库宁提出的大型方案的实质。

方案的目的是建立横贯欧亚的"发展"带。不仅计划安装铁路运输线，还要安装输送石油、天然气、水和电力的管道，以及建立从太平洋到大西洋的各种联系。雅库宁指出，如果能成功体现这一思想，那么将成立 10—15 个新工业部门，出现一些新城市和大量新的工作岗位并进一步开发西伯利亚和远东。

雅库宁认为，实现如此宏大的国际方案能赋予整个世界经济一种新的品质，或许能使世界摆脱全球经济危机。雅库宁强调，"作为文明核心的俄罗斯和从太平洋到大西洋与它一体化的地区的发展"[①] 是方案的最高任务。

正如雅库宁在报告中指出的，包括统一的交通、能源和远程通信设施的完整系统是大型方案的关键内容，最后，滨海地区的港口和中国与白俄罗斯西部边界的口岸将连接起来。第二阶段，可以敷设一条到北美的专线"西伯利亚—白令海峡—阿拉斯加"。该系统将为在俄罗斯亚洲部分建立现代科技工业空间和创造从欧洲—亚洲、从欧洲—美洲的有收益的货物直达运输服务。[②]

横贯欧亚发展带被构思为"参与者之间的空间协作组织：欧盟、【230】中国、日本、韩国和蒙古。横贯欧亚发展带是组织欧亚空间的特殊方

---

① http://fi nance.rambler.ru/news/economics/142730989.html.

② Поиск.21 марта 2014 г.URL:http://www.poisknews.ru/theme/science-politic/9618/.

式，在该空间中，'不是俄罗斯位于欧洲和亚洲之间，而是欧洲和亚洲分别位于俄罗斯的左边和右边'"。换句话说，俄罗斯的作用不在于把自己的中转潜力转化为资本，而是在与俄罗斯接壤的所有文明中心都参与共同发展的基础上，构建新的社会财富生成点。①

2014 年 3 月 11 日，在曾讨论过雅库宁报告的俄罗斯科学院主席团会议上，上海国际问题研究院俄罗斯中亚研究中心主任李新发言说："一些专家推测，中国会引导自己的丝绸之路绕开俄罗斯。但这与真实事态和现实利益是根本矛盾的。2 月 7 日，适逢索契奥运会开幕，两国领导人在索契举行会晤是对此最好的证明。习近平正式邀请俄罗斯参加丝绸之路建设，并强调说，该方案应当'成为中俄战略协作伙伴关系发展的新平台'。普京回应说，俄罗斯将在这方面采取积极措施，'并打算将俄罗斯的铁路线和新的基础设施项目实现对接'，以便相互获利。"

李新教授强调说："'丝绸之路经济带'方案，从一开始就是依靠所有参与者的相互利益。至于说到俄罗斯，如果没有俄罗斯的参与，这一方案根本就不能实现。比如，方案中有一部分就是专门讲中国东北的复兴战略与俄罗斯东西伯利亚和远东开发相对接的。"②

在此背景下，不能不关注俄罗斯为完成横贯朝鲜半岛铁路改造以【231】及该铁路后来与横贯西伯利亚大铁路相连接所付出的努力。往后，这

---

① *Якунин В.И.*Интегральный проект солидарного развития на Евро-Азиатском континенте(научно-практическая концепция).Доклад на заседании Президиума РАН.М.,11 марта 2014 г.С.28.

② *Ли Синь*.Стыковка Шелкового пути с Трансевразийским поясом Razvitie.URL:http://bdm. ru/styikovka-shyolkovogo-puti-s-transevraziyskim-poyasom-razvitie/.

将为"丝绸之路经济带"的交通构成开启新的机遇。

2014 年 4 月 18 日，国家杜马通过法案批准俄罗斯和朝鲜民主主义人民共和国有关调整苏联贷款债务的协定。根据该法案，俄罗斯从朝鲜欠苏联的 110 亿美元中免除 100 亿美元债务，剩下的 10 亿美元 20 年还清，并重新用于投资朝鲜民主主义人民共和国境内的能源、卫生及教育领域的项目。这种"债务换发展"的方式能吸引朝鲜民主主义人民共和国参加俄罗斯铁路公司和"天然气工业股份公司"的国际项目。

《生意人报》指出，近些年，俄罗斯向朝鲜民主主义人民共和国投资的数额每年不超过 200 万美元。但是，2013 年，俄罗斯铁路公司完成了朝鲜的一个大型项目——哈桑—罗津铁路的改造工程（这条铁路是建立与横贯西伯利亚大铁路相连、贯通朝鲜半岛南北方运输通道计划的一部分）。俄罗斯天然气工业股份公司也早已在研究类似敷设天然气管道经朝鲜运送燃气的项目。朝鲜民主主义人民共和国准备讨论在朝鲜境内修建管道和铁路所需的土地拨款支付给韩国的可行性，这理应依靠划拨金额。①

俄罗斯的克里米亚——"丝绸之路经济带"的新机遇

"克里米亚事件"之后的俄中关系出现了与实现"丝绸之路经济带"有关的、令人感兴趣的新机遇。克里米亚是"丝绸之路经济带"的关

---

① http://www.kommersant.ru/doc/2456697.

键环节。2013 年 12 月，与乌克兰时任总统离职相关的乌克兰紧张事件前夕，亚努科维奇在中国签署的绝大部分经贸合作的贷款协议，都正好与克里米亚有关。

应当提醒一下，在这些协议中，乌克兰准备把克里米亚的部分领土转交中国用于成立所谓的经济开发区，本应当列入"丝绸之路经济带"，就像塞瓦斯托波尔和叶夫帕托里亚地区的领土一样，曾打算在【232】那里建设深水港。此外，在"丝绸之路经济带"框架内还曾计划在克里米亚建设新机场、造船厂、炼油厂，用于液化天然气的终端，以及教育中心、海滨浴场和游乐区。

在克里米亚建设深水港能使从中国运往欧洲的商品路线大约缩短6000 公里。中国将通过苏伊士运河和地中海，经直布罗陀海峡把自己的货物运往欧洲，在这个新港口周围还将建设 30 万平方公里的工业园区。此外，乌克兰和中国还计划共同改造和发展塞瓦斯托波尔海洋渔港并在其周边建设高技术工业区。

中国对港口基础设施的投资应当在 30 亿美元左右。但这只是中国开发克里米亚经济区的第一阶段。第二阶段打算在克里米亚建设飞机场、造船厂、炼油厂、液化天然气生产基地、教育中心和海滨浴场附属设施。

中国在第二阶段的投资应当已经达到了 70 亿美元。正如中国方面的项目代表王晶所说，项目落实的时间大体上不超过两年，所有项目投入运行后大约经过六年能产生收益。①

---

① http://gorchakovfund.ru/news/9427/.

克里米亚成为俄罗斯联邦的一部分之后，在新情况下，上述计划的落实具有很好的前景。最起码是这样。俄罗斯常驻欧盟代表弗拉基米尔·奇若夫不久前指出，克里米亚加入俄罗斯不会对项目造成影响。①

"丝绸之路经济带" 和 "草原丝绸之路"

在"丝绸之路经济带"框架内，蒙古国、中国和俄罗斯都积极参与并紧张地讨论了"草原丝绸之路"方案，这可以成为"丝绸之路经济带"的重要组成部分并赋予其新的势态。

中华人民共和国外交部长王毅与蒙古国外交部长龙德格·普日布苏伦会面时宣布，中国、蒙古国和俄罗斯伟大的亚洲草原可以成为统一的经济空间，变成现代丝绸之路。他提议建设一条穿越整个欧亚大陆的中—蒙—俄经济走廊。在他看来，建设三边经济走廊是把中华人民共和国构建"丝绸之路经济带"和"21世纪海上丝绸之路"的倡议与蒙古国"草原之路"的规划以及俄罗斯推出的横贯欧亚铁路干线计划结合在了一起。中国准备加强与蒙古国和俄罗斯的联系，起草了必要的计划，确定了"路线图"，正在实际推进三边经济走廊方案的落实。②

正如拉夫罗夫指出的，2014年9月，俄罗斯、中国和蒙古国领

【233】

---

① http://continentalist.ru/2014/04/kitay-nameren-masshtabno-investirovat-v-kryim/.

② В Улаанбаатаре Нарышкин поклонился Чингисхану и помешал акции протеста монгольских шаманов.URL:http://asiarussia.ru/news/6201/.

导人在杜尚别召开的峰会上约定，鉴于我们三国间紧密的历史和地理联系以及由来已久的经济关系，若能赋予这种合作新的"生气"还是不错的。三国领导人责成本国的外交、经济、能源和交通部长详细拟定出文件，最好能在互利基础上推动三边合作。起草了一揽子文件，包括经济、基础设施和交通领域以及人道主义问题和外交协作的问题。中国和俄罗斯是蒙古国的两个邻居，自然界、命运和历史都直接注定了我们要一起生存。必须从这些优势中得到最大的益处。①

2014年9月2日，蒙古国政府通过决议成立工作组，以便落实"草原之路"国际项目，该项目旨在建设横穿蒙古国的公路和铁路要道，建设燃油管道和俄罗斯与中国之间的能源线。蒙古国经济发展部长领导新政府的机构。在落实该跨境项目的框架内，将完成一些基础设施工作，如敷设长997公里的高速公路，建造长1100公里输电线路，安装油气管道。

【234】　　落实该项目将增加内资和外资的流量，蒙古国在能源和采矿领域的发展将达到新的水平，国内生产总值将有很大提高。2014年8月21—22日，中华人民共和国主席习近平访问蒙古国，落实三边项目"草原之路"的文章被列入到此次访问期间所签署的《蒙中发展全面战略伙伴关系的联合声明》中。②

---

① Пресс-конференция министра иностранных дел России С.В.Лаврова «на по-лях» саммитов БРИКС и ШОС.Уфа,9 июля 2015 г.URL:http://archive.mid.ru/brp_4.ns f/0/94B3F FD7279721CA43257E7D00449B30.

② «Один пояс,один путь» станет новой платформой для развития китайско-рос-сийских отношений всеобъемлющего партнерства и стратегического взаимодействия.URL:http://russian.news.cn/china/2015-03/16/c_134071622.htm.

2014 年 9 月 3 日，蒙古国总统查·额勒贝格道尔吉与普京会晤时宣布："我们谈论过'草原之路'的倡议。我提到了经过蒙古国国境敷设天然气管道的优势。一般来说，涉及天然气管道和其他基础设施的项目，我方会对其通过蒙古国国境建造的优势予以具体说明。这既要考虑安全，又要路程简短，还要说明这些线路将会在草原的条件下穿行。"①

2015 年 2 月，俄罗斯联邦议会国家杜马主席谢尔盖·纳雷什金访问蒙古国期间详细讨论了"草原之路"的倡议。大呼拉尔主席赞·恩赫包勒德在与纳雷什金会见时宣布："蒙古国对与俄罗斯方面在落实'草原之路'跨境项目和建设俄罗斯和中国之间跨越蒙古国国境的公路、铁路、油气管道和能源线路中所进行的有效合作很感兴趣。"他指出了把"草原之路"项目与俄罗斯的"横贯欧亚发展带"规划以及中国的"丝绸之路经济带"倡议相结合并签订政府间总协定的可行性。赞·恩赫包勒德提请俄罗斯同行关注，可以利用跨蒙古国铁路作为莫斯科与北京之间新高速铁路的基本干线。②

蒙古国的倡议在俄罗斯社会人士和专家中产生了正面反响。俄罗斯媒体指出，从俄罗斯经蒙古国境内往中国敷设天然气管道、输电线路、铁路和公路至少缩短 1500 公里路程，可以在草原上而不是山区里进行沟通。该方案可能还具有生态优点：穿过蒙古国的管道将不会 【235】

---

① Заявления для прессы по итогам российско-монгольских переговоров.URL:http://kremlin. ru/events/president/transcripts/46552.

② Переговоры спикеров парламентов Монголии и России.URL:http://russian.news.cn/2015- 02/17/c_134001823.htm.

破坏世界遗产项目"阿尔泰山脉",而输电线路可能会使色楞格河上的水电站建设项目无利可图。①

蒙古国外交部副部长 H.奥云达丽宣布:"蒙古国总统提出的倡议正在逐渐变成三国带有具体合作内容的常规机制。"2015 年 3 月 23 日在北京举行了蒙古国、俄罗斯和中国三方外交部副部长第二轮磋商。各方讨论了推进三国首脑在第一次三边会晤时达成的约定和落实 2014 年 10 月 30 日在乌兰巴托举行的首次三边磋商会上外交部副部长们所达成的约定,以及筹备 2015 年 7 月将在乌法举行的国家首脑例行三边会晤。

各方还讨论了签署政府间公路过境协议与建设经济走廊项目和关于创建合资物流运输公司的总协定的可行性,以及 2015 年 7 月将在乌法举行的三边例行高层会晤期间,蒙古国、俄罗斯和中国之间签订对敷设过境输电线路开展研究工作的备忘录的可行性。②

2015 年 5 月,中华人民共和国主席习近平和蒙古国总统查·额勒贝格道尔吉访问莫斯科参加伟大卫国战争胜利 70 周年纪念活动,他们与俄罗斯总统普京举行的会谈对于落实"草原之路"项目赋予了新的动力并充实了新的具体内容。正如在《俄中关于深化全面战略协作伙伴关系新阶段的联合声明》中指出的:"双方将深化俄罗斯、中【236】 国和蒙古国的合作,通过发展三方在政治、经济、科技、人文、边

---

① В Улаанбаатаре Нарышкин поклонился Чингисхану и помешал акции протеста монгольских шаманов.URL:http://asiarussia.ru/news/6201/.

② Интервью с заместителем министра иностранных дел Монголии Н.Оюундарь.URL:http://mongolnow.com/Ouyndar.html.

境、地方以及国际事务中的协作实现三方各领域全方位合作。"①

2015 年 7 月 9 日，蒙古国、俄罗斯和中国领导人第二次会晤成功举行。会晤期间讨论了蒙古国、俄罗斯和中国未来的合作方向并通过了一些具体的协议，签署了一些三国间合作的文件，因而建立了三边协作的法律基础。会晤结束后，蒙古国总统查·额勒贝格道尔吉宣布："蒙古国将把自己的'草原之路'项目与'丝绸之路经济带'协同发展，名为'中蒙俄经济走廊'。我们也很关心在'横贯欧亚走廊'倡议框架内的合作。"②

"丝绸之路经济带"——俄罗斯的"互赢"之处何在?

俄罗斯首先是从解决东西伯利亚和远东发展的大型国家任务的角度来看待自身对"丝绸之路经济带"的参与的。俄罗斯支持亚太地区国家在往欧洲运送商品的服务中积极开展合作与善意竞争，认为在这个问题上具有客观的竞争优势。

因此，俄罗斯联邦东西伯利亚与远东发展部长卡鲁什卡认为，亚太地区国家对于俄罗斯在运输领域的项目予以支持是复兴丝绸之路的

---

① Совместное заявление Российской Федерации и Китайской Народной Респу-блики об углублении всеобъемлющего партнерства и стратегического взаимодействия и о продвижении взаимовыгодного сотрудничества.8 мая 2015 г.URL:http://www.kremlin.ru/supplement/4969.

② Стенограмма заседания Совета глав государств-участников Шанхайской орга-низации сотрудничества в расширенном составе.Уфа,10 июля 2015 г.URL:http://www.kremlin.ru/events/president/transcripts/49908.

合理的经济基础。首先要改造横贯西伯利亚大铁路和贝加尔—阿穆尔铁路干线以及建造二者的预备设备。此外，要建造横贯朝鲜半岛铁路干线并与横贯西伯利亚大铁路相连接，还要投入跨越阿穆尔河的新的跨国大桥和新的港口以及能源管道的建设。[①]

【237】 一些专家认为，参与"丝绸之路经济带"建设对于俄罗斯有直接的经济利益：俄罗斯能得到一些经济开发区，在此基础上将进一步拉动其他较落后的地区。比如，鞑靼斯坦很关心"丝绸之路"的发展，因为其中很大一部分道路将经过这一地区，包括在这个"丝绸之路"框架内，将可能落实"莫斯科—喀山"高铁项目。

构建"丝绸之路经济带"能使俄罗斯与中国发展更积极的经济合作，这不仅将触及远东和西伯利亚地区，还将触动俄罗斯的欧洲部分。中国完全可以在与俄罗斯的互利合作中每年投资 1200 亿美元。利用中国的经济资源，这个数目完全可以进一步推动俄罗斯经济的发展。[②]

常远在《经济日报》发表署名文章指出，中国目前正在积极与俄罗斯扩大相互投资和开展战略性大项目合作，其中很多项目，如油气管道、渝新欧铁路、中国西部—欧洲西部公路、同江跨界铁路桥等，都是"丝绸之路经济带"框架内的重要合作项目。

在他看来，今天的中俄关系水平完全符合、甚至在一些方面超越了"丝绸之路经济带"所涵盖的政策沟通、道路联通、贸易畅通、货币流通、民心相通等倡议。中俄开展建设丝绸之路经济带合作，符合两国

---

① http://www.nakanune.ru/news/2014/6/2/22355048/.

② http://www.pravda.ru/economics/rules/globalcooperation/02-05-2014/1206269-china-0/.

高水平的战略关系，符合双方共同利益，有利于实现两国的战略对接。①

俄罗斯把自己参与构建"丝绸之路经济带"和一些重要的地区安全方面连在一起，涉及有关阿富汗的局势问题。于是，俄罗斯联邦外交部国立莫斯科国际关系学院院长托尔库诺夫院士对自己提出了一个问题：

"中国将会怎样努力使新丝绸之路通过那些常被称为'不稳定弧区'的地方呢？这些问题从逻辑上把俄罗斯对待中国'丝绸之路经济带'项目的立场和北京必须保障地区的安全发展连接在了一起。但愿这能从实质上保障中国的一体化项目和欧亚经济联盟方案的一致。"② 【238】

对这种安全的保证可以由中华人民共和国和俄罗斯联邦的合作与政策协调来保障，其中包括在上海合作组织框架内的合作与协调。前者为实现"丝绸之路经济带"倡议的稳定而无阻碍的过程创造了前提。这一宏伟的创新性倡议为欧亚国家开启了新的发展机遇，也是对俄罗斯和中国提出的新的挑战："丝绸之路经济带"的成功最终取决于两

---

① *Чан Юань.*Сотрудничество по шелковому пути отвечает общим интересам Китая и России.«Цзинцзи жибао»,28 марта 2014 г.

② *Торкунов А.В.*Здравый смысл интеграции.О роли Российской Федерации в ев-разийском интеграционном процессе:перспективы развития и углубления экономи-ческой интеграции(к «правительственному часу» в рамках 350-го заседания Совета Федерации Федерального Собрания Российской Федерации,26 марта 2014 года).Ана-литический вестник № 6(524),М.,2014.С.17-18.

国协调自身作用力与巩固合作的能力。

落实"丝绸之路经济带"项目重要的设计与财政手段是丝路基金。这是一个中长期开发投资基金，为坐落于"丝绸之路经济带"和"21世纪海上丝绸之路"沿线的国家和地区提供援助，以落实能保障扩大地区交通运输能力的大规模方案。正如丝路基金公司董事长金琦2015年3月12日宣布的，董事会、观察委员会和公司高层领导都已成立。近期公司将开始着手重要的业务。①

2015年3月，中国国家发展改革委员会、外交部、商务部联合发布了《推动共建丝绸之路经济带和21世纪海上丝绸之路的愿景与行动》。文件指出，落实倡议的工作是对愿意在互相尊重和市场关系基础上参与实现共同繁荣的所有国家、国际与地区组织开放的。该行动号召参与国家为了互补利用独特的资源优势通过多边机制和多层平台实现政策沟通、道路联通、贸易畅通、货币流通和民心相通。

【239】

2015年5月，中华人民共和国主席习近平访问莫斯科期间，双方签署了《俄中关于丝绸之路经济带建设与欧亚经济联盟建设对接合作的联合声明》。在欧亚经济联盟和"丝绸之路经济带"建设相互对接过程中一致努力的优先方向包括——"在条件已经成熟的领域创建贸易程序简化机制，制定联合措施保障相互调控规则与规范的一致与和谐，于存在相互利益的领域制定经贸政策及其他政策；研究向欧亚经济联盟和中国之间的自由贸易区推进的长远目标。"

双方还约定在欧亚经济联盟和中国之间就欧亚经济一体化和建设

---

① http://russian.news.cn/economic/2015-03/12/c_134062362.htm.

"丝绸之路经济带"对接启动对话机制，约定为了构建共同经济空间促进专家团体参与讨论协作问题。为协调上述领域中的合作，将成立一个有俄罗斯联邦外交部和中华人民共和国外交部领导下的相关部门代表参加的工作组。①

2015 年 5 月，普京结束与中华人民共和国主席习近平的会谈后宣布："我们认为，欧亚一体化和'丝绸之路经济带'这两个方案可以和谐互补……实际上说的是两国未来的伙伴关系将进入新的阶段，意味着在整个欧亚大陆上拥有共同的经济空间。"②

2015 年 5 月 8 日，俄罗斯总统在莫斯科举行的最高欧亚经济理 【240】事会（元首级）会议上宣布："我认为，指示欧亚委员会开始与中华人民共和国谈判签署与中国的经贸合作协议是合理的。接下来我想，我们应当思考欧亚经济一体化和我已经说过的——中国的'丝绸之路经济带'倡议和谐对接的可行性。"③ 欧亚经济委员会已经在着手筹备应于 2015 年底开始的、与中方的谈判进程了。

俄罗斯在实现自己"转向东方"的过程中，实际上已经开始了加入亚太地区一体化进程和加强自身在地区的经贸存在的工作。也许，这是俄罗斯经济和政治的"新类型"，要求经常而细致的努力以及深入领会细节和详情。只有这样才能积累必要的经验，名副其实地捍卫

---

① Совместное заявление Российской Федерации и Китайской Народной Рес-публики о сотрудничестве по сопряжению строительства Евразийского экономиче-ского союза и Экономического пояса Шелкового пути.URL:http://www.kremlin.ru/supplement/4971.

② http://www.kremlin.ru/events/president/transcripts/49433.

③ Заседание Высшего Евразийского экономического совета.URL:http://www.kremlin.ru/events/president/news/49435.

并推进国家在国际经贸领域的利益。

2015 年 4 月，梅德韦杰夫访问越南和泰国就很能说明这方面的问题。这两项访问不仅对于发展与这两国的双边关系而且对于加入亚太地区一体化进程都很重要。

对于俄罗斯来说，越南是战略伙伴国，从苏联时期开始就与俄罗斯保持着传统的亲密互信关系，在俄罗斯与东盟国家的关系中可以起"桥梁"作用。正因如此，俄罗斯总理在河内不仅讨论了越南与俄罗斯之间，还讨论了越南与欧亚经济联盟其他国家之间建立自由贸易区的前景。与已加入东盟的越南建立自由贸易区，对于俄罗斯和欧亚经济联盟来说，是参与构建全面区域经济伙伴关系和亚太自由贸易区的必要条件和"进入点"。

莫斯科和河内在越南与欧亚经济联盟之间建立自由贸易区的所有原则性问题和主要参数上都达成了一致，2015 年上半年签署了相关协议。双方约定要赋予双边贸易和历史上优先的合作方向新的动力。【241】其中包括石油天然气工业和能源。这里说的是在越南的大陆架和俄罗斯境内合作开采并加工石油和天然气，以及越南境内的发电站实现现代化和在越南建设第一个核电站的可行性。

梅德韦杰夫在曼谷也讨论了泰国和欧亚经济联盟之间建立自由贸易区的可行性。这是十多年来俄罗斯第一次正式访问泰国，是 25 年来第一次总理级别的访问。在访问过程中，双方还谈论了有关减少贸易壁垒和增加相互贸易额以及转向贸易本币结算的问题。这里说的是向泰国出口俄罗斯武器和俄罗斯飞机工业产品，泰国增加对俄罗斯市场农产品的供应，以及建造加工农产品的合作生产设备。

梅德韦杰夫从河内和曼谷返回俄罗斯以后，就立刻对俄罗斯商品进入国外市场的"路线图"进行了更正，这不是偶然的。在简化商品出口程序的措施中——这些措施应当在 2015 年底前落实，还包括发展相应的基础设施。一些能最大简化并加快办理出口手续（财务、海关和行政手续）的措施被重新校订，扩大了财政服务和非财政服务的种类。

*   *   *

西方和东方的两个经济一体化过程的对接是俄罗斯的基本战略方针，打算实行几十年。正如俄罗斯联邦外长拉夫罗夫强调的："我们不把欧亚一体化进程和其他进程相对立，而是准备让它们对接，建造一些欧洲和亚太地区间的桥梁。类似的创新方向对于中国提出的'丝绸之路经济带'构想来说也很有代表性。这些方案中具有的构建共同经济空间的向量为作用力的协调提供了广泛的可能。"[①]

在联盟之间成功交际的基础上实现东西方两个一体化方案的对接是欧亚一体化方案存在并得以顺利发展的保证，是欧亚经济联盟在全球经贸协作体系中占据应有地位的独一无二的机会。【242】

俄罗斯、中国与跨地区经贸制度的两难抉择 【243】

亚太地区的经济一体化在经贸领域形成多边一体化进程的主要机

---

① Лавров С.Уроки истории и новые рубежи.«Российская газета»,23 августа 2015 г.

制方面即将发生深刻的质变。刚刚开始从战略上"转向东方"的俄罗斯，不可能置身于亚太地区一体化进程之外，该地区正在逐渐稳定地转变成新的世界经济中心。恰好是现在，当"游戏规则"正在形成的时候，为了以最好的方式保障自身的经贸利益并积累必要的经验，适时加入亚太地区一体化进程对俄罗斯来说很重要。

2014 年 11 月，北京召开亚太经合组织峰会，宣布了成立亚太自由贸易区的前景，讨论了在东盟国家及其伙伴国的基础上形成区域全面经济伙伴关系的大型倡议以及美国提出的"跨太平洋伙伴关系协定"。目前不清楚，这些倡议将平行发展还是彼此竞争，但在任何情况下落实这些项目都将有力地促进地区和全球层面经贸关系的发展。

同时，与莫斯科卡内基中心的新专家 A.加布耶夫一起，我们可以说，建立亚太自贸区采用了两个联盟之间激烈竞争的形式。美国积极游说建立跨太平洋伙伴关系，这将保证彻底消除货物和服务的贸易壁垒……但对于中国及其国家保护主义和保障经济增长与就业的敏感部门来说（因为这是对于政治稳定非常重要的部门），"跨太平洋伙伴关系协定"的条件似乎不能接受。而且，北京怀疑，美国想建立没有中国参加的亚洲贸易联盟，是为了把中国从一体化进程中赶出去。正因如此，中国试图推出自己的替代方案——区域全面经济伙伴关系同跨太平洋伙伴关系作斗争。①

【244】

俄罗斯联邦加入亚太地区建立自贸区和一体化项目的谈判取决于其长期的地缘经济和地缘政治构想，而且，俄罗斯目前正在寻找这一

---

① http://www.kommersant.ru/doc/2610876.

进程的"进入点",可以推断后者——地缘政治构想是最现实的。

正如分析师 B.П.奥博连斯基指出的,当前"俄罗斯实质上没有参与世界经济空间中大规模展开的构造断层,只是专注于构建欧亚经济联盟上,在全球一体化背景下,该联盟看起来最多不过是个二级联合体……俄罗斯联邦客观上面临一个选择:或者是封闭在一个大型的区域经济空间,或者是加入两个已形成的超级经济联盟中的一个"①。

如果确实有这样的两难抉择,现在对于国家来说,冷静地评估自身的机遇和对正在进行的谈判过程的方向与前景予以正确评估的能力同样重要,以便明确俄罗斯加入该进程的可行性与合理性、俄罗斯参加谈判的目的和任务,以及实行一体化的格式和模态。

在用于协商的系列问题的广度和提出任务的自负程度上,"跨太平洋伙伴关系协定"都超出了有关区域贸易投资自由交流的谈判和协议的其他规格,比如东盟自贸区和成立东盟经济共同体的磋商,以及中国、韩国和日本之间建立自贸区的谈判与建立区域全面经济伙伴关系的磋商,等等。

美国是建立跨太平洋伙伴关系这一谈判进程事实上的组织者和推动力,从 2010 年开始就把建立跨太平洋伙伴关系看作在亚太地区建立集体自贸区最有前景的方案。而且,美国不仅坚持把减少或清除贸易壁垒列入未来的协议,还把增强每个加入伙伴关系的国家内部的投资、增加生产和贸易积极性的条件都列入到未来的协议中。② 【245】

---

① http://rescue.org.ru/analytics_7_globalizaciya-regionalizma-i-vyzovy-dlya-rossii.html.

② Дисбалансы транстихооокеанского пространства / Под ред.В.В.Михеева,В.Г.Швыдко. ИМЭМО РАН.М.:Магистр,2014.С.116.

"我们的目标不仅是经济的，还是战略的……美国在大西洋和太平洋的目标是为了巩固多边贸易体系，建立像我们在外交和安全领域的联盟这样强大的经济伙伴关系。"跨太平洋伙伴关系协定"绝对是美国在亚太地区的长期战略责任宣言"，——2013 年 3 月 11 日，美国总统国家安全事务助理托姆·多尼隆在"亚洲社会"的发言中宣布。①

2015 年 1 月，美国总统奥巴马在向国会做出的年度国情咨文中强调了跨太平洋伙伴关系谈判的地缘政治与地缘战略的重要性。奥巴马指出，和其他参与谈判的国家不同（包括中国），美国将从确定新的区域贸易规则中获利，跨太平洋伙伴关系是美国"回归"亚洲的重要因素。②

正如政治学家 E. 阿拉波娃指出的，美国的政治利益不仅是要巩固自身在地区的立场，而且还要抑制中国增强主导地位，这将得益于跨太平洋自贸区的发展。虽然建立了没有中国参加的跨太平洋伙伴关系，但当东亚自贸区建成时，中国正好能成为区域经济发展的领袖和主要推动力。③

跨太平洋伙伴关系意味着扩大范围并深化国家间关于统一权限的约定：计划在自由贸易协定的规范方面为商品和服务的自由化协议补充投资、新事物交流、保护知识产权、劳资关系、管理移民潮和生态

---

① Цит.по:http://russiancouncil.ru/inner/?id_4=1783#top.

② The Trans-Pacifi c Partnership(TPP)Negotiations and Issues for Congress,Congressional Research Service,CRS Report,January 30,2015.Pp.5,7.

③ http://www.mgimo.ru/news/experts/document247280.pdf.

标准以及竞争规范的法律章程。①

"美国和 20 个国家签署了自由贸易协议，这 20 个国家大体上占 **【246】**
出口的 46% 和成品贸易的 40%，"分析师 B．列姆丘科娃指出，"但是，
如果日本加入跨太平洋伙伴关系的谈判，这些伙伴关系国家将只占全
球总产值的 40% 和整个世界贸易的三分之一……通过对大量有关与
不同国家签署贸易优惠协定的双边谈判文件和总结的分析，可以预
测，签署贸易优惠协定的主要原因，包括北大西洋自贸区，都隐藏在
美国的对外政策目标中。"②

美国的地缘经济和地缘政治利益定位如此明显，不能不引起北京
的某种反应。比如，中国的研究人员刘博总结中国学术界和专家们讨
论的结果后指出："如果美国在加入时就觊觎主导地位，那么，其他
国家的期望和参与就将被遏制。美国在谈判过程中只从自身的利益出
发，不考虑共同利益，这将阻碍"跨太平洋伙伴关系协定"发挥自己
的作用。"

刘博凭借自己专门研究的结果进一步指出："'跨太平洋伙伴关系
协定'的创办国都是一些经济规模不大的、相对较小的国家。尽管
美国和日本参加了要求加入的谈判，但经济发达国家的份额还是不
大——因此，跨太平洋伙伴关系的代表性是不够的……东盟国家建立
了区域全面经济伙伴关系。这些国家的人口有 35 亿人，占全球总人

---

① Дисбалансы транстихооокеанского пространства / Под ред.В.В.Михеева,В.Г.Швыдко.
С.121.

② *Ремчукова В.*Особенности позиции США в переговорах о преференциальных торговых
соглашениях // «Независимая газета»,20.01.2015 7.

口的一半，产值总和累计达 23 亿美元，占世界总产值的三分之一。它从人数和产量上都大大超过跨太平洋伙伴关系。"①

新华社发表评论指出："'跨太平洋伙伴关系协定'是一件经济武器，美国用它来切断中国与亚太地区主要伙伴国发生联系的机会……

【247】 根据彼得森世界经济研究所的评估，'跨太平洋伙伴关系协定'可能成为中国每年出口额损失大约 1000 亿美元的原因……美国一方面努力吸引一些亚太国家加入跨太平洋伙伴关系，但却把作为亚洲重要经济主体的中国排除在该联盟之外。这种建立在地缘政治竞争基础上的区域经济合作组织，对于这种合作体现出最大效果造成了妨碍。它反而还削弱了地区经济一体化的趋势。"②

而中国遵循自己的"双赢"战略，正式欢迎全球和地区层面贸易自由化的所有机遇，并为自己保留了机会，放弃已宣布过的立场。于是，2014 年 10 月，中国财政部副部长朱光耀在美国国际经济研究所作报告时指出，中国有过关于跨太平洋伙伴关系的讨论，现在协商一致，认为中国应当加入世界贸易体系一体化，包括加入像跨太平洋伙伴关系这样"高标准"的贸易协定。《外交家》杂志认为，他把中国加入跨太平洋伙伴关系的可行性与中华人民共和国主席习近平确立的经济改革目标结合了起来，并断言这两个方面能相互加强。③

对于俄罗斯来说，中国在该问题上的政策是灵活多元的，十分有

---

① *Лю Бо* Соглашение о Транстихоокеанском партнерстве и контрмеры Китая //«Проблемы Дальнего Востока»,№ 6,2014.C.59,62.

② http://russian.china.org.cn/exclusive/txt/2014-11/17/content_34070602.htm.

③ http://thediplomat.com/2014/10/will-china-join-the-trans-pacifi c-partnership/.

借鉴意义。未来跨太平洋伙伴关系的"挑战"促使北京积极开展在亚太地区的国际合作，提高自己亚洲战略的制度化水平。因此，中国的学者和专家提出建议，其中包括：

· 在这一地区之外的地方（尤其是美国影响较小或没有的地方）扩大双边和多边合作机制。要特别关注金砖国家框架内的协作和落实"丝绸之路经济带"方案；

· 推进落实中国、日本和韩国之间的自由贸易协定；

· 做好准备在适当时加入跨太平洋伙伴关系谈判，从自身利益出发的同时考虑到已经签署的国际协议。如果美国利用一些敏感问题，如金融自由化、生产所有权和国企问题，企图遏制中国推行改革的进程，那就不应当强行加入"跨太平洋伙伴关系 【248】协定"；

· 发展出口企业，向国际市场提供有特色的商品，将它们被别国商品替代的可能性降到最低；

· "依据世界上发生的变化采取行动，提高自己的综合竞争力。根据力的再分布理论，如果新兴国家的国力达到霸主国国力的 80%，那就有了平衡力，足以向强国发出挑战。"①

当然，俄罗斯不可能也不应当盲目仿照中国的经验或其他任何经验。"跨太平洋伙伴关系协定"提出的强制性高要求是俄罗斯加入

---

① *Лю Бо*.Соглашение о Транстихоокеанском партнерстве и контрмеры Китая.С.63-65.

谈判进程的重大障碍。这类问题首先包括对俄罗斯贸易构成中最敏感的商品种类实行一系列税率限制，以及非关税贸易限制，俄罗斯对其调控的规范与"跨太平洋伙伴关系协定"提出的规则有很大区别：还有竞争、电子商务、国家采购、知识产权以及防疫和植物检疫措施的问题。①

有一种情况对俄罗斯来说同样重要，有可能还更重要一些。与美国和中国这样的经贸"巨头"不同，俄罗斯目前与其说是关心地区贸易自由化的发展，不如说是关心其透明度的增强和加强相互的经贸联系（贸易简易化），以及在亚太地区建立公平、稳定、平衡的经贸体系，符合俄罗斯经济尤其是面向出口的商品生产部门的优先方向和发展水平。

【249】　　因此，俄罗斯从 1998 年加入亚太经合组织，2012 年首次担任轮值主席国后，采取了捍卫透明度优先以及亚太地区经贸关系互联互通的方针，因为只有这样才能帮助俄罗斯成为积极讨论地区贸易新规则的有关当事人。这一方针符合国家长期的地缘政治利益，关系到巩固俄罗斯在亚太地区的存在和俄中战略协作伙伴关系的加强。

2014 年 11 月在北京召开亚太经合组织峰会前夕，俄罗斯总统普京接受中国主要媒体采访时宣布："我们认为，自贸协定不应当分裂，而应当补充多边贸易体系，促进该体系的团结并增加相互联系。地区联合体也不应该相互对立和冲撞。必须在公开、平等和考虑每种经济

---

① *Кадочников П.А.,Флегонтова Т.А.*Перспективы и противоречия переговоров по созданию Транс-Тихоокеанского партнерства.«Российский внешнеэкономический вестник»,№ 9,2014.C.29.

需求的基础上制定这样的协议。地区一体化应当透明，保障所有谈判进程之间的信息交流。"

俄罗斯总统还补充说："很明显，'跨太平洋伙伴关系协定'照例是美国企图建造一个有利于自己的区域经济合作机构。而且我认为，组成该机构的参与国中缺少像俄罗斯和中国这样的地区大玩家，未必能实现有效的经贸协作。"①

亚太自贸区和"跨太平洋伙伴关系协定"这两个构想之间的区别是 2014 年 11 月北京亚太经合组织峰会讨论的主要题目之一。中国社会科学院俄罗斯东欧中亚研究所的科研人员许文鸿博士在这方面强调说："把'跨太平洋伙伴关系协定'和亚太自贸区相对比，可以说，后者是一个全面的亚太自由贸易方案，包括整个亚太市场的主要玩家。"同样，新加坡东南亚研究所副所长黄基明也指出，在华盛顿的跨太平洋伙伴关系模式以相当不起眼的速度向前发展且条件又十分苛 【250】刻的背景下，中国的亚太自贸区方案正十分顺利地向前发展。②

在北京举办的亚太经合政治论坛国家及政府首脑工作会议上，普京发言时高度评价了中华人民共和国主席习近平起草的推动实现亚太自贸区的北京路线图。"它规定的措施将帮助协调亚太经合组织空间中已经实现的一体化倡议。尤其是大量在自由化深度和参与国数量上有差异的贸易协定都正在亚太地区发挥作用，——俄罗斯总统指出。当然，这造成了共同地区被划分成一些单独的、相互竞争的联合体的潜在危险。反之，我们必须在透明和公开的基础上采取行动……要考

---

① http://www.kremlin.ru/transcripts/46972.

② http://russiancouncil.ru/inner/?id_4=4795#top.

虑相互的利益和各方的潜能。任何新的约定都不应当给世界贸易组织的多边贸易体系造成损失。"①

正因如此，俄罗斯完全支持北京路线图的规定，图中显示，必须"通过推进亚太经合组织自贸区信息交流机制，提高现有自贸区透明度。这项工作将支持实现亚太自贸区，并鼓励经济体在该机制下开展政策对话和其他信息交流活动……这一机制将对世界贸易组织下的区域贸易协定透明机制进行补充，同时亚太经合组织经济体将继续最大程度地参与世界贸易组织透明机制"②。

俄罗斯也支持北京峰会通过的《亚太经合组织互联互通蓝图（2015—2025）》。在按照北京峰会决议成立的亚太自贸区专门小组中，俄罗斯和中国一起，打算推进亚太经合组织框架内的互联互通和捍 【251】 卫联盟间交际的原则，并坚持把欧亚经济联盟与建立亚太自贸区相对接。

对于俄罗斯来说，无论是从地缘经济的角度还是从地缘政治的角度，开始讨论建立亚太自贸区和加入全面区域经济伙伴关系而不是跨太平洋伙伴关系（未邀请中国和俄罗斯参加）谈判的工作都是合理的。对于东西伯利亚和远东超前发展的社会经济和欧亚经济联盟框架内积极的一体化进程来说，俄罗斯加入中国创办的多边区域发展体系也十分重要，体系中包括亚洲基础设施投资银行和丝路基金。

---

① http://news.kremlin.ru/news/46997.

② Пекинская дорожная карта АТЭС по содействию продвижению к Азиатско-Тихоокеанской зоне свободной торговли(АТЗСТ).URL:http://www.mid.ru/bdomp/ns-dipecon.nsf/fc2e4121e6d9ec5343256a0c003fb7d2/506a111d81db9f19c3257db60036dbc8!OpenDocument.

　　创办亚洲基础设施投资银行，旨在使它成为亚太地区开发基础设施项目强大的财政工具和对国际货币基金组织以及世界银行工作的有力补充，这客观上回应了新的挑战并体现出世界经济秩序的变化。从2010年开始，新兴经济国家积极推动对西方国家控制的现有国际金融机构进行改革的思路。

　　改革这些对新的金融玩家有利的制度的所有尝试都因美国的阻挠而以完全失败告终。中国和其他发展中国家早就对自己在国际金融制度中的代表权利过低提出过抗议。正如 Д.多布罗夫指出的，创办亚洲基础设施投资银行的决议证明，北京已经决定不期待西方的恩赐而独自着手改革世界金融关系了。①

　　在创办亚洲基础设施投资银行的谈判中，中方代表向一些西方国家表达了自己的立场，中国将不享有否决权。这一提议对吸引英国、法国、德国和意大利加入亚洲基础设施投资银行显得格外重要。新银行的任何一个创办国都没有权利迫使他国接受自己的条件，这和美国所支持的国际金融体系中早已形成的实际情况有区别：比如，美国有权阻止国际货币基金组织的一些重要决议，尽管该国在该基金的表决权的份额不足20%。这常常遭到来自其余国家一方理由充足的批评。②

　　美国和日本对亚洲基础设施投资银行持怀疑立场是意料之中的，【252】这两个国家把它看作国际货币基金组织和世界银行以及亚洲开发银行的竞争者。但是，实用主义的态度占了上风，据《华尔街时报》报道，美国提议亚洲基础设施投资银行与华盛顿支持的国际金融机构开展伙

①　http://inosmi.ru/op_ed/20150403/227278991.html.

②　http://inosmi.ru/op_ed/20150403/227278991.html.

伴工作。白宫想利用现有的发展银行和新的金融机构一起进行项目相互融资。间接的支持将帮助美国实现另一个长远目标——有信心让新机构的标准旨在防止产生问题贷款、违反人权和带来生态风险。此外，美国能为美国的公司参与新银行的项目投标开路。①

2015 年 4 月，国际货币基金组织和世界银行春季年会在华盛顿召开前夕，世界银行和国际货币基金组织领导人宣布，他们两家准备加强与亚洲基础设施投资银行的合作以实现地区的巨大潜力。"发展中国家对于基础设施的需求相当大。很明显，对于亚洲基础设施投资银行来说，同样也在亚洲仔细研究这一需求。我们期待相互继续密切合作"，——世界银行行长金墉强调说。他还指出，世界银行现在拥有比亚洲基础设施投资银行更丰富的技术经验，非常有理由筹备与亚洲基础设施投资银行的合作项目。

同样，国际货币基金组织总裁克里斯蒂娜·拉加德也宣布，建议成立一个专管地区基础设施问题的责任机构，可能会相当有吸引力。"这是一个值得热烈欢迎的区域组织，国际货币基金组织计划在最大程度上与之合作"②，——拉加德指出。

因此，北京在地缘经济和地缘政治领域胜过了华盛顿。正如《环球时报》指出："中国选择了有远景的思想：创建亚洲基础设施投资银行符合很多国家的利益。美国想依靠地缘政治取缔这些方案，但没人支持它，因此美国没能实现自己的计划。美国的'斗争政策'与中国的'和平政策'发生了冲突，正如我们看见的，现在明显的优势在后

【253】

---

① http://www.interfax.ru/business/431516.

② http://russian.news.cn/economic/2015-04/17/c_134158280.htm.

者这里。"①

在博鳌亚洲经济论坛隆重的开幕式上，俄罗斯第一副总理伊戈尔·舒瓦洛夫宣布，俄罗斯决定作为创办国之一加入亚洲基础设施投资银行。他强调，利用欧亚联盟体制的资源和地区的其他倡议手段，俄罗斯及其伙伴国不仅能扩大能源供应领域的合作，还能增强高等运输技术、工业、建筑、通信和农业方面的合作。②

2015 年 6 月 29 日，亚洲基础设施投资银行 57 个意向创始成员国的代表出席了亚洲基础设施投资银行成立协定的签署仪式，该协定将成为亚洲基础设施投资银行及其未来运行的"基本大法"。由 11 章 60 条组成的协定详细明确了亚洲基础设施投资银行的宗旨、成员资格、股本及投票权、业务运营、治理结构、决策机制和其他核心要素。亚洲基础设施投资银行的法定股本为 1000 亿美元，域内成员和域外成员的出资比例为 75：25。中国投资 297.804 亿美元，获得 26.06% 的投票权。根据这些指标，中国现居亚洲基础设施投资银行第一大股东和投票权占比最高的国家。

随着该行业务的增加，计划开设地区机构和代表处。亚洲基础设施投资银行行长从域内成员中产生，任期 5 年，可连选连任一次。2016 年 12 月 31 日之前，所有创始国在本国议会批准该行成立协议之后都能成为完全合乎要求的创始成员国。按计划，亚洲基础设施投资银行将在 2016 年底前开始工作。③

_____

① http://inosmi.ru/fareast/20150319/226973903.html.

② http://www.newsru.com/fi nance/28mar2015/rfchinabank.html.

③ http://russian.news.cn/importnews/2015-06/29/c_134364975.htm.

俄罗斯将欧亚经济联盟与落实中国倡议的大型方案"丝绸之路经济带"相对接同样也很重要。2014 年 11 月 8 日，中华人民共和国主席习近平宣布，中国将划拨 400 亿美元用于成立丝路基金，目的是为【254】"一带一路"倡议框架内的项目提供财政支持。2014 年 12 月 29 日，丝路基金在北京注册成立并从即日起开始正式运行。

于是，俄罗斯开始了加入亚太地区经济一体化机制的周密细致的工作。遗憾的是，罗戈夫强调，俄罗斯联邦的"临界值"目前还不大——只有约 2% 的居民和 3% 的世界总产值。在欧亚一体化的情况下，这个份额会增加，但仍将大大少于其他的区域一体化构成。① 然而，只有正确地选择道路并准备沿此路走到底才是最终成功的保证。

这不仅对于俄罗斯加入亚太经济一体化很重要，而且对于发展欧亚经济联盟范围内的欧亚一体化也同样重要。为了在世界"经济巨头"——东盟和东南亚国家以及美国和中国之间找到并加固自己有竞争力的领域，欧亚经济联盟正在开始自己巩固联盟间合作的工作。

【255】 欧亚与亚太地区区域安全新模式

欧亚和亚太地区的区域安全是一种多层次、非组合的"碎块式"架构，拥有各种保障安全的类型和方式，这些类型和方式取决于各国的国家利益和它们之间复杂的相互关系。因此，区域安全保障多边机

---

① *Рогов С.*Доктрина Обамы:властелин двух колец.URL:http://russiancouncil.ru/inner/?id_4=1783#top.

制的意义越来越大，这些机制之间的协作能力也越来越强。

在下文中笔者将分析广阔背景下的区域安全构想以及区域安全体系构成要素的理论与方法论，并根据这些要素遇到的现实与潜在的挑战和威胁分析其演化与相互影响的前景。在加强区域安全的某些具体方面，笔者也提出了自己的见解，如在中亚和欧亚大陆建立无核区以及对"阿富汗威胁"下的区域安全机制协作的前景进行分析。

区域安全的挑战与威胁

欧亚和亚太地区国家多年来努力构建多边区域安全机制以应对安全挑战和威胁。其中最严重的威胁是国际恐怖主义与带有极端主义和分离主义破坏行为的民族与宗教冲突，以及非法贩运毒品和非法移民。对于该地区的国家来说，这些挑战和威胁既是表层的，又是内在的。

根据科学文献中已确立的概念，可以按以下方式对挑战和威胁进行分类：

威胁——能在安全领域造成实质性损害并需要立即采取积 【256】
极行动予以削除的最危险现象（恐怖主义、贩毒、有组织犯罪的增加）；

挑战——需要采取长期的经济、政治、防御和人道主义综合措施予以应对的、具有破坏稳定的影响潜力的现象（移民的大量涌入、难民问题）；

　　风险——人类活动附带的、需要调整政治和经济战略才能克服的消极后果（生态形势恶化、传染病流行）。[①]

　　除了和必须捍卫主权与国家领土完整有关的对区域安全所构成的传统（军事）威胁以外，近些年来所谓的新（非军事）挑战和威胁也越来越现实。非法贩毒是对俄罗斯及其欧亚邻国最危险的非传统威胁之一。当国际贩毒集团试图越来越积极地把俄罗斯用作毒品泛滥的目标和"大宗"毒品从欧洲往东南亚中转的对象时，毒品通过与中亚和哈萨克斯坦北部的交界区进行蔓延成为了俄罗斯及其在该地区邻国的严重威胁。

　　专家认为，贩毒集团和一些旨在破坏后苏联国家的稳定并推翻其合法体制的极端主义势力联系紧密对于独联体国家尤其危险。这些势力与阿富汗的"野战指挥员们"有着密切的联系。在来自毒品贸易的经费支持下，旨在改变中亚和高加索地区现有秩序的恐怖袭击计划能不断地得到资金。

　　新疆的一些维吾尔族穆斯林积极进行分离主义活动不仅越来越让中国政府不安，而且也使中国在欧亚大陆的邻国感到担心。该地区不【257】仅与伊斯兰极端分子早已定居的、被巴基斯坦占领的印控克什米尔地区接壤，而且还与塔利班控制下的阿富汗交界，事态进一步恶化。因此，这里出现了一个伊斯兰极端分子在阿富汗—巴基斯坦—中国三角

[①]　*Звягельская И.Д.,Наумкин В.В.*Угрозы,вызовы и риски «нетрадиционного ряда в Центральной Азии.Азиатско-Тихоокеанский регион и Центральная Азия:контуры безопасности.М.,2001.С.279.

278

地带活动的公共平台。

"人身安全"与"人的发展"在区域安全保障中的作用

在新的安全挑战和威胁中，尤其危险的是国际恐怖主义。因为恐怖分子的主要目标是平民，于是在 21 世纪的反恐斗争中，国家和政府保障自身与公民以及社会安全的能力，及其真正强大的实力就跃居第一位了。

这也解释了对人身安全和人的发展理念的兴趣普遍提高的原因，与传统的安全理念不同，这两个概念是以人的生存与安全、人权保障和为人的应有发展创造条件的问题为中心。

人的发展基于平等的概念，这要求人发展自己才能和为个人基本条件奠定基础的机会平等。个人的基本条件包括健康、寿命、合理膳食、信息共享和受教育的机会，这决定了个人后来的才能的发展。

但是，使已经达到的事物保持稳定不是目的本身，而只是被看作人保持一定发展水平的手段。成功的"晴雨表"是人的某种发展程度，而非国家财富共有的总价值。

面向个人兴趣发展的规划开始代替只为获得利益的远景计划。国民收入的综合指标，即使换算成人均收入，也不能证明居民收入是如何分配的，谁从中获得的利益最大以及这是如何发生的。

此外，人们也非常珍视与收入没有直接联系的其他很多方面：受教育的良好机会，健康与优越的劳动条件，面对犯罪与残暴的防御状况以及自由和参与治理国家。　　【258】

　　一些与联合国开发计划署和世界银行及国际公共的人身安全委员会有联系的学者、专家和社会人士正在积极利用和推进人的发展理念。实质上，对人的发展问题、人权问题和人身安全问题的详细研究是在同一个"概念场"进行的，尽管它们具有自身的某种显著特点。

　　因此，人身安全理念和人的发展理念一样是多层次和跨学科的，以人权和人的发展为中心。但是，只有当人身安全理念更清晰地集中于解决某些具体的系统性和预防性任务时，人的发展理念才会集中于实现与人的发展机会和保障相应权利有关的更普遍和更长期的任务。

　　人身安全理念与查明和防止危机冲突状况以及消除与此有关的消极后果有关。人身安全保障领域的活动常常或多或少带有短期性和操作性，不仅与人的长期发展潜力有关，还与救援活动和维和行动联系在一起。①

　　两种立场都表达出带有长期制度性的、有不同国家主体参与并利用各种手段的综合答案。

　　人身安全和传统的"国家安全"具有很多共同之处。两种立场都与在总结经验材料和战略分析基础上查明对主要居民群体的安全挑战和威胁有关。

　　国家安全与人身安全概念的主要区别在于：前者主要集中于生活在某个国家领土构成范围内的人群和社会团体的安全。由此可见，国【259】家安全优先关注的是国家领土完整和保障国家之间力量平衡的问题。人身安全在很多方面与之有相似之处，但具有更广泛的"议程"。

---

① *SabinaAlkire*.Conceptual Framework for Human Security:Working Defi nition and Executive Summary.URL:http://www.humansecurity-chs.org.

在这种概念中，国家安全不能被简单化为一个国家的安全（保障主权和领土完整免遭外部威胁以及保护执政体制免受内部威胁），还包括居民的安全与福利。

人身安全和人权概念也是相互紧密联系的。二者都旨在查明和消除与贫穷和暴力蔓延有关的主要威胁。但是，在人身安全的概念里，完全不是所有的人权都可以被认为是同等优先的。实际上，各种保障与增强人身安全的机构只是合法地处理一些为保障人身安全必须直接遵守的、有限的人权和自由。

保障人身安全的问题从一开始是在西方政治文化的框架内仔细研究并被放在努力保障集体安全和欧洲—大西洋地区安全的背景下进行分析的。但欧亚和亚太地区国家与民族的文化—文明的特点不能不使人身安全和人权问题的讨论受到影响。

还在 1993 年 6 月，联合国世界人权会议在维也纳召开时，以中国、印度尼西亚和马来西亚为首的亚洲国家代表团就提出了社会经济权利与政治权利的比例问题，后者被列入"西方价值"。代表团声称，饥肠辘辘的人们不会想到自己的投票权。而反对者则坚持，人们如果不享有政治权利就不可能保障自己的食物和安身之处。

"人身安全"这个术语本身对于亚洲来说是个新事物，但这不意味着，人的全面安全和福利思想就不值得提上安全问题的讨论日程。只是这些问题常常被放在"发展问题"栏目中讨论。①

不同的安全维度优先的比值已经深入到各种社会文化和历史环境 【260】

———————
① Common Security in Asia:New Concepts of Human Security.pp.53-54.

281

中，但安全概念也具有一种共同的价值基础。重要的正是在实用政策领域里标出这个基础，区分出安全的普遍概念，而不是列出对这一概念的各种有冲突的解释。

还在 2002 年 6 月，在阿拉木图召开的亚洲相互协作与信任措施会议峰会上就通过了《关于消除恐怖主义和促进文明对话的宣言》，其中讲道："我们把努力消除贫困、失业、文盲、极端主义、不宽容、根深蒂固的仇恨和所有不平等形式看作国际社会的首要任务之一。我们认为必须保障世界上所有地区的稳定发展并更多地关注全球化的社会经济方面。"①

在峰会上通过的《阿拉木图文件》也强调："我们把任何恐怖主义的行为、方式和手段都看作犯罪。我们决心在双边和多边基础上相互配合与恐怖主义作斗争，包括其可能的根源。为了彻底消除对和平与安全的威胁，我们将联合起来，努力防止在任何国家领土上以任何方式策划、支持、宣传和资助恐怖主义活动，拒绝为恐怖分子提供庇护和保护。"②

在阿拉木图论坛上指出，亚洲相互协作与信任措施会议（以下简称亚信）是独一无二的亚洲论坛，包括不同文化与传统的国家，这使它成为了推动文明与文化对话的最重要的机制之一。鉴于欧亚大陆不仅是一些世界大型文明的摇篮，而且是这些文明之间的桥梁，③ 亚信

---

① Декларация СВМДА об устранении терроризма и содействии диалогу между цивилизациями.Информационный бюллетень МИД РФ,5 июня 2002 г.

② Алматинский Акт.Информационный бюллетень МИД РФ,5 июня 2002 г.

③ Декларация СВМДА об устранении терроризма и содействии диалогу между цивилизациями.Информационный бюллетень МИД РФ,5 июня 2002 г.

的成员国们确认了自己全面积极开展这种对话的意图。

理解人身安全与人的发展问题之间的深层联系以及文明对话的重 【261】
要性——这就是当代"亚洲应对"国际恐怖主义威胁的特点。

几个世纪以来，人类在不断使用暴力的情况下——战争和革
命等，养成了一种生活方式。在当代与国际恐怖主义作斗争的条
件下，将形成一种新的生活方式，它将充满人类社会活动的全部
领域。

在打击恐怖主义的斗争中，军事实力起着重要的作用，但并不总
是最重要的作用，还应该加上国际社会在促进发展与保障人身安全领
域的不懈努力。重要的是让惩治网络恐怖主义与国际恐怖主义巢穴的
武力行动与更宽泛的立场达到最佳组合，该立场旨在消除恐怖主义的
深层原因（归根结底，消除那些暗含在贫穷和社会经济不平等中的原
因）。在国际反恐联盟中应将实力态度与准备在促进发展、技术援助
和预防性外交领域开展细致复杂的工作相结合。

同时，反恐斗争中的作用和使命相结合的方式应是各方都能在政
治和权利方面感到便利的背景下发挥作用。

人身安全和人的发展理念不仅在对抗国际恐怖主义威胁方面，而
且在应对其他新的非军事性挑战和威胁方面，以及论证看待地区安全
保障更宽泛和更完整的立场方面对于欧亚和亚太地区国家来说都是很
现实的。在这种立场下，欧亚大陆的区域安全机制（集体安全条约组
织和上海合作组织）最好也能被利用起来，必要时，用于保护成员
国内部的社会政治稳定和保障区域社会经济发展项目落实过程中的
安全。

欧亚和亚太地区的区域安全模式

区域安全在这里被定义为地球上某个地区全面安全的组成部分；同时它也是国家集团之间关系的一种状态，在这种状态下，战争的危【262】险或其他外来的、对安宁和主权以及独立发展的破坏不会对国家集团构成威胁。

突出的是一些具有共同决策机制与集中特点的一体化安全联合体（北约和华约等）以及用多边谈判机制代替一体化形式的多元化安全联合体。而且，如果说在冷战和两极对抗时期，第一种类型的发展绰绰有余的话，那么多元化安全联合体才刚刚开始在区域和次区域层面发展，需要把它概念化。

下面将总体研究三种多边安全保障模式的宗旨、任务和功能特点：集体安全、共同安全和合作安全，每种模式既有一系列共同特征，又带有明显的特色。

集体安全概念是在理论和实践方面分析得最详细的。集体安全传统上指的是国家合作体系，对该体系中一个成员国的侵略行为会被视作对整个体系的侵略。

与为防止潜在的外部侵略者而成立的同盟和联盟不同，集体安全可以针对"内部"，防止体系内部出现可能发动侵略的成员。但同时，集体安全体系只能在抵御任何一个侵略国家的情况下发挥作用，无论是对手还是盟友。

集体安全体系的类型特征可按照以下方式确定：

· 前所未有的通用范围，包括要求体系的每个成员必须参加行动；

· 必要时自动采取制裁；

· 成员尊崇体系的现状，对侵略的理解和必要反应零分歧。

接下来还有所谓的集体行动问题，该问题在于，建立集体安全体系，尤其是在和平时期，促使很多国家只享用加入这些体系的特权，而不承担相应的费用（直接意义和间接意义上的花费）。很多国家实在是无法承担这样的花费。 【263】

还有一个显而易见的问题是：集体安全体系框架内对侵略的反应必然会延迟。尽管集体安全理论也规定了预防性外交在解决正在酝酿的冲突方面的措施，但在系统框架内对侵略行为的军事反应机制还未建成。

与对手十分明确的军事联盟不同，这些联盟有预先制定好的武力动员与展开计划等，——集体安全体系的成员国们需要追加时间协调自己的力量以抵抗侵略。

强调抵抗侵略的集体行动会降低单边应对侵略的意义，该意义可能不够大，但更有效。多边的优势是威力较大，但灵活性较小。从这个观点看，军事联盟的效果大约在中间。

集体安全体系框架内对侵略的自动反应本身还可能促使冲突升级和使小规模战争转变成大战，因为通常会认为，任何破坏和平的行动都是对国际安全与稳定的威胁。

还有一个原则上承认集体安全体系框架内现状的问题。在应对侵略行为时用集体安全的精神无条件强调现状可能会使解决冲突的难度更大，因为在冲突中连调停人都常常会互相争论，在某种具体情况下到底谁才是侵略者。

集体安全体系的优势不仅在于能更有效地抵抗侵略，还在于从整体上加强了国际合作与信任（从而使侵略变得不太可能发生）。

在集体安全体系框架内，合作常常比竞争对国家更有利。集体安全不仅改变了成员国在国际舞台上的行为及其实现国家利益的方式，【264】还促进了更多考虑其他国家利益的一方自身利益的调整。

共同安全概念规定了在相互放弃对抗基础上对待安全问题的态度；共同利益高于个体利益的基本前提是它的基础。共同安全概念与其说是政治哲学领域制定的原则汇编，不如说是区域安全的制度化体系。共同安全的基本原则包括：

　　·拒绝使用武力作为解决国际冲突的手段，只有以自卫为目的才能使用；

　　·放弃传统战略，不取得高于其他国家的军事特权；

　　·承认国家安全不应当取决于军事实力；

　　·承认削减武装力量和武器是共同安全的基本原则。

共同安全概念被确立为一种标新立异的概念，它代替了关于武力在解决国际问题中的作用的传统概念，意识到使用核武器的无意义以及可能带来的致命后果。从 1980 年代中期开始，这一概念成为了整个欧洲发展进程不可分割的因素和《赫尔辛基协议》以及其他涉及欧洲安全的重要文件与约定的哲学基础。

大家公认，对安全与稳定产生威胁与其说是由于个别强国的国力增加，不如说是由于存在能创造机会让这些强国的挑衅行为不受法律制裁的国际环境。只有加入的国家都遵守以下《行为准则》才能保障共同安全：

· 在互利条件下参加到国际社会生活中来；
· 拒绝采用侵犯其他成员国利益的政策；
· 创造条件防止牺牲其他成员国利益而单方获利；　　　　【265】
· 具备资源和政治意愿，能使联合体共同努力抵制破坏法定
规则的企图。

合作安全概念在很多方面与共同安全概念相似。合作安全常被定义为有关国家在安全保障领域的政治外交合作。

当传统的力量平衡概念主要被看作国家在军事冲突中可能采取的行动时，合作安全概念则是强调预防性外交和军事政治信任措施的作用，也就是国家间就安全问题建立定期对话的渠道，研究磋商和决策等机制。

如果在集体安全体系框架内，国家都联合起来反对共同潜在的（或现实的）侵略者，那么合作安全概念则是从共同参与原则出发，这样就不一定要有正式的体制，保持非正式对话反而更适宜和有效。

从军事规划的角度看，合作安全打算强调的不是准备对抗威胁（制止侵略），而是制定一些能大大减少武装冲突可能性和发起冲突

而造成的潜在破坏性后果的预防性措施。

这三种地区安全模式在欧亚大陆和亚太地区都有其要素（其中有些处于萌芽状态），而且三种模式之间正在产生相互影响和相互作用的复杂过程。可以在国际体制概念框架内对这一过程进行更详细的分析，在该环境中，国际体制能完成理论方法论的整合功能。国际体制是一组已确立的原则、规范、规则和决策程序，体现了适用于某个国际关系领域的国家主体的一致观点。原则体现了对因果、事实和义【266】务（诚实）的理解。规范是表现在权利和义务概念中的行为标准。规则是行动的具体指示。决策程序则反映了优先做出并落实集体选择的实践。

国际体制也被定义为一组相互的期望值和规划与计划，以及国家集团作出的组织规定和财务规定。在各方关系被任何形式限定或成员国不能单独决策为基础的情况下，折中的观点允许国际体制的存在。

对体制的折中性解释也把它们定义为一些分散的制度。但分权制度不表示没有对违反体制规则和规范进行制裁的机制，而且，每个成员国都必须赞同这些制裁，并采取与集团安全体系相比不那么严格和必要的制裁。

国际体制的建立与其说是为了集中贯彻已经达成一致的决议，不如说是为了在国际关系中创造有预见的氛围，成员国在此氛围中做出捍卫和推进本国国家利益的决议，同时考虑到其他国家的利益，以及相互之间建立互利合作。

国际体制提出了某些能帮助国家之间相互评估意图和信誉的行为标准，明确了辩论会的范围（常有国际组织参加）；促进了信息的平等交流，增强了对国际行为的预见性。

国际体制的原则总的来说明确了其成员国追求的目标（比如，国际体制的不扩散基本原则为：核武器和其他大规模杀伤性武器的扩散会给世界和平与人类生存带来危险）。

规范对于国际行为的合法化包含着更明确的定义，但也在总体上明确了成员国的权利和义务（在不扩散体制下——承诺避免促成大规模杀伤性武器扩散的行动）。

尽管国际体制的规则并不总是容易与规范相区别（二者经常互相 **【267】** 合并），但规则更具体地明确了成员国的权利和义务，必要时比较容易修改。决策程序不仅具有像规则一样的细化标准，还明确了落实原则的手段和修改规则的方式。

原则、规范和规则相互紧密的联系是国际体制合法化与生命力的基本准则。正是这种相互的联系才能判断出修改规则是否是取代国际体制或体制内部的改革。把原则、规范、规则和决策程序联合在一起的是它们全都包括对国际体制成员国行为的建议（尽管这些建议不必运用权力分级系统无条件施行）。

突出的有两种主要的国际体制类型——国际经济体制和国际安全体制。由于存在安全困境，国际安全体制与国际经济体制相比，极其不发达。在实行国防政策和在国际舞台上采取其他行动捍卫和推进本国的国家利益时，任何国家传统上都会把邻国看作潜在的威胁。为应对现实的或假想的安全挑战而采取追加措施会引起反应，等等。经验证明，很难打破这条升级链。

吸引各国特别关注的不是安全领域缺乏有序的关系本身，而是突然改变游戏规则之后某成员国将获得单方面特权所造成的威胁。由于还包括对遵守法定规则进行监督的难度和以竞争精神理解安全问题的倾向，与国际安全体制相比，国际经济体制生存和发展的机会更好。

【268】 国际安全体制不能只以武力关系为基础。确切地说，该体制是在某种程度上补充现有的武力关系。在这种体制范围内，一些成员国能获得安全，而另一些成员国能得到自主权。较强国家保障较弱国家的安全，从而会增加决策自主权；地区的弱国以承诺遵循较强伙伴国的政治方针和提供自己的军事基地等作为交换而获得安全保障。国家之间的综合国力分布悬殊造成多边安全保障机制具有不均衡性，尤其是在地区层面，还使当代国际关系整体上出现分层。

遵守共同制定的规则绝不意味着国际体制的成员国们会遵照共同的目标和政治理想或是抛弃国家主权的原则。成员国会努力保证自己的长期利益并对伙伴国在国际舞台上的行为保持预见性。

国际体制功能势态的基础是合作概念，但这绝不是安全领域的国家利益近似或一致的同义词。国际体制框架内的合作——确切地说，不是零冲突，而是对冲突的反应或潜在的冲突。

国际体制框架内的合作方式是调解冲突的谈判，在谈判过程中产生立场接近或政策协调。归根到底，可以完全或部分消除某个决议可能对其他决议产生的消极后果。只有当伙伴国们认为其他国家的政策能通过协调促进其本国政策的落实时，才会产生国家间的合作。

国际体制的合作与政策协调不完全相同。前者是为达到某种正面结果而建立的体制的基础；后者不是为遵照某种方针，而是为避免某种后果（负面结果）才创立的体制的基础。

发挥第二种类型的体制的功能只要制定公约就够了（正式的或非正式的公约）。而第一种类型的体制，除此之外，还需要某些制度化的手续。

国际体制和国际制度不完全相同，但可以独立存在。无论体制是【269】否已经建立，国际组织都可以（尽管也不一定）像体制一样起作用。

地区层面上突出的有两种类型的国际安全体制：

主要与信息沟通交流和保障军事活动的开放性与预见性有关的透明与信任措施体制。

规定禁止或限制某类军事活动以及生产或使用某类武器装备和武装斗争手段的限制性体制（不扩散体制）。

国际关系中**力量平衡和利益平衡**的辩证过程是国际安全体制构成并起作用的基础。对于国际体系的国家主体（和国际体制潜在的成员国）来说，捍卫和推进国家安全利益是无条件优先的方向及其实用政策的出发点。正是对国家安全利益的理解决定着某个国家对待国际法规和国际体制的态度，这种态度正在从全面孤立变成积极参与。

同样，**力量平衡**也是一个可以做出多种解释的综合性概念。关于力量平衡存在以下几种解释：

· 旨在维持某种武力关系状态的政策；

· 国家间武力关系的真实状态；

· 力量分布大约均衡；

291

·力量随意分布。

力量平衡的概念包含两种相互矛盾的功能：保障国家间武力关系的稳定和防止一个国家用武力控制其他国家（这意味着会有改变平衡的可能性）。

力量平衡实质上是一种不稳定的平衡体系，平衡一旦被破坏就不会自动回到从前的状态。力量平衡会依据区域（次区域）安全领域的具体形势和国家参与解决安全问题的程度而发生变化。

【270】

国家之间综合国力分布悬殊造成多边安全保障机制具有不均衡性，尤其是在地区层面，还使当代国际关系整体上出现分层。在这种体制范围内，一些成员国能获得安全，而另一些成员国能得到自主权。较强国家保障较弱国家的安全，从而会增加决策自主权；地区的弱国以承诺遵循较强伙伴国的政治方针和提供自己的军事基地等作为交换获得安全保障。

当区域的挑战增加并采用新的形式时，遏制制度还是陈旧的，而且越来越不符合实际。现有的控制体制主要是用于预防全球的而不是区域的和局部的威胁。对于造成当代国际秩序主要威胁的有限冲突来说，这些体制过于烦琐；它们提出的政治和技术实践活动未能完成。

此外，对于保障区域安全来说，越来越重要的是加强预见性和相互信任。因此，基于通信和互换信息的国际体制正在成为有益的选择。

信任措施是军事措施，旨在根据其他国家已公布的、其在安全政策领域的意愿及其军事活动的事实与实现国家安全政策任务的可行性

292

提供情报和增强信任。

广义上，旨在减少会造成紧张局势和增加冲突可能性的不明情况所作出的任何努力都属于信任措施。狭义上，把信任措施定义为"迫使潜在对手更平静地理解另一方军事活动的简单尝试"；同时，信任被定义为"相互期待非敌对的行为"。

"信任措施"这一术语是在 1973 年召开的欧洲安全与合作会议上【271】开始通用的。1975 年签订的《赫尔辛基协议》提到加强信任与安全的措施。

第一代信任措施和欧洲的常备武装力量活动规章化有关。10 年后出现的第二代信任措施涵盖了更广阔的日常军事积极活动的范围，包括监控军事演习和某些类型的军事活动。

随着 1975 年的《赫尔辛基协议》、1986 年的《斯德哥尔摩公约》和 1990 年的《维也纳文件》的签署，运用军队威胁和采用武力被禁止了。逐渐落实了促使公开举行军事活动和为减少由于错误评估局势造成突然进攻和可能爆发战争的威胁而监控它的措施，实行了预先告知军事演习和出席演习以及提前交换演习进度表等。在此基础上，1990 年 11 月，欧洲达成了削减常规武器的约定。

《斯德哥尔摩文件》规定：通过外交渠道预先告知其他成员国将在实行信任措施区域开始某种军事活动；邀请成员国的观察员参加应当通知的军事演习；在下一个日历年编写应当通知的演习日历；拒绝进行事先未做出相应通知的某个军事活动；有权在其他任何成员国境内进行视察。

信任措施包括政治性措施（关于和平意愿和互不侵犯的宣言等）

和旨在禁止、限制或控制军事行动及军队部署的限制性措施（遏制措施）。信任措施狭义上可分为两个主要的群——与保证不扩散核武器和其他种类的大规模杀伤性武器有关的措施以及涉及常备武装力量和常规武器的措施。

【272】如果说与不扩散体制有关的信任措施从定义看带有多边性，那么在常备武装力量和常规武器方面则可分为两个主要的子群：双边性措施和约定俗成的多边信任措施，后者能保障加强所有地区国家的安全和创造适宜的外部条件来解决次地区中有争议和冲突的双边局势。

透明措施旨在通过保证信息渠道公开和安全问题的所有方面联系公开——从交换军事预算资料到相互预先通知军事演习，使安全困境化为最小值。

与其把透明措施的效用定义为各方之间相互信任的程度，不如说是拥有安全领域被核实过的具体信息（这是必要条件但不是充分条件）。在潜在对手行动的可靠信息缺失时，另一方倾向于夸大对手在国防和安全领域的意图并准备采用"最坏方案"。透明措施能加强相互信任并履行防止侵略或可能性冲突的"预警"功能。

可以把公开国家军事战略与学说、国防《白皮书》以及军事预算和武器购买计划的资料列入透明措施。《联合国常规武器登记册》和遵守国际体制的核验与监督要求等也是最重要的透明措施。

透明措施可以用分阶段的方式来落实，可以从简单的形式逐步上升到较复杂的形式，还可将透明措施从军事领域推广到其他安全领域——经济、生态、难民问题和打击贩毒、走私和海盗等问题。

在欧洲的环境中，军事领域的透明与信任措施被确定为西方解决冲突的传统外交手段。这些措施证明了其在降低东西方关系紧张程度方面的效果；形成了一种"信任措施政治文化"，该文化现在决定着传统上曾经敌对的和竞争的国家之间相互关系的基调。

军事领域的大量透明与信任措施很难在地球上其他地区得到运用，尤其是在发展中国家，它们把这看作是"西方的陷阱"。强调这些措施的政治参与性而常常忽视加强公开与信任的操作法本身。但是，军事领域的透明与信任措施已被确立为降低紧张程度和巩固相互安全的通用手段。【273】

军事领域的透明与信任措施也被看作控制武器体制的组成部分和这一体制在地区范围内确立的某个阶段。

欧亚大陆的区域安全

在欧亚大陆，在欧洲大西洋和亚太地区的交界处，出现了一些新的国际机制和体制，它们兼有集体安全和合作安全的因素。它们是为在对抗新的跨国威胁领域协同努力而创立的。现有的和重新创立的多边安全机制出现了相互影响和相互渗透的趋势。

在欧亚大陆和后苏联空间，所有主要的区域安全体制模式都有代表：共同安全、集体安全和合作安全。比如最积极的集体安全模式有集体安全条约组织和上海合作组织。

其中，集体安全条约组织正在成为保障成员国安全的现实工具：在中亚与独联体的欧洲部分和高加索地区形成了构建区域安全子系统原则；正在完善法律基础和发展组建快速反应联合力量的机制。

【274】 集体安全条约组织框架内所创立的集体安全委员会最有前景的工作方向之一是就维和问题形成快速反应集体维和力量创立磋商机制。很明显，集体安全条约组织的缔约国已经从独联体在中亚方向维和行动的各种不同经验中得到了教训。

集体安全条约组织对当代地缘政治条件的适应是在欧洲和亚洲形成国际安全有效体系的重大步骤。集体安全条约组织的缔约国不会和为对抗共同挑战与威胁而准备发展军事合作的独联体其他成员国以及其他军事政治组织的联盟划出界线。

区域和次区域安全体制是对俄罗斯及其盟友和中亚的伙伴国国家安全所造成的日益增强的威胁进行抵抗的最佳方式。对于俄罗斯来说，忽视中亚国家的国家主权、特点和安全利益是一条"不知去向的路"，确切说是一条造成它在地区被孤立的路。以非正式的自愿合作和保障共同利益的政策协调为前提的国际体制才是保障独联体框架内共同安全和一体化发展的道路。

不制定出稳定的国际联盟规程，该联盟哪怕是由目的和规模各异的、想加入且能加入的国家构成，也不可能有效地解决冲突。因此，适宜回忆一下，21世纪初期，俄罗斯与美国在阿富汗的反恐作战中相互积极协作。中亚国家和俄罗斯在集体安全条约组织与上海合作组织的盟友及伙伴国，与俄罗斯商定通过了决议，为美国和其他参加反恐联盟的成员国在作战中的军用配额予以技术和后勤援助。这项达成一致的决议就是在集体安全条约组织的集体安全委员会框架内经过磋商通过的。

对区域安全威胁与挑战的新的理解和中亚及其外部的地缘政治局势的变化导致集体安全条约组织的宗旨和任务以及其发挥作用的机制产生了改进。

于是，Ю.А.尼基京娜公正地指出，实际上，在 2002 年集体安全条约组织成立之后很快，其成员国不干涉内政的共同定位和俄罗斯力图维持奉公守法的体制就与安全领域的新任务发生了矛盾（包括这里说的所谓的"颜色革命"），导致在拥有机制（中亚地区集体快速部署力量）而且愿意遵守体制但没有机会干涉内政（从一开始就没打算在国家内部冲突中使用集体快速反应部队）的情况下，产生了令人难以置信的后果。【275】

成员国的正常目标与组织发展的客观需求发生了矛盾，而正是由于缺乏实际行动和解决冲突的成效，包括解决国家的内政冲突没有效果，被西方组织首先是欧盟和北约看作是集体安全条约组织低效的特征，这也使得成员国们不想在组织层面上建立正式的联系。①

2010 年发生在奥什和吉尔吉斯斯坦南部的民族冲突明显暴露了集体安全条约组织在内部发生危机时缺乏有效的区域反应机制。尽管吉尔吉斯斯坦过渡时期总统萝扎·奥通巴耶娃向俄罗斯提出了请求，希望以集体安全条约组织的名义予以干涉，但从未有过外来的影响。莫斯科拒绝干涉，公正地援引说没有这种行动的法律基础，因为规定集体安全条约组织框架内，只有在受到外部或外力攻击时，成员国之间才能采取联合行动，而绝不是在内部发生冲突时。乌兹别克斯坦坚

---

① *Никитина Ю.А.*ОДКБ и ШОС как модели взаимодействия в сфере региональ-ной безопасности.Индекс безопасности № 2(97).Т.17.С.48.

决反对集体安全条约组织做出任何干涉，担心俄罗斯军队随后会常驻乌兹别克斯坦的南部边境。

于是，俄罗斯提议对集体安全条约组织的章程进行修改，2010年 12 月获得批准后，规定了"受到其他对条约成员国的安全、稳定、领土完整和主权构成威胁的武力侵犯时"的反应。俄罗斯当代发展研究所提议让集体安全条约组织框架内的决议以大多数投票通过，而不需全票才通过，鉴于乌兹别克斯坦已经退出该组织，现在这一点已经【275】办到了。但是，专家认为，俄罗斯现在虽然已经拥有实施干涉所必需的法律基础，但它未必愿意派出自己的士兵直接参与中亚国家的政治或社会危机。①

俄罗斯及欧亚大陆国家与北约的协作可以成为跨地区协作保障安全的有效机制之一。尽管由于乌克兰局势与北约的关系明显变冷（不久前，集体安全条约组织暂停了与北约的对话和实际协作），俄罗斯及其中亚的伙伴国仍然应当保留恢复甚至加强这一对话的机会，这将有助于加强欧亚大陆在宏观层面的稳定和跨地区国际安全体系的发展。

随着时间的推移，如果北约仍将发展与集体安全条约组织和上海合作组织的伙伴关系，那么，俄罗斯—北约理事会这个俄罗斯与北约成员国进行磋商、制定决议、合作与共同决策以及联合行动的机构的工作经验将会十分需要。

---

① *Ларуэль М.,Пейруз С.*Региональные организации в Центральной Азии:характе-ристики взаимодействий,дилеммы эффективности.Университет Центральной Азии,Институт государственной политики и управления,Доклад № 10,2013.C.36.

于是，《罗马宣言》（尽管俄罗斯与北约的合作已经停止，但北约领导人宣布，这个基本文件仍然有效）规定了一些建立具体而有效的合作的宽泛机会，包括下列工作方式和方法：

· 国家和政府首脑与外交部长和国防部长以及大使层面的委员会会议；

· 俄罗斯的代表在相应层面上参与北约政治委员会层面的筹备委员会工作；

· 个别问题委员会会议或者临时或长期合作领域工作组会议（可利用北约现有的委员会资源）；

· 军事代表及总参谋部部长会面；

· 军事专家会面。

与至多算是磋商机制的俄罗斯—北约常设联合理事会不同，俄罗斯—北约委员会有机会积极制定和落实共同的决议—它首先是为北约所有层面上复杂的军事政治机器的工作而成立。俄罗斯—北约委员会的全权范围包括：【277】

· 反恐斗争；

· 危机管理；

· 大规模杀伤性武器不扩散领域的合作；

· 军备控制和加强信任措施；

· 战区导弹防御领域的合作；

· 海上搜救;

· 军事改革领域军人之间的合作;

· 民用应急计划与反应;

· 对抗新的威胁和挑战。

在该背景下,不能排除国际维和方面的合作前景(确实十分渺茫),包括共同采取维和行动。

上述的政治外交协作机制(理想中的模式)创造了加强安全的跨地区合作前景。它们能保障预防性外交、维和以及解决冲突的主要主体进行合作与相互作用的国际法律合法性。

欧亚大陆跨地区安全机制建成以后,将有可能制定出协作的规范和规则以及共同决策的程序。将在指定的国家和国际组织之间建立直接联系和磋商的过程中,进行这样一些法典编纂。最后可以形成欧亚大陆跨地区安全机制,而俄罗斯和中亚国家则将成为欧洲大西洋地区和亚太地区共同安全空间的连接环节。

【278】 亚太地区的区域安全

俄罗斯的平衡外交政策绝不意味着在俄罗斯的发展与安全保障问题上西方优先。西伯利亚和远东的发展利益要求加倍关注与亚太地区国家的合作,首先是与中国和其他东亚国家的合作。在已形成的条件下,这将意味着等距离外交方针。俄罗斯在东亚的战略目标是促进和平、稳定与繁荣,这同样能促进俄罗斯在地区安全结构与合作一体化以及俄罗斯经济现代化的任务。

因此，俄罗斯外交应当强调关注预防性外交的优势，促进地区国家的政策协调，尤其是在国际经济安全与合作领域。多边谈判磋商机制和地区经济与安全领域现有的国际体制以及一系列国家与国际联合体积极的双边关系都可以成为支柱。

如果俄罗斯在欧洲大西洋地区的政策核心方向是推进《全面安全条约》构想（把共同安全不可分割原则固定在法律要求的文件中），那么就应当承认，在该原则基础上建立并推进地区安全与和平问题的多边磋商论坛是俄罗斯在亚太地区政策的优先方向。

初看起来，亚太地区不缺少国际协作机构，比如：东盟框架内的谈判磋商机制、东亚峰会、"亚欧"论坛、亚太经合组织、上海合作组织、金砖国家和大量"第二条道路"的对话格式。但是，目前尚未建立亚洲安全与合作问题的"框架式"全方位对话机制，现有的格式还需要更清楚地明确自己的意义和工作原则以及相互协调的机制。

只要回忆一下东北亚地区没有常设的谈判磋商机制就足够了，而且，正是在这个对于世界经济和政治来说极其重要的次地区，一【279】些强国的利益发生了交叉。在东北亚有世界三大经济体，集中了不少于 50% 的世界外汇储备；中国、日本、俄罗斯、朝鲜和韩国占世界总产值的 45%。东北亚国家是最大的能源消费者和全球主要的环境污染源，是发展核能的火车头和改革与发展新技术的主要源头。该次地区由五个正式核大国和联合国安理会五个常任理事国中的三个代表。

东北亚地区没有安全与合作机制说明在该次地区存在源于第二次
世界大战时期的领土争端和难以解决的危机和冲突局势（首先是朝鲜
半岛的局势）。未愈合的战争创伤，对历史事件的不同解释，被分裂
的朝鲜民族——这些都阻碍着中国、日本和朝鲜民族之间真正实现相
互谅解与合作。而只有在真正实现相互谅解与合作的基础上才能产生
稳定的国际协作与合作机制（就像在战后的欧洲一样：总体评价战争
的悲惨过去创造了欧洲一体化的前提）。

目前的东北亚离此还很遥远——但生活本身要求建立利益协调机
制。中国、美国、俄罗斯、日本和两个朝鲜半岛国家在安全与经济合
作领域的利益并不总是一致，有时方向会不同，但最好能与亚太地区
已经存在的、上面提到的对话格式相容。可以说，这些相容的范本已
经开始出现在我们眼前了。

于是，近年来国际上一直在积极讨论美国和中国之间构建地缘政
治同盟，即华盛顿和北京建立所谓的 G2 同盟以及两国经济和政治用
所谓的"中国＋美国"格式进行锁闭的可行性。可用某种假定的生产
者债权人和消费者债务人联合企业的形式来代表该同盟，此联合企业
最好能拥有世界领土的 13% 和世界人口的四分之一，同时能生产出
三分之一的世界总产值并保证其经济增长占全球的一半以上。

【280】　　同时，专家认为，中国的手中最好掌握着能对美国经济产生影响
的有力杠杆（丰富的外汇资源、美国的债券、双边贸易中的顺差等
等）。但这两种最强大经济的相互联系本身是完全客观的，绝对不是
会必然引起冲突的，——而且，全球化过程本身正在促进两国的协作。
正如美国著名政治学家约瑟夫·奈公正地指出，当相互依附达到平衡

时，对于已经加入的各方来说，它就不是威胁了。①

奥巴马政府对其前任小布什所采取的中国政策的结果进行重新分析后得出结论，想迫使北京为了美国的利益而修改其方针（无论是政治方针还是货币方针）未必可行。于是产生了给北京提供某个大型方案的想法，在那种情况下会出现两极，华盛顿在该大型方案框架内的必要行动最好能不被解释成让步，而是共同构建世界秩序的举措。

从一开始，北京对待 G2 的思想就十分谨慎。比如，中国著名学者、新华社世界问题研究中心研究员、中华人民共和国国务院发展研究中心欧亚社会发展研究所俄罗斯内政室主任盛世良在接受笔者独家采访时就宣布：

"中国拒绝加入 G2 集团的邀请不是因为中国人不想参与全球治理。而是这会对我们有害，因为这会使我们和像俄罗斯与其他大国以及第三世界国家这样的主要伙伴国的关系变得太复杂。关于 G2 集团的建议十分险恶：常言说，'有了这样的朋友，我们就已经不需要敌人了'，因为在这样的联合体中，美国从一开始就给自己指定了领导的角色，给中国安排的是小伙伴的角色。如果说的是真正公平的伙伴关系与合作，那么也应当吸收俄罗斯、日本、印度和其他国家加入。"

中国与美国的经济和地缘政治利益客观上要求立场一致，需要为

---

① Ethics Matter Series:Interview with Joseph S.Nye,Jr.,February 10,2011.URL:http://www.carnegiecouncil.org/resources/transcripts/0363.html.

【281】了避免世界经济和政治中对于双方共同的消极后果而协同努力。因此，从某些尽管是片面的角度来看，为了解决双边和全球的财经问题以及区域和局部的危机与冲突局势而取得共同的立场，G2集团也有可能会成立。

此外，两国内部分别论证他们每个国家觊觎全球主要角色的观点都很特别，出于策略可能会成立G2集团或"中国＋美国"类型的同盟，但其永远不具有长期的战略前景。

2009年11月18日，时任中华人民共和国国务院总理温家宝在北京会见美国总统时的宣告消除了G2集团问题的不确定性。总理强调，中国"仍是一个发展中国家，人口众多，要成为现代化国家还有很长的路要走"。他指出，中国奉行独立自主的和平外交政策，不打算同其他国家或国家集团建立联盟。全球的问题应当由世界上所有国家一起来解决，而不是由一个或两个国家来解决。①

顺便说说，很多有影响力的中国专家对布热津斯基提出的美中"霸权两栖"计划加以批评，正是因为它不现实。比如，上海华东师范大学俄罗斯研究中心主任、国际关系和地区发展研究院院长冯绍雷教授认为："G2同盟完全不是描述当前中美关系所可以接受的术语。在中美战略对话新阶段的框架内，我们认为C2（二国合作协调机制）的提法更好，恰好强调的是合作而不是大国之间的传统竞争。"

亚太地区的安全以及俄罗斯与中国经济合作和政策协调的问题是从2009年开始在双边、区域和全球关系背景下以及"瓦尔代"国际

---

① http://russian.people.com.cn/31521/6817271.htm.

辩论俱乐部俄中分会的会议框架内展开讨论的。①

通过这些非常深入的公开争论，能在俄罗斯和中国领先专家的观 【282】
点中找到双边关系问题和东北亚及亚太地区局势的切入点，包括专家
们阐述的关于中国加入创立东北亚和亚太地区多边合作与安全体系的
独特而具体的见解。

于是，在辩论过程中谈到了就安全与合作问题建立多边谈判与磋
商机制而提出倡议的必要性，该机制最好能促进中国捍卫和推进其在
地区的国家利益。为讨论区域和全球问题而建立中国—美国—俄罗斯
三方论坛的前景尤其引人关注，中国专家认为，俄罗斯的参与最好能
在美国加入类似规格的辩论和缓和美中在一系列问题上的矛盾中发挥
关键作用。

中国同行认为，各种规格的多边合作，包括可能会建立的中—
美—俄谈判磋商机制，最好都能平衡美国的野心并创立亚太地区及世
界整体上更稳定的安全与合作体系。冯绍雷教授与笔者交谈时特别强
调："中国、美国和俄罗斯就安全问题参加的三方对话要是能成为针
对的问题更广泛、更灵活有效的对话模式就好了。这种三方对话和现
在已有的中美战略对话最好能互补不足，加强参与各方的相互谅解和

---

① Международный дискуссионный клуб «Валдай»-это эксклюзивное собрание ведущих
зарубежных и российских экспертов в области истории,политологии,эконо-мики
и международных отношений.Клуб был создан в 2004 г/ Российским агентством
международной информации «РИА Новости» и Советом по внешней и оборонной по-
литике совместно с журналами RussiaProfile и «Россия в глобальной политике» и газе-
той TheMoscowNews.Своим названием Клуб обязан месту проведения первой кон-
ференции,которая состоялась в Великом Новгороде недалеко от озера Валдай.

相互信任。"

美中双边关系的改善不会威胁俄罗斯的经济和地缘政治战略利益，相反，还会创造捍卫与推进这些利益的新的（未来更有利的）条件。任何希望俄罗斯加入的、有中国和美国参加的亚太地区及地区之外的多边对话与合作机构，都能巩固俄罗斯的立场并赋予其新的外交手段。

【283】 近些年形成的俄中关系的特点符合双方的根本利益，是两国在当今国际环境中的可靠"后方"和保障国家安全的重要因素。该方针已固定在与中国签署的全面深化俄中战略协作伙伴关系的文件中。

中国的强大不会对俄罗斯在地区和全球层面的利益构成威胁。俄罗斯和中国是多极国际结构的承重支柱，同样也关心该结构的持久与稳定。两国利益接近或相符的范围远远大于可能产生分歧或不符的范围。

正如时任俄罗斯联邦总理和总统候选人的普京在自己 2012 年 2 月 27 日发表于《莫斯科新闻报》上的纲领性文章《俄罗斯与变化中的世界》里所强调："中国在国际舞台上的表现让人没有理由说它有统治野心。中国在世界上的声音确实越来越坚定，我们对此表示欢迎，因为北京赞同我们构建平等世界秩序的看法。"①

而且，中国是俄罗斯推进在东北亚和亚太地区建立多边安全机制倡议的客观盟友。北京近年来明显加强了这方面的活动，目的是保障自己国境周边的安全与稳定以及为国家的社会经济发展提供有利的外

---

① *Путин В.В.*Россия и меняющийся мир.«Московские новости»,27 февраля 2012 г.

部条件。中国不仅致力于地区和全球层面现有的国际体制一体化，随着自身在世界经济政治中作用的增强，也希望参与制定全球治理方面的新"游戏规则"和构建国际新秩序。

2010 年 9 月，俄罗斯联邦总统梅德韦杰夫和中华人民共和国主席胡锦涛在北京提出了关于加强亚太地区安全与合作的联合倡议，其实质是——地区所有国家确认尊崇平等安全和不可分割原则，拒绝试图以牺牲他国安全来加强自身安全，禁止采取可能在地区出现新分界 【284】线的行动。①

这个倡议原则上体现了俄罗斯和中国在对外政策方面协作的新阶段，以"网络外交"（亚太地区现有的双向多边安全机制和对话论坛的横向互动和非等级协调）的原则为基础。"网络外交"完全符合亚太地区的现实情况，未来可形成新的区域安全与合作结构——一个平等透明的包容性结构。

2012 年 6 月，俄罗斯总统普京对中华人民共和国进行国事访问期间，再次表示赞成在地区外建立"平等开放的国际安全与合作机构"。落实上述约定的工作已经完成了大部分，制定了亚太地区俄中协调行动的"路线图"。其中规定，要扩大多边区域联合体框架内的合作，协助制定与实际落实保障各方安全的措施。

2015 年 7 月，С.В.拉夫罗夫指出："三年前，在所谓亚太地区

---

① Совместное заявление Российской Федерации и Китайской Народной Ре-спублики о всестороннем углублении российско-китайских отношений партнерства и стратегического взаимодействия,27 сентября 2010 г.URL:http://news.kremlin.ru/ref_ notes/719.

其余所有玩家都有代表的东亚峰会机制框架内，根据俄罗斯的倡议，建立亚太地区新的开放式安全机制开始进行磋商。已经在文莱、俄罗斯和马来西亚举行了三轮这样的磋商。例行的下一轮磋商会议计划在印度尼西亚召开。因此这个过程将会很长——积累了太多问题，地区的现有结构太松散……但如果我们目标明确地坚持这项倡议，它是会有前景的。"①

【285】　俄罗斯与中国正在共同努力推进该倡议。两国正继续努力在亚太地区建立一个可靠的、符合当代现实的、全面透明的安全平等与不可分割机构，该机构依据国际法的首要地位和相互信任，在和平解决争端和不使用武力或武力威胁的原则上，以尊重所有国家的利益为基础。俄罗斯与中国联合东盟国家以及其他相关伙伴国将在东亚峰会和其他多边联合体框架内就该问题举行进一步对话。

各方都积极评价了俄中对东北亚安全问题所进行的第一轮磋商的结果，打算用俄中全面战略协作伙伴关系的精神加深对话并加强协调与协作，以及共同维护和平、稳定与安全，在平等考虑该地区所有国家的法定利益和所关心的问题基础上，在次地区推进构建新的和平与安全机构。②

---

① Пресс-конференция министра иностранных дел России С.В.Лаврова «на по-лях» саммитов БРИКС и ШОС.Уфа,9 июля 2015 г.URL:http://archive.mid.ru/brp_4.ns f/0/94B3F FD7279721CA43257E7D00449B30.

② Совместное заявление Российской Федерации и Китайской Народной Респу-блики об углублении всеобъемлющего партнерства и стратегического взаимодействия и о продвижении взаимовыгодного сотрудничества.8 мая 2015 г.URL:http://www.kremlin.ru/ supplement/4969.

很能说明问题的是，这个思想与地区其他国家提出的保障亚太安全的立场在原则上是一致的。于是，美国国务卿希拉里·克林顿在自己发表于《外交》杂志上的轰动一时的纲领性文章《美国的太平洋世纪》① 中强调，多边合作的重要性取决于亚太地区跨国安全挑战与威胁的综合性本身，她支持在"亚洲更稳定可靠的地区结构"中加入"能采取集体行动的制度"，这些区域安全制度将"补充，但不是代替"美国与其地区盟友之间的双边关系。

为了讨论涉及在亚太地区建立区域安全结构的新思想，美国变得更敏锐更开放。包括，俄罗斯和美国为此都支持使用东亚峰会机制。【286】

2011 年 11 月，俄罗斯联邦外交部长拉夫罗夫在巴厘岛的东亚峰会上宣布，东亚峰会框架内的战略对话必须集中在完善地区安全与合作结构的问题上。东亚峰会有能力把这些原则发展为完整的东亚包容性安全概念，俄罗斯准备积极参与这些努力，——拉夫罗夫强调说。②

东亚峰会可以成为高层讨论地区主要重点问题的适宜平台(安全、经济合作、能源、金融、气候变化，以及教育和卫生领域的协作)。俄罗斯与美国加入东亚峰会以后，这个论坛实质上联合了亚太地区所有的重要国家。俄罗斯建议在东亚峰会框架内就地区安全保障的原则问题展开辩论，目的是让这一机制成为高层讨论地区日程的"伞状"结构和亚太地区网络外交的组成部分。

---

① Подробнее см.:*Оганесян А.Г.*Тихоокеанский вектор США:«Я приду и тебя обойму».«Международная жизнь» № 12-2011.

② Выступление министра иностранных дел Российской Федерации С.В.Лаврова на пленарном заседании 6-го Восточноазиатского саммита,о.Бали,Индонезия,19 но-ября 2011 г.Информационный бюллетень МИД РФ.21 ноября 2011 г.С.12.

中国的权威专家认为，最好应当从东北亚次地区开始建立新的区域安全结构。盛世良教授认为，在东北亚的安全领域根本没有任何多边结构的起步阶段，有必要谈谈建立一个谈判论坛的事情。专家在接受笔者采访时指出，"中国和俄罗斯是积极的战略伙伴国，应为这个论坛的建立发挥主要作用。——要知道战略对话和安全问题是我们两国主要的共同发力点，是在亚太地区合作的主要平台。"

盛世良认为，俄罗斯和中国最好能成为建立地区多边谈判磋商机制的倡议者。而美国、日本、印度和其他国家可以参与其中。"对于【287】我们两国来说，在该倡议未被美国和日本截取之前，现在正是提出这个建议的时候，——因为该思想已经产生并很快将实现。重要的是在战略上抓住先机，提出自己的方案，而不是加入别国的讨论"，盛世良指出。

他认为，在东北亚建立多边谈判磋商机制的时候可以采用其他地区的经验。比如，欧洲安全与合作会议和欧洲安全与合作组织的经验，尤其包括所谓的"第一篮"——多边透明与军事信任措施的经验。但是，他又指出，不应当对"亚洲的赫尔辛基进程"表现得过于热情，因为在欧洲大西洋地区相应的多边对话经验需要两极对抗的条件，首先是用来解决冲突。在东北亚和亚太地区国家之间现有的全部矛盾中，现在这里说的不是冲突，而更多的是在讲伙伴关系和带有竞争因素的合作。

人们常说东盟的经验是灵丹妙药，但东盟框架内多边进程的经验及其"重要的不是结果而是谈判过程"的原则实际上只能帮助保障包容性，但没有成效。而且，该经验只对东盟成员国和经济与地缘政治

310

地位大约平等的中小国家有利，在有区域强国参加的谈判和磋商框架内可能不起作用，学者断定说。

如果遵照中国同行的建议，更仔细地研究在东北亚运用欧洲安全组织的经验这一思想，可以发现，在该次地区已经存在一个正在运行的谈判磋商机制，可以成为建立新安全结构的范本和模式。这里说的当然是两个朝鲜半岛国家、中国、日本、俄罗斯和美国参加的有关朝核问题的六方会谈。

一些研究人员指出，六方会谈在建立未来的地区安全结构中具有特殊作用。他们认为，这个会谈的规格表现出中国和美国在朝鲜民主主义人民共和国最终停止研制核武器计划中的相互利害关系。一方面，它象征着中国承认美国在军事政治上参与了亚太地区的事务，另一方面也体现出美国承认中华人民共和国在六方会谈工作中的主导作用。中国参加会谈时，表明了准备发展多边区域安全机制，而美国则【288】热衷于把自己和地区盟友的双边关系与加入发展安全领域的多边构成相结合。

在讨论六方会谈对于建立新的地区安全结构的可行性时，悲观主义者在与乐观主义者争论时指出，"六方会谈"的全权范围已经缩小为仅仅解决与朝鲜民主主义人民共和国拥有核武器有关的具体问题。

乐观主义者则指出，2007 年 2 月在北京达成的关于把东北亚安全与合作谈判划入分组的"六方"约定是新的重要阶段。他们认为，尽管还像从前一样是最重要的部分，但是朝鲜问题只是谈判进程的一个部分。五个国家——俄罗斯、中国、美国、日本和韩国都有机会讨论更宽泛的地区问题。

在这个论坛框架内，最好按类似于欧洲安全与合作会议或欧洲安全与合作组织的方式，力求讨论三个"篮子"——军事安全、经济合作、人权和人文合作的问题。与欧洲的多边合作经验及传统不同，在亚太地区还需要形成这种对话的文化，——著名学者、外交家、欧洲安全与合作会议框架内美国前代表团团长约·古德比坚信这一点。

他认为，上述约定使六国外交部门首脑的定期会晤成为可能，会晤时最好能讨论政治、安全、经贸、科技和文化人文合作问题，把自由交换信息，人际交流和家庭重组等列入六国的相互联系中。欧洲安全与合作会议协调三个"篮子"的经验说不定有助于软化朝鲜民主主义人民共和国的立场，并用促进社会经济发展和让其加入次地区一体化机制作为交换说服它放弃其核计划。

在此背景下，俄罗斯在六方会谈框架内领导的东北亚和平与安全【289】机制工作小组的前景十分乐观。一些研究者认为，随着俄罗斯和美国的加入，扩大"东盟+3"的机制也是可能的。这将会让六方会谈六个成员国中的五个成员国在亚太地区的规模上，就宽泛的安全、经济和政治问题开始综合性对话。

中国的一些研究者（庞中英等人）认为，"亚洲的赫尔辛基进程"模式对于次地区若是过于保守的话，那东北亚将需要一个独特的新安全机制。他们指出，在朝鲜问题和台湾问题解决之前，以及中国和日本，类似战后的法国和德国，在共同理解第二次世界大战亚太战场的原因及结果的基础上达成和解与一致之前，未必可能会建立欧洲安全

312

与合作会议或欧洲安全与合作组织的亚太模拟体。

但是，我们看见，该次地区的国家遵循时代的要求，并未等到彻底解决历史争端就已经开始建立政治、经济和安全领域的多边一体化构成。只要提一下中国、日本和韩国参加的三边对话（"2020 战略"）就足够了，在可预见的未来，这能根本改变东北亚和亚太地区的局势。

而且，欧洲大西洋地区的经验证明，作为两个意识形态不同的世界体系对话和调解两极冲突的框架式结构，欧洲安全与合作会议机制正好显得十分适宜有效（且相当持久而花费不多）。那些把欧洲安全与合作会议以及欧洲安全与合作组织的活动和之后苏联的解体及世界社会主义体系的消失联系在一起的人，对欧洲安全与合作会议特别是欧洲安全与合作组织的失望是可以理解的。

但是，稳定增长的中国经济巩固了中国共产党在中国政治制度中的领导作用，没有理由预测中国在可预见的将来会向"西方"模式演变。因此在亚太地区（尽管和欧洲一样，此地的"冷战"已经结束）可以预见，经济与政治模式（中国的和西方的模式）不同以及意识形态宗旨和价值目标对立的"两种体系"将在历史上长期共存。

因此，利用欧洲安全与合作会议或欧洲安全与合作组织的原则和 【290】
机制"和平共处"的欧洲模式在东北亚和亚太地区是十分需要和适宜的。北京很明确地理解这一点——胡锦涛在中国共产党第十八次代表大会的报告中强调，中国将在和平共处五项原则基础上同所有国家建立关系，报告中说："我们将积极参与多边事务……促进国际秩序和国际体系公平合理地发展。"①

无论怎样，构建东北亚和亚太地区多边安全机制的过程都十分艰难而持久，冯绍雷教授认为："在整个亚太地区框架内构建多边安全机制需要作长期的准备并将占用很多时间。在构建这一机制的时候将考虑到其他地区的经验，结合亚太国家的特色并利用这样一些地区特点——独特的多样性、日新月异的发展和开放性。"

需要现在就开始进行这项细致复杂的工作。可以期待的是，俄中联合倡议将得到理解并为亚太地区所需要。"可以预见，在不久的将来，俄罗斯会在亚太地区积极活动，并且是以前所未有的速度和规模，——冯绍雷教授断言。——对俄罗斯来说，这是一个可以进一步加深自己与地区国家关系的机会。作为从前的超级大国，俄罗斯肯定想把自己的历史经验用到构建亚太安全体系的过程中。俄罗斯发展西伯利亚和远东的计划提供了大量与东亚国家发展合作的机会。但最重要的是，奉行现代化方针的俄罗斯和中国能利用双边合作的机会加强地区范围的合作并共同致力于建立亚洲安全结构。"

【291】　　崇尚区域安全保障的集体立场是苏联和俄罗斯坚定的外交传统。当代俄罗斯外交坚持努力推进各种旨在建立亚太地区的全面国际安全体系的各种和平倡议，包括调解地区冲突、防止大规模杀伤性武器的扩散、削减武装力量和武器、减少海军在太平洋的积极活动、采取透

① *Ху Цзиньтао.* Твердо продвигаться вперед по пути социализма с китайской спецификой и бороться за полное построение среднезажиточного общества. Доклад на XVIII Всекитайском съезде Коммунистической партии Китая 8 ноября 2012 г. Цит. по: http://www.cntv.ru/2012/11/19/ARTI1353295607045239.shtml.

明和军事信任措施等。

绝非所有提出的决议都能在两极对抗和世界政治"零和对策"的传统条件下落实。但是，当建立亚太地区的新区域安全结构已经提上日程，在俄中积极的伙伴关系和战略协作条件下可以成为现实时，传统和得出的经验也可以用于今天的俄罗斯外交。

亚太地区的多边谈判和磋商机构最好能看起来是相关国家的外交部门、专家团体和社会代表在不同规格和不同层面上的一种定期会晤，会晤时最好能讨论政治、安全、经贸、科技和文化人文合作问题。

但愿这个机制比较稳定，在这个"多边形"内部的双边关系可能恶化的情况下也不易受到波动——甚至在采取外交行动中止正式谈判的引诱下也能保持非正式接触，维持必要的联系渠道。

按提供的规格进行多边对话也最好能帮助加强相互的信任和透明。近些年的经验证明，冷战时代传统的双边关系中总是有猜疑的理由。因此，最好从一开始就提出，包括对其他可能的参与者、国家和国际组织都实行开放式多边对话，这在原则上很重要。但无论如何也别影响讨论的机密性，如果有这必要，——灵活的磋商与谈判机制最好能利用各种规格和交际层面。

重要的是还要理解，未来的多边机制，如果建立的话，相互将没【292】有正式义务，不像一个国际组织，而更像是一种国际体制。在该体制框架内，成员国制定一致的原则、规范、规则和决策程序，在考虑其他成员国利益的同时，仅在自愿基础上自主通过决议本身。这样，所提议的"多边形"多半会成为一个信息交流与政策协调机制，而不是集中并正式通过决议的平台。

非正式辩论基础上达成的约定随后可作为成员国政府正式通过决议的基础。多边谈判和磋商中有内容的部分可以包括以下问题。

军事政治安全问题（"第一篮"）对于成员国是特别现实的，无论在地区还是全球层面。这样，作为正式的核国家和联合国安理会常任理事国，中国、俄罗斯和美国就肩负着维护核武器和其他大规模杀伤性武器及其投递手段不扩散的体制以及维护亚太地区和整个世界和平与安全的特殊责任。这规定了必须就全球安全问题，包括就新的非传统安全挑战与威胁进行三方对话。

在和平开发宇宙空间和禁止宇宙军事化以及在对抗可能源自地球外的对人类文明的挑战和威胁方面，进行三方磋商和谈判也将是十分重要的。

此外，美国的"重返亚太"政策规定，美国将在亚太地区和太平洋区域部署 60% 以下的军事力量，这将大大改变地区的力量平衡。这项政策规定，要依靠美国传统的盟友（日本、韩国、澳大利亚、新西兰、菲律宾、泰国），要使位于这些国家和地区境内的美军基地得到加强并实现现代化，保持美国在太平洋强大的军事部署，并进一步完善亚洲的战略和战术反导弹防御系统。

【293】　　美国在亚洲的军事存在不断增强致使必须讨论地区层面的透明和军事信任以及出口控制措施：

　　　　·根据安全不可分割与发展信任措施，以及加强预防性外交机制和调解冲突原则，提出建议巩固亚太地区安全的国际法

316

基础;

·研究三个国家参与区域和全球国际组织及制度的定位和战略(在联合国改革背景下);

·评估建立东北亚协作与合作及信任措施——"东北亚的赫尔辛基进程"这一构想的前景;

·预防性外交与解决东北亚和亚太地区危机及冲突的协调一致;

·在印度和巴基斯坦拥有核武器的情况下巩固核不扩散区域体制的基础;

·关于朝鲜核问题以及谈判转变为次地区多边协作与合作机制的六方谈判工作前景;

·讨论建立东北亚和亚太无核区的前景;

·在中国和俄罗斯的区域及全球安全利益背景下辩论美国在亚洲建立反导防御体系的问题;

·讨论火箭控制技术机制的区域方面和《禁止生化武器公约》以及《禁止地雷条约》;

·在增强国防和军事建设领域相互交换资料;

·讨论《联合国常规武器登记册》的区域方面;

·相互通告军事演习并邀请军事观察员参加;

·海军方面的透明及信任措施;

·在保障通航自由和与海盗作斗争方面三国太平洋舰队的 【294】
合作;

·在应对非传统安全挑战和威胁方面协同努力(国际恐怖主

317

义、分离主义、极端主义、有组织犯罪、贩毒、非法移民、拐卖人口和高科技犯罪等）。

应当单独指出，最近出现了一个与中国东海和南海领土争端有关的危险的"紧张局势弧"。在关于岛屿领土属性方面与中国发生的争议中，美国十分明确地站在自己的盟友——日本和菲律宾一边，还强硬地拥护在上述海域自由通航（而中国从未对自由通航原则表示过怀疑）。

美国和俄罗斯未直接加入这些领土争端，但由于这两个国家的很多情况都与第二次世界大战以后从地缘政治上重新瓜分世界有关，有历史学家和专家参与的国际辩论最好能与此相宜，目的是为克服分歧和对第二次世界大战亚太战场的结局做出与国际条约和政治宣言的评价一致的共同解释，这些条约和宣言已经明确了战后有争议领土的地位。

由于地区国家的经济潜力，在金融、经贸和生态领域的合作（"第二篮"）也十分重要。中国和美国在财政和经济上的相互依附是前所未有的，相互的贸易额巨大，但在该领域仍然存在影响世界贸易和金融状况的矛盾。"第二篮"辩论最好能集中于以下主题：

· 鉴于世界经济的变化以及中国在其中作用的增强，讨论制定全球经济调控新规则的前景；

· 在世界金融结构改革方面协同努力（俄罗斯最好能支持人民币成为世界储备货币的思想）；

· 在改革国际贸易规则以及消除无根据的经济制裁和贸易壁
垒方面协同努力；

· 研究三国为克服世界财政经济危机后果而制定的战略方面 【295】
的经验；

· 在建立经济和金融危机管理机制方面协同努力；

· 讨论发展地区和次地区一体化构成的前景——东亚论坛，
亚洲自由贸易区，中国、日本和韩国自由贸易区，东北亚发展银
行等；

· 在国际上打破对朝鲜民主主义人民共和国的经济孤立，通
过人道主义和技术援助方案以及促进朝鲜改革的方式使其加入世
界经济联系；

· 研究三国联合建设与改造横贯大陆运输要道的可行性（包
括贯穿白令海峡海底隧道实施欧亚—美洲横贯铁路项目的前景）；

· 制定亚太和全球层面稳定发展的一致构想；

· 全球控制气候变化方面的一致立场（"后京都议定书"）。

三方对话也可以帮助亚太经济合作组织框架内讨论的问题达成一
致（包括俄罗斯在 2012 年担任亚太经济合作组织轮值主席国期间提
出的问题）：

· 贸易和投资自由化，区域经济一体化；

· 东北亚和亚太地区经济一体化的远景；

· 防止财政经济危机，优化经济发展调控机制；

·在协调生态问题和保持生物多样性方面控制食物安全风险的立场一致；

·发展亚太地区的运输和物流潜力：更多地利用横贯大陆运输要道的潜能，在穿越国境时减少费用和时间消耗，以及落实大型基础设施项目；

【296】 ·在推动创新议程和保障创新中心的合作方面协同努力；

·在推进新技术方面保障科学、商业和国家协作的有效方式；

·保障捍卫知识产权；

·减少盗版的流通。

文化人文合作与促进发展领域的协同努力（"第三篮"）和前两"篮"一样重要，并与之紧密相连。可以预见到，美国会对其在西方传统概念中的维护人权和保持宗教信仰自由的问题特别感兴趣。在不回避讨论这些问题的同时，三方对话框架内应致力于将辩论集中在更普遍的问题上，如发展人的潜力、促进发展、人身安全、维护社会经济权利、文化与文明对话等，类似于：

·在与贫穷作斗争和促进发展及实现联合国千年发展目标方面协同努力；

·克服全球南北发展差异的前景；

·在区域和全球层面协调人的发展和人身安全标准；

·在支持人道主义与技术援助方案和参与国际促进发展制度

的工作方面三国协同努力；

·对于中华民族在"一国两制"原则基础上和平统一的前景看法一致；

·在解决朝韩问题的人道主义方面，包括家庭重组，在朝鲜民族实现联合的长远目标框架内协同努力；

·研究"二轨外交"以及社会制度对东北亚和亚太地区合作与发展进程的其他影响方式的可行性与前景；

·促进地区及地区之外的文明对话和宗教对话；

·提高学术和教育领域工作人员的地理流动性，协调教育 【297】
体系；

·促进文化与教育交流，首先是青年和大学生之间的交流。

俄罗斯与中国的协同努力，两国合作鼓励朝韩对话以及合作解决朝鲜核问题，这些都含有巨大的潜力。如果考虑到朝鲜和中国双方也在努力达到战略伙伴关系水平，那就可能出现中国—朝鲜—俄罗斯三方进行战略对话的前景，该对话能大大巩固东北亚的稳定、安全与合作。

根据《不扩散核武器条约》和其他条约及协议，在联合国国际原子能机构的工作基础上，俄罗斯和中国都在维护朝鲜半岛核不扩散体制，该体制表现了国际社会的统一意愿——在核武器扩散及其投递方式上设置屏障——无论是"横向的"（在国家和大陆中）还是"纵向的"（完善制造核武器的技术）扩散。

从正式的国际法观点来看，谁也不能强迫一个主权国家加入《不扩散核武器条约》或是退出它——平壤方面说道。印度和巴基斯坦就是走的这条路，它们不顾其他国家的呼吁购置了核武器。但即使某国打开了国际核不扩散体制的缺口，也不意味着，莫斯科、北京和其他"核"首都会同意再次这样做的企图。

鉴于必须维护核不扩散体制，作为联合国安理会常任理事国的俄罗斯联邦和中华人民共和国，可以也应当更关注联合国安理会通过的对朝鲜民主主义人民共和国实行国际制裁的合理性和效果。

联合国安理会通过了这些制裁以应对 2006 年 10 月开始的朝鲜核试验，这里说的是一系列决议（第 1718 号、1874 号、2094 号决议），规定了以一整套要求平壤停止研制核武器及其投递手段（弹道火箭）的限制和禁止措施。作为对这些决议的补充，欧盟、美国、加拿大和其他国家也对朝鲜采取了制裁，决议呼吁朝鲜民主主义人民共和国回到《不扩散核武器条约》和《全面禁止核试验条约》中来，满足来自联合国国际核能机构方面所有的检查要求，并重回美、日、中、俄和两个朝鲜半岛国家参加的六方会谈的谈判桌前。

【298】

这些决议里有很多严厉的呼吁和坚决的措辞，包含旨在阻止朝鲜增强核导弹能力的各种技术与金融措施的详细清单。但平壤仍在继续逐年增加其核导弹能力。

作为回应，制裁决议的规定越来越全面和激进，——但未必有效。比如，联合国安理会在 2013 年 3 月 7 日做出的第 2094 号决议中"谴责朝鲜民主主义人民共和国进行的所有核活动"——同时，根据自己的章程，联合国原子能机构是要促进"原子能的发展及其以和平为目的的实际使用"。

在研究制裁决议的内容时，可以注意到，提出的措施带有典型的保留条件："如果有合理的根据推测"，应当被限制和禁止的活动与朝鲜的核导弹计划有关，那么可以采取措施。这种"可做不同解释的"定义，由于平壤相当狡猾，常使制裁无法施行。

俄罗斯和中国一贯坚持在首尔和平壤之间搭桥，拥护两个朝鲜半岛国家采取祖国独立和平联合的举措。同时，俄罗斯从独立自主的立场出发，保证该联合国家在东北亚的"遏制与平衡"体系中，将担当决定性因素之一的角色。

莫斯科和北京都明白，估算朝鲜的现行体制近期会崩溃未必站得住脚：该国多次证明自己拥有不小的强度储备。感觉自身相对安全并且自信的朝鲜民主主义人民共和国在谈判任何问题的时候，都是比那些因制裁负担而被赶入角落的国家要可靠得多的伙伴国。朝鲜摆脱孤立，其社会经济的增长，变成名副其实的国际联合参与国，这些最好都能对俄罗斯、中国和东北亚的所有国家有利。【299】

莫斯科和北京向首尔、平壤、东京和华盛顿呼吁将朝鲜居民的利益（生存和追求幸福）与维护执政制度的利益分开：为了实现前者，尽可能地考虑后者。

俄罗斯打算加强自己在促使朝韩关系正常化中的作用，倡议俄罗斯与两个朝鲜半岛国家参加三方的大型基础设施项目。其中有欧洲至韩国的国际铁路通道，建设俄罗斯—朝鲜—韩国天然气管道，在东北亚建立包括东西伯利亚和俄罗斯远东地区在内的统一的能源体系。

鉴于韩国—日本—中国三方一体化对话的前景很乐观（俄罗斯原本想加入其中），落实这些方案将促进东北亚经济伙伴关系的形成，和俄罗斯一样，中国、日本、韩国和蒙古国可能成为其参与国，朝鲜经过某段时间以后也会加入。在这种旨在解决能源安全问题和稳定发展与保护环境以及创立统一关税空间的伙伴关系中，俄罗斯最好能起区域一体化能源基地和现代化伙伴国以及东北亚和欧洲之间的连接环节作用。

结　语

新事物正在艰难地给自己打通一条道路。一些陈旧的规矩，多年来用望远镜从小孔和小斗里看邻国的习惯，在边境上、在卫星上、在飞船上利用现代电子窃听装置和监视设备监视邻国——这一切绝不会立刻成为过去。

过去未解决的问题，缺乏保障安全、经济和政治主权合法利益的稳定机制，国家间没有稳定而权威的谈判机制，都常常造成了并正在导致个别国家间的紧张局势转变成冲突和战争。现在人类已进入21世纪，不对建立世界新秩序的任务进行完全合格的哲学思考是不可能解决这些问题的。顺利实现这一目标最重要的前提是世界基本统一，以及东西南北所有国家和民族主要的切身利益一致——尽管其社会制度和发展程度完全各异，文化、宗教和传统都不相同。

国际社会将巩固一种观点，原则上需要有解决世界问题的其他方

325

法和最好能符合安全与发展利益的决议。经济快速发展且拥有公平的世界秩序的国家集团，正在改革现已形成的、首先保障发达国家利益的财经体系，它们对国际事件进程的影响越来越大。

已经明确的是，现代世界秩序的平衡已被打破，需要改革，从规律上讲必须加强其以多极和多中心为基础的基本"支柱"。俄罗斯、**【301】** 中国、印度、上海合作组织国家、金砖国家和一些发展中国家遵循的正是这一方针。

吸引国际社会关注的最重要因素——是中国近几十年来在和平发展战略和促进共同发展以及寻求共赢基础上产生的迅速"崛起"。中国开始深入的经济改革之后，成为了世界主要强国，现在对世界政治进程产生着越来越显著的影响。

俄罗斯和中国在思考世界新秩序的概念基础方面是客观的伙伴国。俄中关系走过了从相互谅解到协作与合作构建世界新秩序的道路。两国的独特经验可以也应当为当代国际关系的其他成员国所需要。

在俄罗斯联邦和中华人民共和国领导人倡议下，产生了一系列新型的对话机构和组织，能以政治手段推进并捍卫两国切身的安全利益、领土完整和主权，而不是采用军事对抗的方式，当然，直接军事威胁除外。俄印中对话结构的形成和后来的金砖国家以及上海合作组织是共同落实这些倡议的范例。

基于重要的发展和保障安全的共同利益，以及维护其文明和民族认同而产生的这些机构和一系列类似的非形式化的新联合体是发展中国家对全球危机带来的挑战的回应，也是对来自高度发达的强国所实行的蛮横的军事、经济和文化政策的应对。

在全球化和加快经济一体化进程的条件下，俄罗斯一贯都在目标坚定地努力发展亚太经济合作组织框架内的欧亚一体化。欧亚经济联盟正在世界"经济巨头"——欧盟和东南亚国家以及美国和中国之间尝试寻找和加强自己有竞争力的领域。

东西方的两个一体化方案在联盟间成功交际的基础上对接，这是【302】欧亚一体化方案存在和顺利发展的保证，是欧亚经济联盟在全球贸易协作体系中占据应有位置的独特机会。

世界新秩序的经济和政治体制正在我们眼前构建。这一历史过程可能需要几十年。我们有能力加快这一进程并赋予它不可逆转的势态。

策划编辑：曹　春
责任编辑：曹　春　刘可扬
封面设计：汪　莹

图书在版编目（CIP）数据

俄罗斯、中国与世界秩序／（俄罗斯）米·季塔连科，（俄罗斯）弗·
　彼得罗夫斯基　著；粟瑞雪　译 .—北京：人民出版社，2018.4
ISBN 978 - 7 - 01 - 017958 - 2

I.①俄…　II.①米…②弗…③粟…　III.①中俄关系 - 关系 - 国际
　关系 - 研究　IV.① B822.351.2② D81

中国版本图书馆 CIP 数据核字（2017）第 180552 号

俄罗斯、中国与世界秩序
ELUOSI ZHONGGUO YU SHIJIE ZHIXU

　　　　　　　米·季 塔 连 科
［俄罗斯］　　　　　　　　　　　　　著
　　　　　　　弗·彼得罗夫斯基

粟瑞雪　译

人民出版社 出版发行

（100706　北京市东城区隆福寺街 99 号）

北京汇林印务有限公司印刷　新华书店经销

2018 年 4 月第 1 版　2018 年 4 月北京第 1 次印刷
开本：710 毫米 ×1000 毫米 1/16　印张：20.75
字数：228 千字

ISBN 978 - 7 - 01 - 017958 - 2　定价：56.00 元

邮购地址 100706　北京市东城区隆福寺街 99 号
人民东方图书销售中心　电话（010）65250042　65289539